汉语进修教育研究

牟世荣◎主编

本成果受北京语言大学院级科研项目（中央高校基本科研业务专项资金）资助，项目编号为20YJ010209

第四辑

中国书籍出版社
China Book Press

图书在版编目（CIP）数据

汉语进修教育研究. 第四辑 / 牟世荣主编. —北京：
中国书籍出版社，2020.12
ISBN 978-7-5068-8083-1

Ⅰ.①汉… Ⅱ.①牟… Ⅲ.①汉语—对外汉语教学—
教学研究—文集 Ⅳ.①H195.3-53

中国版本图书馆CIP数据核字（2020）第215911号

汉语进修教育研究. 第四辑

牟世荣　主编

责任编辑	王志刚
责任印制	孙马飞　马　芝
封面设计	中尚图
出版发行	中国书籍出版社
地　　址	北京市丰台区三路居路 97 号（邮编：100073）
电　　话	（010）52257143（总编室）（010）52257140（发行部）
电子邮箱	eo@chinabp.com.cn
经　　销	全国新华书店
印　　刷	河北盛世彩捷印刷有限公司
开　　本	710 毫米×1000 毫米　1/16
字　　数	300千字
印　　张	19
版　　次	2020 年 12 月第 1 版　2021 年 3 月第 1 次印刷
书　　号	ISBN 978-7-5068-8083-1
定　　价	68.00 元

序 言 /_____

北京语言大学汉语进修学院承担来华留学生汉语言进修教育、汉语言专科教育、留学生汉语和中国问题高级研修生教育、港澳地区及海外华人的汉语普通话培训工作，同时承担汉语国际教育、语言学及应用语言学硕士和博士研究生教育。汉语进修学院有着悠久的历史，学院的前身是著名的北京语言学院来华留学生一系、三系。老一辈汉语进修教育开创者在教学体系创建、大纲制定、教学方法和教材编写方面留下了丰厚的成果和优秀的传统。新一代汉语进修学院教学团队继承传统，开拓创新，推动学院不断发展。

受益于北京语言大学项目（中央高校基本科研业务费专项资金）稳定而持续的资助，汉语进修学院于2017年开始出版《汉语进修教育研究》系列论文集，每年出版一辑。

本辑论文集为第四辑，共收录24篇论文，均为学院第十五届科研报告会的优秀论文。其中22篇作者为我院教师，2篇作者为我院研究生。对于本辑论文集的编纂，我们特别需要提及以下两个方面：

首先，论文集的征稿、评审的工作正是在2020年新冠疫情在全球肆虐之时，整个社会秩序以及人们生活的方方面面都受到了极大的影响，然而我院的老师们，同时也是本论文集的作者们，仍以最饱满的热情撰写论文，面对疫情给教学带来的新挑战，结合自己的教学实践展开研究和新探索，为尽快适应疫情期间以及未来的教学而努力。

因此，本辑收录的论文在内容上除了涵盖语言本体研究、语言习得研究、文学研究，还增加了线上教学研究专题，这在一定程度上体现了本辑论文集的特色。

其次，我们特别感谢论文集的评审和编辑委员会的各位专家。在疫情最为严重的时候，承担着来自生活、教学和研究方方面面的压力，仍旧积极努力并按时完成了论文的评审，还为作者们提供了非常有价值的反馈意见，致力于提高论文集的质量，秉持理论与实际相结合的原则，优选那些来自教学实践，又以解决教学的实际问题为目标的论文，确保本辑中的论文既有理论的深度，又有实践的价值。这些研究对于汉语进修教育的一线教学具有直接的指导和启示作用，将会有力地促进汉语进修教育的发展。

最后，我们还要诚挚地感谢我院李琳老师，为论文的整理和编校工作付出了大量的心血。同时，诚挚地感谢北京语言大学项目（中央高校基本科研业务费专项资金）经费的支持，感谢中国书籍出版社为我们提供了论文集出版的宝贵机会，感谢本书责任编辑王志刚老师所做的细致的编辑工作。

北京语言大学汉语进修学院

《汉语进修教育研究》编委会

2020年10月12日

目 录 /

汉语言本体及面向汉语国际教育的语言研究

汉语国际教育研究

汉语国际教育线上教学研究专题

汉语国际教育文学文化研究

汉语言本体及面向
汉语国际教育的语言研究

语言的原生：回到生活本身

隋 岩[①]

提 要 本文在分析现象学"原则中的原则"的基础上，详细阐述了语言的"非对象性"特征及其在婴幼儿语言初始化过程中的重要作用。以此为立足点，我们试图构建一种有别于形而上学主客二元理念的"前理论"的第二语言教学和学习方式。

关键词 语言教学；前理论；现象学；情境重建

一、引言

海德格尔（2004：16）指出，"现象学态度的原则中的原则乃是：对于一切在直观中原本地给予的东西，要如其所给出的那样去接受。这一点不能为任何一种理论本身所改变，因为这个原则中的原则本身不再是理论性的东西；在其中表达出现象学的基本态度和生活态度：对生命的体验同感（Sympathie）！这乃是原始意向（Urintention）"。本文选择从现象学[②]入手，但探讨的重点却不是现象学问题。我们认为十分有必要参考现象学"原则中的原则"，换一个角度去重新审视和考量语言及其相关问题。这样一来，也许有可能透过重重迷雾，找到一些我们之前从未触及的东西——那些"貌似不足挂齿，实则感人至深的东西"[③]；并以此为契机，开拓出第二语言教学和学习的

---

① 隋岩，北京语言大学汉语国际教育学部汉语进修学院副教授。研究兴趣与研究方向：汉语国际教育。

② 限于篇幅，本文不充分展开讨论现象学相关内容，有兴趣者可参看胡塞尔和海德格尔等人的著作。

③ 孙周兴：《形式显示的现象学——海德格尔早期弗莱堡讲座研究》。

一种全新视野。

事实上，开篇引文中的观点并非海德格尔原创，他是在看到了胡塞尔现象学研究中的某些"硬伤"之后，才做出如此断言的。让我们注意海德格尔这段论述中的三个关键点：

其一，"原本地给予的东西"和"如其所给出的那样"。胡塞尔（1996：84）认为，现象学的第一要务，是对待"现象"本身的态度："每一种原初给予的直观都是认识的合法源泉，在直观中原初地（可说是在其机体的现实中）给予我们的东西，只应按照如其被给予的那样，而且也只在它在此被给予的限度之内被理解"。在"态度"这一基本立场上，海德格尔的观点跟胡塞尔是一致的，但在"现象"本身的界定上，他们之间存在着较大的分歧。胡塞尔认为现象就是现实世界被悬搁之后所剩下的"反思意识"，而海德格尔则另辟蹊径，将现象扩展到"实际生活"本身。

其二，"原则本身不再是理论性的东西"。这是海德格尔现象学超越胡塞尔现象学的关键所在。前面提到的胡塞尔现象学的"硬伤"，就出现在这里。胡塞尔坚持了"回到事物本身"的现象学观念，然而他回到事物本身的方式却是将世界"悬搁"起来，通过对"意识"的"反思"来达成，并没有走出传统哲学（形而上学）"主客"二元论的窠臼。也就是说，海德格尔（2009：143、174）断言胡塞尔的现象学"竟是非现象学的"！"事物"——海德格尔用"实事""实际生活""本有（Ereignis）"等来表达——是流动的，非对象的，一旦将生活本身对象化，生活的流动性就消失了，海德格尔（2004：10）称之为"脱弃生活"。这也就是说，胡塞尔的"反思意识"方法仍然是理论化的方法，而理论化的方法是不能把捉流动着的生活的：若是理论化地解释周围世界，"周围世界就倒塌了"（海德格尔，2015：S59）。这也正是那托普指出的胡塞尔现象学的不彻底之处：胡塞尔回到了事物本身，但这个事物是意识，而不是生活本身[1]。海德格尔（1993：78）对此的评论是："生活、流动的生命'不知何故'被冻结了（或处于完全不同的生命形式中）""生活的真实

---

① 张祥龙：《海德格尔的形式显示方法和《存在与时间》》。

世界及其丰富性进入了科学的语境中①，但它们却恰恰失去了具体的生活"。

其三，"原始意向"。既然主客二元论的理论化方式无法真正回到生活本身，那么有没有一条"回到生活本身"的路径呢？答案是肯定的，海德格尔将其称之为"周围世界体验"和"意蕴"。"意蕴之物乃是原初的东西，是直接给予我的"，这就是周围世界体验，是一个有意义的体验，"世界"与"我"不分彼此，或者说还没有到"分彼此"的时候，"我"在这种体验中，没有反思，没有从世界中"走"出来，因而也就无所谓概念，更无所谓理论。虽说都是体验，但"在世界中存在"的意蕴体验跟反思性的对象体验是完全不同的。海德格尔（2004：18）说："惟当历史性的自我从自身中走出来，出现了体验过程时，理论的东西才存在。一切理论的东西的不可避免的时机特征（Wenncharakter）；当脱弃生命时，才有概念"。换言之，对于意识，需要"直观"和"看"，却是"反思意识"。"反思"，就意味着"理论的""设定的""知识的"。就是"跳出"其之外的反向观审。

由此可知，按照海德格尔对现象学原则中的原则的理解，现象本身需要不折不扣地被把捉，一旦对象化的理论思维参与进去，原本给予的东西（现象本身），就会为理论所改变，就很可能不是原本给予的东西了，至少不是百分之百的原本的东西。海德格尔（2004：73）如此评价："看一眼整个哲学史就可以发现，对对象性之物的形式规定完全支配了哲学"。我们认为，传统形而上学的观念不仅支配了哲学，也给人们的一般思想方法带来了深远的影响。不可否认，科学思维是对象性的、理论化的，是理论化过程中脱弃生命的顶峰。然而，与实际生活相关联的"思"的事情，却不能如此。因为人不可能跳出生活之外去"观察"生活，人不是世界和生活之外的第三者。海德格尔（2004：6）的表述比较艰涩，但却非常深刻："这种实际的、实行历史性的生命，亦即在自身的有所关心的自身居有之方式这个难题所具有的实际方式中的实际生命，原始地乃属于实际的'我是（我在）'的意义"。只有通过这种方式，才能实现原本给予的东西不被破坏的目标。海德格尔将"自身的有所关心

---

① 胡塞尔宣称反思意识现象学是真正的科学的哲学。海德格尔也并不是反科学反理论的，后文将述及。

的自身居有之方式"命名为"质朴的观审"（schlichte Hinschau），是一种非常直接的体验，其中不存在"自我"与"被观审对象"的主客二元关系，"我"是向之而生的，孙周兴（2002：86）先生的解读相当到位："在这个时候，一种知识（认识）的关系尚未建立起来，还只有一种前理论的关系——不，这里差不多还不能说'关系'，而更应该说一种'状态'，一种'意向性'的状态"。

质朴的"意向性"状态，克服了传统哲学（形而上学）的那个终极目标——试图通过概念囊括一切并且一劳永逸地解决所有问题——所带来的负面影响，使得原本给予的东西如其所是地被给予，没有发生哪怕一丝一毫的"变质"和"扭曲"。而这种"状态"正是婴幼儿所拥有的，婴幼儿也借此完成了语言的初始化，这个问题下文详细论及。

二、语言的原生：婴幼儿的语言初始化

本文不打算在已有的婴幼儿语言习得研究综述方面多着笔墨，仅以比较有代表性的"先天论"和"关键期"假设为例，简略回顾一下有关研究状况。

婴幼儿语言初始化研究，传统上被称之为"婴幼儿语言习得"，而"习得"一词本身即散发着浓浓的主客二元论气息。"语言习得"这一术语的英文是"Language Acquisition（LA）"。"习得（Acquisition）"的本义之一就是"（知识、技能等的）获得[①]"。人们一直认为语言是外在于人脑的一个独立系统，可以通过学习（也许是主动的也许是内隐的方式）获得，只要"输入"的量足够多。受到这种传统形而上学观念的影响，在婴幼儿语言初始化诸多研究中，被人们广泛接受的当属"先天论[②]"和"关键期（Critical Period）"假设。

"先天论"假设认为，"婴儿与生俱来拥有对语言特征的感知能力和计算能力……能够从输入的语言中认知感受出母语的语言单位和这些单位之间有

---

① 《牛津学习者词典》的解释是：the act of getting something, especially knowledge, a skill, etc.。
② "先天论"受到乔姆斯基的影响比较大，本文不做展开讨论。可参看丁毅藻、陈保亚："语言官能的神经基础及其属性"。

意义的组合……儿童的优势在于他们能够无所拘束地投入自己的语言环境之中，把语言当作是他们认知和创造世界的有效工具"（程冰、张旸，2009）；"婴儿习得语言的一个重要任务就是形成这40个左右的母语音位范畴表征"[①]（刘文理、杨玉芳、伊廷伟，2008）；"母语者的口语产出通常是迅速和高效的，无须讲话者消耗太多的注意力资源，大脑对语言信息的处理是高度自动化的"（智娜、贾媛、李爱军，2016）。这类研究的一个共同特点就是，人类婴幼儿大脑中存在一种神秘的机制，能够"完全自主"地处理来自外界的语言信号刺激，从而获得最基本的语言输入，实现语言能力的习得。

"关键期"假设认为，儿童与成人的语言习得存在着本质差异，先天论所坚称的语言习得机制，在成人那里不复存在了，因为成人"过了关键期，语言机制不再起作用，因而在目标语习得过程中普遍语法不再可及"（方少华、常辉，2017）。这个"关键期"是2岁至13岁左右，这段时间里，人可以在自然环境中、没有外部干预、不需要教授的条件下，轻松、快捷地学习一门语言。

传统的研究其实并没有能够提供令人信服的结论。尽管以ERP和fMRI方法为辅助的语言习得脑神经机制的研究取得了巨大的成就，但绝大多数是都是外在描述性质的，并未能给出儿童语言初始化的真正动因。

为什么婴幼儿的母语能够初始化，为什么成年人的外语学习无法（或者说很难）达到其母语的自然状态？据前文对现象学有关理念的分析，我们可以这样推论：因为大脑发育不成熟，脑神经元连接数量受限制，婴幼儿只能凭借其特有的（也可能是唯一恰当的）方式进行语言初始化，其结果是，语言如其所是地被给予了。在这个过程中，婴幼儿自己没有什么"主体意识"，语言更不会被当成某种外在的对象，一切都是最原初的状态。被初始化的语言没有任何"变质"，婴幼儿大脑也不会对语言产生任何形式的"排斥"——

---

① 语言本身是人类所特有的、具有层次结构的系统，每种语言都具有独特的音系体系，由40个左右的音位（一种语言里面可区分意义的最小语音单位）构成大量词汇成为交流的基本要素（参见刘文理："婴儿期母语音位范畴习得：来自言语知觉的证据"）。

本来就是自身的有机组成部分[①]。而成年人则不然，在成年人那里，原初的"意向性"被"反思意识"和"概念化"所取代，语言被观审且不再以其原本所是的状态被给予。换句话说，作为一种现象，语言被理论化、概念化、知识化的"观审"破坏了，语言被"对象化"了，失去了其本身所具有的本真状态。也就是说，传统意义上的"科学理论"——所谓语言本体研究——使得语言脱离了其本身，变成了另外一种似是而非的东西。这就是我们在上文提到的海德格尔（1993：78）所说的"冻结"："最彻底和最严格的关于生活的科学必然最彻底地将生活纳入客观化的、科学的脱弃生活（Entlebung）之趋势中"，在这个过程中，生活要素之———语言——的遭遇极其"不幸"：语言本身不是独立于人和生活之外的"第三者"，不是一个外在的对象性的东西。理论化的"观审"采用对象化的方式把语言从生活之中"撕扯"出来，被强制性地视为"对象"加以观审，这必然会伤害到语言本身的非对象属性。

如何才能避免这种伤害呢？下面，就让我们从婴幼儿的听觉系统和大脑入手，深入探讨语言的原生。

三、婴幼儿语言初始化的生理基础：听觉系统和大脑

最早参与婴幼儿语言初始化的为什么是"声音"而不是别的东西，比如文字、图形等等？语言有很多层面，但从存在论的角度看，语言中最本己的部分就是语音，其他的部分如文字、词汇、语法等知识性层面，都是理论化、概念化的产物，都是经由人们的意识操作，诸如归纳、演绎等主动处理之后的结晶，只有声音是语言各层面中带有自然属性且最具有非对象性特征的层面。[②]语音的原生（如其所是地被给予），是语言初始化最能体现现象学原则中

[①] 事实上，不止哲学家，其他领域的研究者也注意到了这个问题，比如皮亚杰（1985：21），他虽然在观念上仍然是主客二元论者，但他的研究却超越了主体与客体的限制："……认识起因于主客体之间的相互作用，这种作用发生在主体和客体之间的中途，因而同时既包含着主体又包含着客体，但这是由于主客体之间的完全没有分化，而不是由于不同种类事物之间的相互作用。"

[②] 实验语音学的研究对象是语音，这是对语音的理论性"观审"，无关婴幼儿语言初始化。

的原则的阶段：它会在婴儿的语言初始化（语言原生）阶段，如其所是地被给予，原原本本地，没有受到理论化概念化的任何"伤害"——事实上，婴幼儿的原始宇宙（初级发育的大脑）也不可能存在产生任何实行理论化概念化的机制。从这个意义上说，声音的参与，恰恰适应了大脑发育的最初阶段。

如果我们只从外在性质或者存在论假设就断定声音是婴幼儿语言初始化的关键要素，那未免太过于武断了。幸运的是，生命选择了声音，这让我们得以从实证医学科学的角度进行更进一步的发掘，为语言的原生找到基础性的证据。

大量研究表明，人类在宫内即具有听觉能力，并随着妊娠进展逐步完善。[1]也就是说，听觉器官是人类胚胎最早发育的系统之一。听觉器官主要包括外耳、中耳和内耳。人耳的构造与感受声音的能力是相对应的。值得注意的是，听觉系统的成熟并不是训练的结果，而是自然发育。在个体发育过程中听觉发育比较早。令人不可思议的是，内耳在受孕后几天就开始形成，甚至早于一个妈妈知道自己怀孕了！内耳道的发育开始于受孕后第二或第三周，完成于第六周。外耳道于受孕后第十周形成。"胎儿内耳发育开始于头部外胚层的耳板。耳蜗在妊娠第10周形态学上完全发育，[2]第20周达到成人大小……耳蜗神经成熟开始于妊娠中期，妊娠22周达到成人水平""声音刺激引起胎动反应最早时间各家报道不一，大多集中在妊娠19～24周"（王延姣、王正平，2006）。显然，妊娠20周左右的胎儿就已经具备了听觉能力，这都得益于听觉系统的核心器官耳蜗的完全发育。与之相适应的是大脑对于经由听觉系统传导而来的声音的处理方式。免疫组化[3]的材料证明，一出生，婴儿的听觉脑干功能就是相当成熟的，并在第一年里达到成年时的水平，而同一时期的大脑认识能力，还在"感知—运动"水平[4]。听觉反射在出生之前就已经完成，这

---

① 王延姣、王正平：《胎儿听力发育及对声音的感知和意义》。

② 值得注意的是，第10周的胎儿身长约4厘米，体重13克左右，头部占整个身体长度的一半左右，身体器官开始发育，但还都是雏形。

③ 应用免疫学及组织化学原理，对组织切片或细胞标本中的某些化学成分进行原位的定性、定位或定量研究，这种技术称为免疫组织化学技术或免疫细胞化学技术。

④ 皮亚杰：《发生认识论》：22-27。

些出生前就已经成熟的轴突使得用短声刺激所诱发的听觉脑干电位的潜伏期（对声音反应的迟滞时长）下降，并在妊娠40周时达到成人水平。具有特异性的是，6个月大的婴儿能够对声音进行滤波分类，特别是对其母亲的声音。他们能将听到的声音与以往听觉实验中语音的原型进行比较归类。这个时候的婴儿尚不具备自觉意识，大脑的听觉皮层尚未完全发育，显然，这些先天形成的直觉模块是不需要听觉皮层的参与的。人的听觉系统与脑干学习能力完美结合，此时的婴儿大脑还是较为初级（不是指脑神经元数目上，而是跟成年人的思考方式相比）的发育状态。[1]然而，正是这样的状态，实现了前概念前理性时期的语言的原生。或者可以这么说，也只有这样的方式，才能实现语言的原生，最大限度杜绝理论意识和概念意识（对象化思维）的影响。

一直以来，婴幼儿语言发展研究观点都是众说纷纭。[2]主流观点认为婴幼儿语言初始化是一个学习过程："研究者提出了人类学习的三项原则：（1）学习是计算性的，（2）学习是社会性的，（3）学习需要大脑神经回路联结和动作知觉的支持，即学习需要一定的生物基础。这三项原则同样适用于婴儿的语音感知发展过程。"（宋新燕、孟祥芝，2012）这种观念带有强烈的主客二元论色彩，如果一味从这个角度去观察婴幼儿的语言初始化，试图找出其中的规律性的东西来，那么只能是远离所要寻找的东西：在诞生之后最初的18个月内，人类的婴儿是没有自我意识的，既然如此，又何来的"主动学习"行为呢？其实这更像是人类大脑的某种"自动的"方式。有研究者从统计学习的角度研究人类大脑的行为特征，其结果出乎意料。[3]被试是成年人，测试目的是要求成人对语音流做出区分。共有三种类型的语音流：只包含统计线索的、同时包含统计线索和语音线索的、没有任何线索的。行为测验的结果表明被试主观上不能做出区分。然而，大脑fMRI的结果却显示：与没有统计线索的语音流相比，包含统计线索的语音流引起了更强的左侧颞上回（left

---

① 在出生后最初几天里，大脑都在持续不断地照顾树丛一般的新生神经连接，随着婴儿技能和智力的不断增长，大脑也在种植、修剪不断蔓延开来的轴突，尽力打造出最高效的神经网络。

② 李锡纯：《婴幼儿语言发展：一致与分歧》。

③ 武秋艳、邓园：《统计学习的认知机制及其神经基础》。

superior temporal gyrus，STG）的激活，而语音线索则进一步增强了该脑区的激活程度（武秋艳、邓园，2012）。这个实验清楚地告诉我们：拥有超强自主意识的成人大脑中的"自动处理行为"都如此之强大，在不具备自主意识的婴幼儿大脑中，这种自动方式可能更是占据了主导地位。人们可以将其命名为"统计学习"，但实际上这更像一个巧合过程，材料本身（或者说世界本身）就是统计的，脑神经网络的突触也以同样的方式运作，这样才能让婴幼儿的初级大脑顺利完成语言的初始化。这种初始化方式与"先天论"的不同之处在于，婴幼儿并不是面对一个独立外在的语言对象进行"习得"，而是生活在一个"意蕴世界"之中。

基于以上的讨论，我们来探讨一下作为"意蕴世界"的含义要素指引者的声音（语音）。

四、意蕴世界的指引者：声音（语音）

"意蕴世界"这一洞见是海德格尔（2004：10-11）对传统形而上学主客二元观念所做的全面否定。"在一个周围世界中生活，对我来说处处时时都是有意义的，一切都是世界性的，'它世界化'（es weltet），这与'有价值'（es wertet）并不相合"。什么叫"有价值"？就是去评估，去做出判断，一旦这样做了，作为个体的人，就站到了外部世界的对立面，世界就被分成了主客二元对立状态，世界被理论化地思考了，那些本来是"自己发生的事件（Ereignis）"，瞬间从生命的本真中跳了出来——生命被脱弃了。概念占据了主导地位，时间也消失了。这样一来，世界的意蕴遭到歪曲甚至是破坏，这是存在论现象学所无法接受的局面。

谈到"意蕴世界"不得不涉及"含义要素"。海德格尔（2004：10）指出，"意蕴"是"乃是原初的东西，是直接给予我的，并没有通过一种实事把握（Sacherfassen）而造成的任何思想上的拐弯抹角"。这种意蕴的直接给予，通过含义要素的方式得以实现。海德格尔（2004：5）以"有"为例，生动形象地阐述了含义要素的特征："有数字，有三角形，有伦勃朗的画，有潜水艇；

我说，今天还有雨，明天有雨，明天有红烧肉。多样的'有'，而且每每具有不同的意义，但在每一个'有'中又总可以看到同一的含义要素"。这种含义要素是"模糊的、几乎掏空了确定含义的"，但"恰恰因为它的简单性而有了它的多种神秘性"。海德格尔（2004：19）强调，这种简单性的"含义特性本身是极少理论性的，它本身就富含现象学直观的可能性，这种直观直面本质之物（das Eidentische），而不是面向被总体化的东西"[①]。含义要素的前理论特征，保证了意蕴世界的前理论状态，这正是周围世界有意蕴的原初的给予方式。

这一切跟婴幼儿、跟声音（语音）又有什么关系呢？

"声音"在生活中司空见惯，可是人们却很少去正面关注它。其实，声音是一种相当特殊的"东西"，原因就在于它根本不是某种实体性质的对象性的"东西"。它是一种"效果"，是物体本身、物体表面甚至只是空气本身振动之后产生的。它是自然发生的最为"空灵"的东西之一：它仿佛没有"自我"，不停留，不凝聚，不争不显，是世间众多存在者中特性最神似"存在"的存在者。"意蕴世界"正好也是海德格尔（2004：14）视野中"某种新颖的东西，不是什么实物性的东西、客体性的存在者"，于是声音也就成了最"称职的"指引者。

婴儿的初级大脑，本身就无法进行理论化总体化的反思或者说观审，含义要素通过声音的指引让婴儿生活在有意蕴的世界中。[②]婴儿"听"到了声音，但又没有在听"声音"，而是直观，是海德格尔（2004：19）谓之的"自在生命的内在历史性构成解释学的直观"——这种直观不是理论化的直观，是传达（或者说是显现）意蕴的直观，也就是"在—世界—中—存在"。这之中不存在理论化思维，也没有"主动的"学习意识，婴儿大脑以完全"自动化"

---

① "被总体化的东西"就是"概念的东西"（理论的东西）。参见海德格尔"问题体验"相关论述。

② 当然不仅仅只是声音，还有视觉、触觉以及其他感觉。只不过声音在其中扮演了相当重要的角色。

和"内隐化"的方式，参与①到"发生的实事"中去。相反，所有的认识对象，如文字、图形、符号以及系统的知识等等，都是需要理性思维过程的转换才能够被理解，显然，婴儿并不具备成年人那样的理性思维能力。而声音本身（例如语音），经过了科学分析和理性归纳，也会被"对象"所禁锢②，当成人依靠这些表示语音的对象（标音符号，例如"汉语拼音方案"）去学习某种语言（例如汉语）的发音时，他们所获得的语音已经不是那种语言"本来的"语音了。成人大脑的自动处理部分，也不会认为这些语音是"原生的"，就如同器官移植之后受体的排异反应一样，大脑同样会对非原生方式获得的语音产生"排异反应"。如此获得的声音以外在对象的形式扮演了人与生活情境之间的"媒介"（或者可称之为"工具"），无法成为"意蕴世界"本身的一个有机组成部分。也就是说，采用理论化概念化的方式，"意蕴世界"就会受到反思意识的干扰；理论思维一旦参与进去，原本给予的东西，就被理论所改变，就不是原来的东西了，大脑因而便触及不到语言的本来面貌——"意蕴世界"的语言部分，这意味着语言被肢解了③。理论化概念化的语言学习方式，必然视语言为外在对象和反思对象。人的大脑获得的不是"原生的语言"。因为不是"原生的"，成年人"学习"到的外语就显然无法同母语媲美。

生命选择了声音，生命也为语言的原生准备好了必需的生物基础——听觉系统和神经网络。婴幼儿凭借这非凡的"硬件"，实现了"软件"的初始化。那么成年人呢？再回到婴儿时代已经是不可能的了，但是否可通过抑制理论化概念化的自主意识，唤醒大脑中"自动"机制呢？这就是我们提出"前理论的语言教学和学习方式"所要采取的路径。

---

① "参与"的提法不够严谨，本来就是一体的。

② 海德格尔（2004:14）:"科学乃是认识；认识有客体、对象。科学有所确定，客观地确定。一门关于体验的科学于是就不得不把体验对象化、客体化，也就是说，恰恰不得不解除它们的非客体性质的体验特征和发生事件特征……都不得不把体验本身的联系肢解、分割开来"。张一兵（2011：9）认为，这是海德格尔的"一个有见识的洞见"，是"对科学认识的批判性透视"。

③ 尝试对比计算机语音识别过程：计算机提取语音的特征，建立语音识别模板，根据搜索和匹配策略，找出一系列最优的与输入语音匹配的模板……（于晓明，2019），这显然完全是"脱弃生活"的过程。限于篇幅，本文不做展开讨论。

五、前理论的语言教学和学习：回到生活本身

无论是语言教学还是语言学习，理论化对象化的观念在人们的头脑中早已根深蒂固，即使是对婴儿和儿童的语言初始化过程的研究，也充满了主客二元的形而上学色彩。这种认识论导致了教师在进行教学和学生在进行学习的时候，不可避免地将语言视为独立于主体之外的"一堆客体"，前文提到的术语"语言习得"，就是最具代表性的特征之一。不仅如此，人们在研究跟语言相关的儿童心理现象时，更是没有摆脱理论化倾向的影响。有儿童心理理论研究者认为，"语言作为沟通、交流以及表征他人心理状态的符号，可能为推测他人心理和行为提供了有利的工具"（皮忠玲、莫书亮，2013）；"语言能力也许是心理理论能力发展的基础，成熟的语言能力为人们认识客观事物和周围世界，包括对他人心理状态的认识提供了有力的工具"（莫书亮、苏彦捷，2002）；也有语言获得建构理论认为，"儿童在社会生活中与他人进行交流，通过社会认知和一般的认知加工，主动的模仿、建构，最终能超越时空局限，习得抽象的语言符号系统，从小儿的具体表达建构[1]逐次获得抽象的语言结构（语法）"（丁国旺、任太艳、宋正国，2005）。站在成年人的角度，很容易将婴幼儿（儿童）的语言心理和语言行为看成是某种"获得"的过程。很多幼儿相关的心理学实验的设计，其实都隐含了研究者先入为主的对象性思维，其信度和效度都有待商榷[2]。多项研究也都指出，幼儿语音意识或语音感知，是能够经由声音信息捕获到"语义"或者"语法结构"信息的。这显然还是把语言或者语言的某一部分从生活中割裂出去的做法，因为这些搞科学研究的人，遵从的是科学方法——对象化和概念化。不过也有敏锐的研究者看到了问题的另一面，尽管仍然带有对象化倾向："内隐学习是个体在很大成熟度上不通过有意识努力而获得知识，也没有外显知识可以解释学会的是什么。内隐学习是一种基本过程，它位于每个复杂有机体的适应性行为的最核心位置"（李艾丽莎、张庆林、杨容，2004）。遗憾的是，这种认识不仅带

---

[1] 这个应该等同于皮亚杰的"前运演"。

[2] 乐耀："汉语名词和动词的心理学实验研究综观"。

有某种神秘主义的色彩，而且仍然未能超越主客二元论的视野。传统的成人语言教学和学习，毫无疑问都囿于理论化概念化的叙事框架之中。

至此我们可以看到，前理论的语言教学和学习方式，就是要"清除"理论意识带来的干扰和影响。在这里，我们可以借用海德格尔（2015：S59）在提出"形式显示"现象学方法论①时的呼吁"理论的支配地位必须打破"来思考新的教学理念和方法。

为了真正实现"前概念"方式的"回到生活本身"，海德格尔摈弃了胡塞尔的反思意识的"观审"，采用了"反向解构"的"先行把握"方法。传统的认识论，无一例外都是走在一种"达成抽象概念"的理论化道路上：从生活到概念。先行把握的解构则反其道而行之，"将传统（概念）还原到实际生活经验之中"，"解构的起点是概念，终点是实际生活经验"，追求概念就是最求一劳永逸，而先行把握"则意味着'把握'的临时性和当下性"（王宏健，2018）。在这种情形之下，概念以及概念的内涵退居幕后，流动的生活本身闪亮登场。静态的概念为动态的先行把握所取代。为了保证这种"流动性"不被破坏——因为"实际生活经验具有沉沦的倾向，它总是处于滑向客体化之物的威胁之中"（海德格尔，2018：64-65）——海德格尔（2004：73）绞尽脑汁找到了"形式显示"方法："显示是要先行显示出现象的关联——却是一种否定意义上，可以说是为了警告！……是一种防御（Abweher），一种先行的保证（Sicherung），使得实行特征依然保持开放"。这里需要明确的是，"先行把握"并不是"在……之前把握"，而是强调"非概念""非理论""非观念"的直观意蕴的把握（相当于"人……人着"②）。一切都在"实行"当中进行，而不是指向静态概念的"内涵"。对婴幼儿的语言初始化来说，声音"语形"没有内涵，"实行"最重要（其实婴幼儿也不会去关心"实行"本身，他们并不具备"理论意识状态"）。这也就是说，若单纯地以"内涵"为指向，婴幼儿的语言初始化是不可能完成的，因为这种被片面强调的"内涵"，是

---

① 张汝纶（2005：41）："传统理论的方法根本无法接近前理论的东西"，这是"哲学生死攸关的问题"。

② 海德格尔式的构词法，对象在关联中"动"起来，而不只是一个个毫无关联的个体。

"一种理论化的关联意义"（海德格尔，2004：73），它掩盖了"实行因素"（das Vollzugsmäßige），也就阻止了流动的生活，从而进入科学的理论化的观审范畴，这显然是婴幼儿无法做到的事情。婴幼儿语言活动的显著特征是：不关注获得了（语言的）什么，更关注做了什么、正在做以及将要做什么——活在意蕴世界之中。

从概念到实际生活经验的解构，并不是要放弃概念化的科学理论思维，而是强调在"实际生活"这个范畴内，概念思维会起到阻滞作用。以汉语的语音教学和小学生音乐教育为例，我们具体来看看这种阻滞的负面影响。

在汉语零起点留学生的语音教学阶段，《汉语拼音方案》的使用是不二之选。这个汉语注音方案使用了拉丁字母，有研究者指出，拉丁字母"现在是120个国家共同使用的字母（又是180个国家共同使用的一套数理化符号）。《汉语拼音方案》不愧为'古为今用'和'洋为中用'结合得最好的典型，堪称民族瑰宝"（魏元石，2001）。的确，对语文教学来说，《汉语拼音方案》显示了"语文现代化"的远见卓识，但用于非汉语母语者的语音教学，却未必能发挥其应有的作用，问题就出在语音本身。零起点学习者拿到的汉语教材，第一课就出现拼音字母，表面看起来，它们全球通行，简单易学。但从现象学的原则上看，这是一套经过专家学者深思熟虑精雕细琢的符号系统，看似能够为学习者提供有效指引，实则却在学习者与汉语语音之间，竖起了一道看不见摸不着的"隐形的墙"。跟婴幼儿语言初始化所"听"到的"有意蕴的声音"完全不同的是，零起点汉语学习者接触到的仅仅是"语音"而已，是被概念化和理论化禁锢住的声音，跟生活本身，跟意蕴世界之间，毫无关联——书本中没有"发生着的事"[1]。不仅如此，这些学习者在使用汉语拼音的时候，还会受到拉丁字母发音字形等负迁移的影响。[2]长期以来，人们的观念早已习惯于主客二元论的传统形而上学方式。《汉语拼音方案》并不是人们

---

[1]　海德格尔后期常用的核心词语"Ereignis"，参见张一兵：《作为发生事件（Ereignis）的生命体验——关于青年海德格尔早期弗莱堡讲座的构境论解读》。

[2]　王理嘉：《汉语拼音方案》与世界汉语语音教学。

凭空杜撰出来的，它与音韵学[1]有着千丝万缕的联系。唐作藩先生（2005：1）说，音韵学是"专门研究汉语的音系系统的……它是中国传统的一门学问，已经有一千多年的历史了"。在成人学习者这里，语音被以符号的形式，处理为一种外在的客观对象，至于语音本身为何物，反倒无人知晓。

实际上，符号对学习者的消极影响不止表现在语言学习上，音乐教育也会遇到同样的问题。让没有音乐基础的小学生识读五线谱是小学音乐教育的一大难题。美国音乐教育之父埃德温·戈登（2018：7）指出："音乐理论试图定义、解释这些可以看到的音乐符号背后的基本原理，但符号所起的作用，最多就像静止的照片，而音乐则是会动的画面，是流动的。"田雨（2019：9）等优秀一线小学音乐教师的实践也印证："音乐的学习意味着对'流动画面'的理解，而不仅仅是学习符号……以认知为主的音乐教学，才是让读谱教学陷入困境的真正原因。"这种情况跟零起点语言学习者的语音学习是何其的相似，让对外汉语教师头疼的"洋腔洋调"，正是这种以"符号认知"为切入点的教学和学习方式的弊端之一。

最大限度地清除横亘在学习者和语言之间的这道无形的"障碍"，可以尝试"前理论"的语言教学和学习方式。"回到生活本身"最理想的状态是像婴幼儿一样生活在自在自为的意蕴世界之中。但对成年的语言学习者来说，这显然是不可能的事情。这就需要语言教学工作者为成年语言学习者"营造"一个虚拟的生活情境场景，让学习者获得一种类似生活在意蕴世界之中的感受，我们将这种方式称之为"情境重建[2]"：既然生活是流动的，无法被凝固或者截断，那么，在虚拟现实技术的支撑下，我们就可以将带有时间参数的生活流"重建"出来，展示给语言学习者。这种学习模式使得语言的符号性特征（语形）得到淡化，学习者被带入到"（虚拟）真实"的情境之中，融入"流动的生活"，实现交互学习。这样，学习者就能最大限度直面语言（而不仅仅是符号）也就是实际生活本身。

"原本的语言并非是去生命化，而是生命内在历史性必要的构成环节"

---

[1] 此处的引用不是要否定音韵学，而是为了阐明《汉语拼音方案》的概念化倾向。

[2] 详细内容参见隋岩：《情境重建：汉语学习模式的新思考》。

（蔡祥元，2015），换句话说，语言的本性不是"脱弃生活"或者"去生命化"的，用理论化概念化的方式进行语言教学或者语言学习，这已经背离了语言的本性，自然不可能达成语言"如其所是的给予"。

前理论的语言教学和学习方式，也是回到生活本身的方式，不让理论的概念的思维造成干扰，或者可以这样说，在学习者"实行学习"的环节，最大限度淡化理论思维的角色，代之以意蕴世界的生活本身。我们尝试设计汉语零起点语音学的教材和教学方案，就是这种全新教学理念的初步尝试。在这个方案中，汉语零起点学习者在学习汉语发音（这种表达实际上仍然是对象化思维）的时候，接触不到发音标识符号例如汉语拼音，所有的语音都会跟学习者的现实生活联系在一起：他们在学习汉语发音，但又没有意识到自己在学习具体哪一个声韵母的发音，符号（语形）被以暗线的形式隐藏在"情境"之下，让学习者的大脑当中的"自动处理"机制获得唤醒，学习者接触不到有关语言的理论化和概念化认识，从而在成人学习者身上实现"语言的原生"。

六、结论

一种前理论的第二语言教学和学习方式是完全可能的，这实际上就跟海德格尔的现象学解构的方向一样，同以往的语言教学思路正好相反：解构的起点是理论的概念的"语言对象"，终点是实际生活本身。生活永远是流动的，而作为个体的每一个人，也时时刻刻浸润在意蕴丰富的世界之中，正如海德格尔所言"在—世界—中—存在"。既然解构的终点是前理论的实际生活，原生的语言也就是实际生活的本质构成部分之一，而"语言的原生"也只能经由前理论的方式才能够得以实现。幸运的是，成人大脑神经网络的可塑性为我们提供了物质基础，[1]使得婴幼儿大脑那种"自动机制"在成人大脑中可以被激活，这也就为成人获得"原生的语言"铺平了道路。由于涉及的

---

[1]　郑秀丽等：《高级皮质功能可塑性的认知神经心理学研究进展》。

领域十分广泛，本文的探讨还相当初步，我们会在今后的教学实践中继续进行更加深入的探索。

参考文献

[1] 蔡祥元（2015）语言与海德格尔思想方法的形成，《现代哲学》第 5 期。

[2] 程　冰、张　旸（2009）母语习得的脑神经机制研究及对外语教学的启示，《西安交通大学学报（社会科学版）》第 5 期。

[3] 丁国旺、任太艳、宋正国（2005）语言，语义，语言表征，心理理论——从语言获得建构理论谈心理理论和语言能力的关系，《心理科学》第 2 期。

[4] 丁彧藻、陈保亚（2016）语言官能的神经基础及其属性，《外语研究》第 3 期。

[5] 埃德温·戈登（2018）《音乐的学习顺序——现代音乐学习理论》，梁小娟译，上海：上海音乐出版社。

[6] 方少华、常　辉（2017）儿童母语习得与成人二语习得是否存在本质差异？——以双宾句习得为例，《当代外语研究》第 3 期。

[7] 海德格尔（2015）《论哲学之规定》，孙周兴、高松译，北京：商务印书馆。

[8] 海德格尔（2009）《时间概念史导论》，欧东明译，北京：商务印书馆。

[9] 海德格尔（2004）《形式显示的现象学：海德格尔早期佛莱堡文选》，孙周兴编译，上海：同济大学出版社。

[10] 海德格尔（2018）《宗教生活现象学》，孙周兴、欧东明等译，北京：商务印书馆。

[11] 胡塞尔（1996）《纯粹现象学通论》，李幼蒸译，北京：商务印书馆。

[12] 乐　耀（2017）汉语名词和动词的心理学实验研究综观，《语言学论丛（第五十五辑）》第 1 期。

[13] 李艾丽莎、张庆林、杨容国（2004）国外关于社会直觉和内隐学习的研究进展——认知神经科学观的解释，《西南师范大学学报（人文社会科学版）》第 2 期。

[14] 李锡纯（2019）婴幼儿语言发展：一致与分歧，《海外英语》第 5 期。

[15] 刘文理（2008）婴儿期母语音位范畴习得：来自言语知觉的证据，《心理科学进展》第 1 期。

[16] 莫书亮、苏彦捷（2002）心理理论和语言能力的关系,《心理发展与教育》第 2 期。

[17] 皮亚杰（1985）《发生认识论》,王宪钿等译,北京: 商务印书馆。

[18] 皮忠玲、莫书亮（2013）婴儿心理理论的发展: 表现和机制,《心理科学进展》第 8 期。

[19] 宋新燕、孟祥芝（2012）婴儿语音感知发展及其机制,《心理科学进展》第 6 期。

[20] 隋　岩（2020）情境重建: 汉语学习模式的新思考,《汉语国际教育学报（第六辑）》,北京: 科学出版社。

[21] 孙周兴（2002）形式显示的现象学——海德格尔早期弗莱堡讲座研究,《现代哲学》第 4 期。

[22] 唐作藩（2005）《音韵学教程》（第三版）,北京: 北京大学出版社。

[23] 田　雨（2019）谈 "先声音后符号" 对小学生读谱能力的开发,《中国音乐教育》第 9 期。

[24] 王宏健（2018）在 "实际生活" 与 "存在意义" 之间——论海德格尔早期弗莱堡讲课中的两条内在线索,《安徽大学学报（哲学社会科学版）》第 2 期。

[25] 王理嘉（2005）《汉语拼音方案》与世界汉语语音教学,《世界汉语教学》第 2 期。

[26] 王　我（2011）未成年人自我意识的研究进展,《重庆医学》第 6 期。

[27] 王延姣、王正平（2006）胎儿听力发育及对声音的感知和意义,《国外医学妇产科学分册》第 6 期。

[28] 魏元石（2001）《汉语拼音方案》的定位和汉语拼音教学,《语文建设》第 2 期。

[29] 武秋艳、邓　园（2012）统计学习的认知机制及其神经基础,《生物化学与生物物理进展》第 12 期。

[30] 于晓明（2019）语音识别技术的发展及应用,《计算机时代》第 11 期。

[31] 张汝伦（2005）论海德格尔哲学的起点,《复旦学报（社会科学版）》第 2 期。

[32] 张祥龙（2014）海德格尔的形式显示方法和《存在与时间》,《中国高校社会科学》第 1 期。

[33] 张一兵（2011）作为发生事件（Ereignis）的生命体验——关于青年海德格尔早期弗莱堡讲座的构境论解读,《现代哲学》第 5 期。

[34] 郑秀丽、敖纯利、沈　抒、谢欲晓、尹文刚（2007）大脑高级皮质功能可塑性的认

知神经心理学研究进展,《中国康复医学杂志》第 11 期。

[35] 智　娜、贾　媛、李爱军（2016）第二语言语音习得的研究概述,《南开语言学刊》第 2 期。

[36] Emily B. Falk, Sylvia A. Morelli, B. Locke Welbourn, Karl Dambacher, & Matthew D. Lieberman（2013）Creating Buzz: The Neural Correlates of Effective Message Propagation. *Psychological Science*, July 9:1234–1242.

[37] Martin Heidegger（1993）Grundprobleme der Ph*ä*nomenologie（1919/20）（GA58）. Frankfurt am Main: Vittorio Klostermann GmbH.

话语主观性表达与语气和情态的理论探讨

张 卓[①]

提 要 本文对语言中表达说话人主观态度的话语主观性、交互主观性、语气和情态等理论问题进行了全面深入的梳理和分析，对现有研究汉语语气系统的文章进行了综述，并针对汉语的语言事实，构建出了适合汉语研究的话语主观性表达范畴研究框架，以期为今后深入研究汉语主观性话语表达系统提供有效的分析工具。

关键词 话语主观性；语气；情态；交互主观性

一、引言

人们在说话时是如何表达自己的主观态度、情感、情绪的？对此，国内外语言学者有从语义入手进行考察的，如吕叔湘先生、王力先生等老一辈语言学家对汉语语气系统、语气词的研究；有从语法形式入手进行考察的，如印欧语对语气（mood）范畴的研究。近二十年来，汉语学界借鉴印欧语的语气（mood）和情态等理论研究汉语的语气、语气词渐成风气，但是从国内目前的学术研究成果看，直接套用西方语言学理论是否适用于汉语语气等主观表达的研究是值得商榷的。其中有我们对西方理论研读不精、理解不深的因素，但是由于这类表达说话人主观态度的话语本身较为复杂。

汉语学界对语气的研究传统由来已久。汉语作为分析性语言，具有丰富的语气副词和语气助词，这两个相对封闭的词汇系统一直是词汇—语法研究

---

① 张卓，北京语言大学汉语国际教育学部汉语进修学院讲师。研究兴趣与研究方向：汉语情态表达研究、中级阶段口语教学研究、商务汉语教学研究等。

的热门话题，但该类词语"多随文释义""语义空灵、不容易捉摸"（胡明扬，1988；储诚志，1994等），这些研究难点让汉语主观性表达的研究很难深入、系统地进行。如果能有合适的语言分析解释工具，将会有助于相关问题的解决，因此搭建合适的理论研究框架是亟待开展的基础工作。

鉴于上述问题，本文希望通过对相关理论的梳理，并结合汉语实际，构建适合汉语话语主观性表达的研究框架。我们将在本文的第二部分，对话语主观性、交互主观性、情态和语气等相关理论问题进行深入探讨；在第三部分，试图构建适合汉语的话语主观性表达范畴的研究框架；在第四部分，对未及讨论的问题进行说明。

二、理论基础

2.1 话语主观性（locutionary subjectivity）

话语主观性（locutionary subjectivity）是说话人在话语中的自我表达（self-expression in the use of language）（Lyons 1995：337）。

话语主观性表达的根源在于人在话语中不仅仅是作为一个中立的观察者描述事件的进展情况，还常常伴随表达自己的评价、态度等主观意义。在话语交际中传达说话人的情感和情绪是一个基本的需求，需要有适当的语言手段来实现。然而，像评价、态度、情感、意愿等主观情绪却很难把握与定义，问题的复杂性造成了研究的分类不清与模糊，导致虽然学界早已意识到了话语主观性表达的重要性，但研究进展却有限的局面。

印欧语关于话语主观性表达的研究领域，据Finegan（1995：4），主要集中在三个方面：

表1　印欧语关于话语主观性表达的研究领域举例

研究领域	研究对象举例
（1）说话人所述命题的视角	动词
（2）说话人关于所述命题的情感表达	词汇手段、语法手段
（3）说话人对所述命题的认识情态表达	情态动词、情态副词

然而，上述研究领域只包含了对命题句的主观性表达研究，而没有对非命题句的相关研究，同时还缺少说话人对听话人的情感关注，这是不全面的。我们认为，话语主观性属于语义范畴，表达自己（即说话人）对命题的信念、态度和情感，表达自己对所述行为的意愿和社会权威，表达自己对听话人的关注（见2.2）。

汉语学界自沈家煊先生2001年发表《语言的"主观性"和"主观化"》之后才有意识地使用"主观性"这一工具来描写解释语言现象。传统的话语主观性的研究一向集中在语气研究上，特别是语气副词、语气助词等具体的词汇—语法方面。本文的研究意在打通西方引介的话语主观性与中国传统的语气研究，构建适合汉语的、全面的、话语主观性表达研究框架。

2.2 交互主观性（intersubjectivity）

据Traugott（2003：128），交互主观性表达的是说话人对听话人的关注，包括说话人猜测听话人对所说命题的了解程度，以及说话人对听话人社交层面的关注（比如礼貌、面子等）。文中举例，在有敬语系统的语言中，比如日语，既需要考虑说话人的社会地位，又需要考虑听话人和说话人之间的关系。

交互主观性这一术语虽然是近十几年才引入汉语研究中的，但是其所分析的语义现象在以往的汉语语言研究中不乏分析。吕叔湘先生在分析汉语语气词的时候每每都关注到了听话人，比如文中认为"'呢'字之表确认，有指示而兼铺张的语气，有'诺，你①看！''我告诉你，你信我的话'的神气。"在论述"么"和"啊"的区别时指出"'啊'字是'你知道不知道？''么'字便是'你怎么连这个也不知道？'"（吕叔湘，1982：264–269）其中用来解释语气词的"你"在所分析的语句中并没有出现，而是吕先生根据该语气词的语义补充出来的，这可以证明对听话人的关注是汉语某些语气助词所带有的语义特点，即它们具有交互主观性。

与使用交互主观性这一术语相比，类似随文注释出一个"你"的解释方法是一个更方便的解释工具，可以有助于我们迅速把握说话人对听话人的态

---

① 引文中的着重号均为笔者所加。

度这一层主观意义。高亮（2019：685）对儿童句末语气助词习得的研究指出，孩子掌握语气助词的基本语气和纯互动的用法的过程，体现的是互动不断深入的过程。可见在人类使用语言进行人际交往过程中，对交际互动的关注是人类语言发展的必然。

2.3　情态（modality）

情态研究可以溯源到亚里士多德的哲学研究，但其所区分的仅是命题的可能性和必然性。情态后来成为西方逻辑学、语言学的研究对象。情态研究也是本文论述的话语主观性表达研究中重要的一个组成部分。

2.3.1　作为情态研究之根本的认识情态

最初的情态研究的只有认识情态，这里的术语"认识"是哲学上的认识论（epistemology）探讨的内容，旨在研究知识的来源问题，在语言学上指的是人们说出来的话语这种"知识"是从哪里来的，也就是说人们对自己说出的话有多大程度的把握或确信度。因此，认识情态表明的是说话人对所述命题的确信程度。按照研究传统，它仅包括可能性和必然性。但因为说话人做出如此判断的根本原因是说话人的知识来源，所以后期通过语言类型学的研究，明示说话人所述命题的证据来源的语法手段——证据情态，（evidential modality）也被纳入了情态的研究范畴。Palmer（2001）将认识情态和证据情态统称命题情态（propositional modality）。

2.3.2　由相似性引申出的道义情态

说话人除了要对命题句表达主观确信度，对非命题句也会表达主观态度。我们所谓的非命题句是指涉及动作行为发生的施为句。说话人认为动作行为的发生是必须的、可以被允许的、抑或禁止的——这些都是说话人的道义概念，它们与认识情态中命题的可能性与必然性具有相似性。20世纪50年代Von Wright等提出道义逻辑与真值模态①逻辑的相似性问题，认为这也是一种模态（汤敬安等，2008：5）。从20世纪70年代开始，语言学家将道义情态纳入语言

---

① 在逻辑学研究领域，modality被译作"模态"。

学情态的研究范畴。

表示主语能力的能动情态（dynamic modality）是否应该纳入情态范畴，还存在很大争议。就话语主观性的研究议题而言，本文不将其计入情态范畴。Palmer（2001）将道义情态和能动情态统称事件情态（event modality）。

综上，情态范畴包括两类子范畴，一类表达的是说话人对命题的主观确信程度，一类表达的是说话人对所述行为的自身意愿或社会权威性。

2.4 语气

语气研究历来是研究的难点，印欧语研究的语气（mood）和汉语传统研究中所谓的语气是否指的是同一个范畴？属于语法范畴还是语义范畴？语气范畴应该如何划分？分类的根源和依据是什么？这些都是我们要弄清楚的问题。

2.4.1 印欧语的语气研究

2.4.1.1 叶斯帕森的观点

叶斯柏森（1924/2010：484–498）指出早在19世纪语法学家们就尝试把所有的"语气"都置于一个逻辑上一致的系统中，希望得到以语义为基础的语气系统，叶氏认为是有问题的，因为"人们一旦离开了一种语言实际具有的动词形式这一安全区域，就会遇到众多的'语气'。"叶氏让读者牢记，"我们所说的'语气'是以用动词的形式表现这种心理态度为条件的：所以语气是一个句法范畴，不是一个意念范畴"。但是他又从语义角度给语气下定义："语气表达了说话人对句子内容的某种态度。"可见语气虽属于语法形式类，但还需同时兼顾语义层面，其实至少是形式和意义相结合的范畴。

叶氏在讨论虚拟语气的时候陷入了"既是说话人态度又不是说话人态度"的悖论，前文说语气是说话人对句子内容的态度，而接着又说"尽管有时语气的选择不是有实际说话人的态度，而是由从句本身的特征及它与它所从属的主要连系式的关系决定的"，其意在将虚拟语气囊括在范畴中。但是这种做法从语法形式上讲得通，从语义上却很难讲得通。

2.4.1.2 Lyons的观点

据（Lyons1995/2000：176-198），印欧语对语气（mood）的研究属于语法范畴，研究的是于句子中可见的动词屈折变化，根据动词的形态变化进行分类。最基本的、无标记的语气是直陈语气（indictive），动词没有特殊的形态变化，仅就命题内容做无主观态度的直接陈述或发问，不表达说话人的任何主观态度，直陈语气由陈述句和疑问句表达，是最基本的语气类型，是最自然的、无标记的。除了直陈语气外，还区分半信半疑语气（dubitative）、传言语气（evidential）、祈使语气（imperative）、祈愿语气（optative）、虚拟语气（subjunctive）等不同的语气类型。半信半疑语气和传言语气都是反映说话人对命题的确信度的，祈使语气和祈愿语气是针对施为言语句——非命题句的，虚拟语气是说话人针对非现实的情况提出的假设条件，这种非现实的假设是仅存在于说话人头脑中的观念。

Lyons强调要区分语气与句类（他还指出，也有学者将句类与语气相混淆），不要将二者视作一一对应的关系，语气与句类仅仅是有联系而已，但却是相互独立的不同范畴。二者彼此联系的原因在于：语气是通过句子的动词进行分类的，句类同样也是根据动词的曲折和主语的形式来分类的，二者的研究视角相同。不同之处在于：语气研究虽然始于动词曲折的形式变化，但是更关注的却是形式的功能义，即说话人的主观态度问题。可见西方的语气实质上是形式和功能相结合的研究范畴。但不可否认的是，相似的形式往往具有相似的功能，因此二者容易产生混淆。

下面我们以举例的形式将语气与句类的关系总结在表2中，可以清晰地看出语气与句类不是一一对应的。

直陈语气是不包含话语主观性表达的，而非直陈语气则需要借助不同的语言形式，包括词汇的和语法的，来表达话语主观性。在印欧语里情态表达是语气得以实现的语法手段之一，半信半疑语气和传言语气需要借助认识情态的语法手段，祈使语气和祈愿语气则需要借助道义情态的语法手段。

表2 语气与句类非——对应的关系

语气类型		句类
不包含说话人主观态度的、中性的、无标记的、自然的直陈语气	直陈语气	陈述句、疑问句
含有说话人某种主观态度的、非中性的、有标记的非直陈语气	半信半疑语气	陈述句、疑问句
	传言语气	陈述句
	祈使语气	祈使句（第二人称作主语）
	祈愿语气	祈使句（第一人称作主语）
	虚拟语气	条件句
	其他语气分类	略

2.4.2 汉语的语气研究

汉语的语气研究由来已久，传统汉语的语气与印欧语的语气（mood）并不是一致的，汉语的语气研究的范围远远大于印欧语的语气（mood）范畴。通过梳理文献，我们发现20世纪90年代以后发生了一次研究转向：20世纪90年代之前，老一辈的学者从话语语义的角度研究汉语的语气类型；20世纪90年代之后，年青一代的学者多借鉴印欧语关于语气（mood）和情态（modality）的研究方法来研究汉语。需要指出的问题是，目前学界达成一致的术语翻译是语气对应mood，情态对应modality，但是初期各家的术语翻译不尽相同，我们也依照原文列在了括号中，避免因术语翻译问题造成的混乱，列出原文可以帮助我们更好地理解原作者的意图。

首先，我们分析汉语学界各家对语气这一概念的定义，从术语的定义中我们可以发现研究对象的本质。然后，分析以往的语气研究中可以借鉴的方面和存在的问题。

2.4.2.1 20世纪90年代以前的语气研究

王力（1940/2019：173—186）认为凡语言对于各种情绪的表示方式，叫作语气，并且将语气细分成12个小类，分别归类在确定语气、不定语气、意志语气、感叹语气等四种语气下。

吕叔湘（1942/1990：257—258）对语气的定义最具体、最全面。他认为狭义的语气是概念内容相同的语句，因使用的目的不同所生的分别。狭义的语气下辖三个不同的类别：第一，与认识有关（包括直陈、疑问）；第二，与行动有关（包括商量、祈使）；第三，与感情有关（包括感叹、惊讶等）。除此之外，广义的语气还包括语意和语势。所谓语意，指正和反、定和不定、虚和实等等区别。所谓语势，指说话的轻或重、缓或急。

胡明扬（1987：84）指出语气表示：

1. 由周围的事物或对方的说话内容引起的某种感情，这是表情语气，如赞叹、惊讶、诧异、不满等等；

2. 说话人对自己的说话内容的态度，这是表态语气，如肯定、不肯定、强调、委婉等等；

3. 向对方传递某种信息，这是表意语气，如祈使、命令、提问、追诘、呼唤、应诺等等。

2.4.2.2　20世纪90年代以后的语气研究

贺阳（1992）认为语气（modality）是通过语法形式表达的说话人针对句中命题的主观意识，包括功能语气、评判语气和情感语气。功能语气是指四大句类的交际功能，评判语气相当于当前情态范畴的研究内容，情感语气是说话人的情绪或感情。

徐晶凝（2000）重点探讨了中国语言学界传统上称为"语气"的表示说话口气的语气系统，为了和陈述、疑问、祈使和感叹等借用来的语气术语相区别，原文将基于句类的语气用英文Mood表示。徐文认为在交际时，说话者根据交际的需要，选择适当的Mood，往往还要同时附加表达自己对交际内容的某种感情、态度或意向，如委婉、揣测、强调、随便等。这种附加语义，便是该文定义的语气。徐文指出，Mood和语气不在同一层面上，中国语言学界传统上的语气实际上是一种情态（modality）。Mood是语法范畴，语气是情态范畴。Mood是语气得以实现的"场"，语气是在Mood中通过不同的表达方式（如语调、添加语气助词、语气副词等），来表达复杂的感情、态度或意向。

张云秋（2002）认为语气（mood）是表示说写者使用句子时主观上要达

到的某种交际目的，一般分为陈述、疑问、祈使、感叹等几个语法范畴；口气（modality）则是表述这些不同的语法范畴时流露出来的情感评价，因此，在某种意义上可看作语气的再分类。该文还将口气分为有标记和无标记的大类，然后又将有标记口气分为比较强烈的强化式和比较委婉的弱化式以及平和的中性三种强弱梯度划分。

齐沪扬（2002）认为语气（mood）是通过语法形式表达的说话人针对句子命题的一种主观意识，语气是一种语法范畴。在论述句类与语气的关系时，他认可传统语法教程教材（胡裕树主编的《现代汉语（重订本）》和黄伯荣、廖序东主编的《现代汉语》）以语气定句类的分类方法；但是反对以句类定语气，认为这是循环论证。但从该文对语气的分类体系看，并没有跳出按句类划分语气的做法，在其分出的第一类语气中仍然是按照句类在做细分（见下文）：

1. 以"表示说话人使用句子要达到的交际目的"为依据，划分出来的语气的功能类别，包括陈述语气、疑问语气、祈使语气和感叹语气。

2. 以"表示说话人对说话内容的态度或情感"为依据，划分出来的语气的意志类别，包括可能语气、能愿语气、允许语气和料悟语气。

2.4.2.3 汉语语气研究小结

老一辈语言学家是依照汉语实际情况，从语义的角度出发研究汉语的语气系统，没有为西方语言学理论中的某些概念所牵绊，对语气系统的分类更符合语言实际状况。但是，由于语气系统本身是对说话人主观性的表达，因此从语义角度分析造成的分类结果虽足够详尽，但却有失系统性，难以构建对语气系统进一步进行科学、深入地研究的理论框架，因此将语义与语言形式的结合是研究语气系统的必要手段。

年轻一代的学者将西方语言学的相关概念引入汉语语气系统的研究，这有利于研究方法的创新，但是对mood、modality等术语的概念内涵理解不够充分，对语气或情态的界定有失原意。文献中除了一篇文章（徐晶凝，2000）注意规避以句类定语气的问题外，其他文章均在句类基础上分析语气类型，这正是前文所述Lyons认为错误的情形。可见，这些语气系统的分类基础便是有问题的、不牢固的。而且各家使用的汉译术语也较混乱，甚至有正好相向的翻译情况，这也从一个侧面反映了对相关理论工具没有完全掌握的情况。

尽管存在上述问题，但是前人不懈努力取得的成果，也为我们提供了大量的极有价值的观点作为我们继续深入分析的基础。那么，我们从各家的研究中，有选择地归纳出了较有共性的、反映语气系统本质的五个方面：

1. 概念内容/句子命题/说话内容/交际内容

2. 意志/行动

3. 感情/感叹

4. 对方/听话者

5. 轻重缓急/强化、弱化、中性

上面的这五个不同方面的概念极富启发性，我们将借鉴这些研究思路，来进行我们接下来的分析。

三、话语主观性表达范畴研究

3.1 话语主观性表达范畴与语气、情态在汉语研究中的适用情况

从前文的分析中我们可以知道，印欧语研究中的话语主观性属于语义范畴，语气和情态都属于语法范畴。汉语研究者在引介印欧语的语气和情态研究汉语传统的语气系统，结果差强人意，并且造成了术语理解和使用上的混乱，继续使用语气和情态两个术语有碍研究的深入开展。更何况，汉语没有动词的屈折变化，从语法角度研究"说话人的主观态度"这样的语义范畴，缺少形式上的抓手。虽然很多学者采用了形式和语义相结合的研究路径，但是研究的基础仍然建立在西方的语气类型上，没有全面适合汉语自身的语言特点。

话语主观性表达研究的是句子层面的语义，因此本文认为话语主观性表达这一语义范畴更适合作为研究汉语相关问题的工具。

3.2 汉语的话语主观性表达范畴

3.2.1 汉语话语主观性表达范畴的内涵

人类的言谈交往中，既要用语言"说事"，又要用语言"做事"，奥斯汀

（1975/2013）将话语的功能分为记述话语（constative utterance）和施行话语（performative utterance），我们认为对话语做此二分是适合考察话语主观性表达范畴的分类。类似地，我们将说话人的话语内容分为两类，一类是命题内容，一类是施为内容。命题内容是纯客观的表达，不包含说话人的任何主观态度；施为内容已经是说话人在以言行事了，或多或少都带有主观色彩，因此不能算作纯客观的表达，以言行事的言语行为本身就包含了话语主观性。

除了考察说话人对不同类型的话语内容的主观表达，我们还对说话人对听话人的主观态度进行考察，这是说话人表达主观性的两个不同的维度。我们还对每个维度上存在的主观量的大小进行由低到高的程度量级的划分。

第一个维度，说话人对话语内容的主观态度，包括：

	由低到高的量级		
1. 说话人对所说命题内容的确信度	如：外部证据	猜测	推断
相应语言形式举例	听说	可能	肯定
2. 说话人对所发出的施为内容的力度	如：商量	允许	强制
相应语言形式举例	吧	可以	必须
3. 说话人对命题/施为内容的情感情绪，	如：		强烈的情感情绪
相应语言形式举例			幸亏　竟然

第二个维度，说话人对听话人的主观态度，	如：不屑诋毁 ————▶	亲近委婉
相应语言形式举例	脏话	可　啊

话语的主观性表达还具有层次性的问题，因为说话人最先关注话语内容本身，进而关注说话人自身情绪感受的表达，在具备足够的交际能力的前提下才会使用关注听话人的交互主观性的表达——这一点从儿童语言习得和留学生的汉语习得中可以得到证实（高亮，2019）。

3.2.1.1　以命题内容为中心的主观性表达

根据与命题内容的关系远近不同，说话人的主观性表达范畴由近及远分别是，表达对命题的主观确信度—对命题的情感情绪—对说话人的关注，即交互主观性。如图1所示，围绕着命题内容这一话语核心，逐渐增加说话人的主观态度，并最终向外将主观性扩展到关注命题之外的说话人。并且不同层的主观性表达是可以叠加的，通过叠加使用以表达多维度、不同量级的主观态度。

图1　以命题内容为中心的主观性表达层次示意图

下面是以命题内容为话语中心、带有不同主观性表达标记的例句：

（1）明天下雨。（客观的命题内容）

（2）明天可能下雨。（主观确信度）

（3）明天又下雨。（情感情绪）

（4）明天下雨，啊。（交互主观性）

（5）好家伙，明天又下雨啦。（情感情绪＋交互主观性）

（6）明天可能下雨吧。（主观确信度＋交互主观性）

（7）明天该不会下雨吧。（主观确信度＋情感情绪＋交互主观性）

3.2.1.2　以施为内容为中心的主观性表达

以施为句为中心的话语意在动作行为的发生，根据说话时语调的高低不同，已经或多或少带有说话人的主观态度了。主观性表达的不同层次见图2。

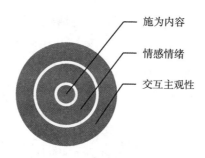

图2　以施为内容为中心的主观性表达层次示意图

施为句根据句子主语的不同可以分为祈使句和承诺句，下面是相关例句：

（8）你走。你走！（施为句可以通过语调手段表达不同强度的主观性）

（9）你必须走。（主观确信度）

（10）你赶快走。（情感情绪）

（11）你走吧。（交互主观性）

（12）你倒走啊。（情感情绪+交互主观性）

（13）你千万得去啊。（情感情绪+主观确信度+交互主观性）

（14）我一定去。（主观确信度）

（15）我就去。（主观情感情绪）

（16）我去啊。（交互主观性）

（17）我当然一定去啦。（情感情绪+主观确信度+交互主观性）

3.3　建构汉语话语主观性表达范畴研究框架

汉语主观性表达主要通过语调、句类、封闭类的词汇—语法手段（如情态动词、语气副词、语气词、叹词等）、话语标记（你别说、可不等）、某些语法构式（连……也……）等手段来实现。语调属于语音学研究范畴，而语法构式比较零散，且有些构式正在形成过程中，笔者能力有限，本文暂不考察上面两个方面。

根据2.3节，我们发现"说话人对所说命题的确信度"与认识情态的研究范畴是一致的;"说话人对所发出的施为内容的力度"与道义情态的研究范畴是一致的。因此,我们可以将认识情态和道义情态完全纳入我们的话语主观性表达范畴的研究框架中来,这将会对语言研究起到很好的整合作用。

根据2.4节,我们知道尽管句类与语气不是一一对应的关系,但是形似的形式聚类也一定具有某些一致的功能,因此我们将典型的句类语气也纳入我们的框架中来,但与以往汉语学者不同的是,我们不将四种基本句类的语气作为分析的基础,而是将句类适时纳入我们的框架。

综上,我们认为话语主观性表达范畴包括命题情态(认识情态和证据情态)标记、道义情态标记、说话人情感情绪标记和交互主观性标记四大类,每一类项下以不同的词汇—语法手段和句类手段来实现相应的语义功能。我们们拟构的框架如表3所示:

表3 汉语话语主观性表达范畴框架

	既有研究的类	语言形式
对命题内容的确信度	认识情态标记	——情态动词、情态副词
	证据情态标记	——话语标记:据说、看样子
对施为内容的力度	道义情态标记	——情态动词、情态副词
	祈使句	——第二人称做主语
	承诺句	——第一人称做主语
对命题/施为内容的情感情绪	某些词汇-语法类	——叹词、语气副词、语气词
	感叹句	
对听话人的关注	交互主观性标记	——话语标记、语气词、语气副词

说话人的主观态度

四、余论

本文通过话语主观性表达范畴这一概念研究语言的主观性问题，将语言研究中的语气、情态、句类等范畴整合在了一个大框架下，是一种全新的尝试和探索。我们希望这个框架可以有助于深入探讨人类语言主观性表达的本质和方式问题。

但是，框架中的某些细节还有待进一步完善，特别是"说话人对命题/施为内容的情感情绪"到底包括哪些具体的情绪类，还没有研究清楚。并且，本文及已有研究成果所研究的主观性表达手段，大都集中在语气副词、语气助词、情态动词等相对封闭的词汇–语法类，而对开放的词汇类少有关注，如"这件事怪你。我讨厌他"。这里的实义动词自身含有的主观感情我们还未纳入研究框架中。这一类语言现象该怎么分析、如何处理，是我们今后必须要面对的问题。

参考文献

[1] 奥斯汀（1975/2013）《如何以言行事》，北京：商务印书馆。

[2] 储诚志（1994）语气词语气意义的分析问题——以"啊"为例，《语言教学与研究》第 4 期。

[3] 高　亮（2019）普通话儿童句末语气助词的习得研究，《中国语文》第 6 期。

[4] 贺　阳（1992）试论汉语书面语的语气系统，《中国人民大学学报》第 5 期。

[5] 胡明扬（1987）《北京话初探》，北京：商务印书馆。

[6] 胡明扬（1988）语气助词的语气意义，载《胡明扬语言学论文集（增订本）》，2011年版，北京：商务印书馆。

[7] 廖秋忠（1989）《语气与情态》评介，载《廖秋忠文集》，1992 年版，北京：北京语言学院出版社。

[8] 吕叔湘（1990）《中国文法要略》，北京：商务印书馆。

[9] 彭利贞（2007）《现代汉语情态研究》，北京：中国社会科学出版社。

[10] 齐沪扬（2002）论现代汉语语气系统的建立,《汉语学习》第 2 期。

[11] 沈家煊（2001）语言的"主观性"和"主观化",《外语教学与研究》第 4 期。

[12] 汤敬安、央　泉（2008）《英语情态范畴的多视角研究》, 西安: 西北工业大学出版社。

[13] 徐晶凝（2000）汉语语气表达方式及语气系统的归纳,《北京大学学报（哲学社会科学版）》第 3 期。

[14] 徐晶凝（2008）《现代汉语话语情态研究》, 北京: 昆仑出版社。

[15] 叶斯柏森（1924/2010）《语法哲学》, 北京: 商务印书馆。

[16] 张云秋（2002）现代汉语口气问题初探,《汉语学习》第 2 期。

[17] Finegan，Edward（1995）Subjectivity and subjectivisation: an introduction. In Dieter Stein & Susan Wright（ed.）*Subjectivity and subjectivisation*. Cambridge: Cambridge Vniversity Press, 1–15.

[18] Lyons，John（1995）*Linguistic semantics: an introduction*. Cambridge: Cambridge University Press.

[19] Palmer F.R.（2001）*Mood and modality*. 2nd edn. Cambridge: Cambridge University Press.

[20] Traugott，E.C.（2003）From subjectification to intersubjectification. In Raymond Hickey（ed.）*Motives for Language Change*. Cambridge: Cambridge University Press, 124–139.

汉语形式动词的理论与教学研究

骆健飞[①]

提　要　本文在梳理汉语形式动词的理论研究与教学实践的基础上，结合留学生在形式动词使用中出现的问题，以形式动词"进行"为例，从韵律、语体、语义、句法四个方面探讨相关教学方案，强调"句法结构优先，综合考虑正式体的语体特征及其韵律表现"的综合教学法，展开行之有效的教学工作。

关键词　形式动词；理论研究；汉语教学；进行

一、引言

汉语的形式动词，根据朱德熙（1985）的描述，即"进行、加以、给予、给以、予以、作"这类动词，原来的词汇意义已经明显地弱化了，在某些句子里把它们去掉并不影响原句的意思，如：他们花了整整一年时间（进行）调查。朱先生对形式动词的特点进行了说明，并从语法功能上做了描写，比如，形式动词所带的宾语只能是表示动作的双音动词，而且形式动词有使名词性成分转成谓词性成分的功能，如下边的句子：

（1）由于经济濒临崩溃，再也没有足够的力量进行战争了。

这里"战争"为名词，本身不可作谓语，故此处"进行"不可删除，加上"进行"，就可以将整个成分转变为谓词性成分做句子的谓语。

---

①　骆健飞，博士，北京语言大学汉语国际教育学部汉语进修学院讲师，硕士生导师。《韵律语法研究》期刊编辑部编辑。主要研究领域为汉语韵律句法、语体语法及对外汉语教学等。

汉语的形式动词，因其意义虚化、结构特殊、功能多样，受到了很多研究者的关注，从理论研究到二语习得、汉语教学都有诸多研究。本文在梳理汉语形式动词的理论研究与教学实践的基础上，结合留学生的相关语料和调查，提出了汉语形式动词教学的构想与方案，为相关教学工作提供参考。

二、汉语形式动词的理论研究

从20世纪中叶以来，已有多位学者注意到了汉语形式动词的特点，并从多个角度做了研究，较早的研究见于20世纪50年代的萧斧（1955）和王年一（1959）两篇文章。他们指出，当时的人们对于新词"进行"这类形式动词非常偏爱，以至于出现了滥用的现象。为了引导人们正确使用该词，语言学者们主要从形式动词后宾语的词性、语义和句法结构，以及形式动词本身的语体特征出发，对该词的使用做了有益的探索，其成果可以概括为以下四个方面：第一，形式动词的宾语可以是名词，但数量不多，且在句法和语义上都受形式动词直接支配。如"进行持久战、进行苦战、进行反侵略战争"等等。第二，形式动词的宾语大多是名物化了的动词，且该动词表示的意义比较抽象，代表比较复杂的、历时较久的系列性活动，其后不带宾语。如果一定要带宾语，则用介词"对""对于"提前。第三，形式动词前有时有较长的修饰性成分，如"马克思在实际斗争中进行了详细的调查研究"。第四，形式动词常用在庄重的场合，如"进行了亲切的谈话"就比"亲切地谈了话"显得更正式、更庄重。在此之后，朱德熙（1961）也对形式动词的使用条件做了两点新的补充：其一，"把"字句、"将"字句、"对/对于"结构后的动词要求用复杂形式，引入形式动词是完句的手段之一；其二，在"同……进行斗争"这个结构里，若"斗争"前有修饰性成分"必要的"，则形式动词不可省，反之，就可用可不用。

进入20世纪80年代，语言学界对形式动词的关注与研究较之以往更全面、更深入，成果也更丰盛，总结他们的研究，可以分为韵律、语义、语体、语用和句法等五个方面。

首先是韵律节奏方面。蔡文兰（1982）明确指出，形式动词是新兴的双音节动词，要求与之搭配的宾语是双音节及以上的名词或动词，而绝不能是单音节词。袁杰、夏允贻（1984）也强调，语音上的成双成对能使语言显示出整齐和谐之美，念起来节奏匀称，十分上口，符合汉民族使用语言的习惯和心理。

其次是语义特征方面。蔡文兰（1982）认为，能受形式动词支配的双音节动名词在语义上大多用于表达政治、生产、文化教育、军事体育、社会活动等方面的，而表示感知、思维等心理活动的，或者表示自然界及一般事物运动变化的，表示判断、愿望、趋向的，则一般不能受形式动词支配。此外，周刚（1987）将形式动词宾语的语义特征概括为[-完成、+持续、+过程、+要求受事]，周小兵（1987）认为，除了上述特征外，还需明确形式动词的活动多指非心理活动。

第三是语体选择方面。蔡文兰（1982）和袁杰（1984）均指出，形式动词广泛运用于现代汉语书面语里，在政论文、科技体、公文事务体的著述里和比较正式严肃的场合下出现频率比较高，而在日常谈话和文学作品中很少出现，一般不用于口语。

第四是语用功能方面。宋玉珂（1982）认为形式动词有强调其后双音节动词的作用，朱德熙（1985）则指出，从说话人选择句式的角度来看，形式动词是受事前置的标记。

最后是句法结构方面。宋玉珂（1982）、蔡文兰（1982）、袁杰（1984）、朱德熙（1985）、彭道生（1987）、周小兵（1987）、周刚（1987）等诸多语言研究者都对此有研究，成果也是最为丰富的，具体研究结论如表1所示。

表1　汉语形式动词（表中简称DV）的句法结构研究汇总

句法结构特征		研究成果说明
DV本身	（1）DV+着+宾语	蔡文兰(1982)认为(1)的格式是不存在的，(2)是最常见的句法格式。周刚（1987）则对此进行了修改，概括出了（1）（2）（3）（4）与形式动词本身相关的句法结构。
	（2）DV+了/过+宾语	
	（3）正在/正+在+DV+宾语	
	（4）DV+补语（下去、到底）	

句法结构特征		研究成果说明
DV 后宾语的修饰成分 - 定语	（1）动词作定语	宋玉珂（1982）则介绍了（4）（5）（7）（8）四个类别的宾语修饰语。朱德熙（1985）指出了宾语只受名词或表示数量的词语修饰的特点，即（2）和（5），并指出（9）多项定语连用时的连接词只能用"和、与"，不能用"并""又……又……"。彭道生（1987）着重指出的是第（5）类"名词充当修饰语"，并指出该类宾语后不能再带宾语，也不能加"了""着""过"，其前不能加副词。周刚（1987）对形式动词后宾语的前置定语作了充分的研究，并归纳出了（1）—（9）类句法结构特征。周小兵（1987）对其中的（1）—（5）以及（9）也作为了相同的探究。
	（2）数量短语做定语	
	（3）介宾短语做定语	
	（4）形容词做定语	
	（5）名词做定语	
	（6）方位短语做定语	
	（7）主谓短语做定语	
	（8）述宾短语做定语	
	（9）多项定语可以并列或递加	
DV 前的状语成分	（1）时间副词做状语	周刚（1987）对形式动词前的状语情况进行了较为细致的观察，并归纳出左侧 5 类可充当状语的语法成分。
	（2）语气副词做状语	
	（3）能愿动词做状语	
	（4）形容词做状语	
	（5）介词结构做状语	

　　在这之后的十年，语言学界有关形式动词的研究似乎并未能超越20世纪80年代，特别引人瞩目的研究成果不多。进入21世纪，语言学者在此领域的研究呈现出了新的特点：一是广泛应用新兴的语料库语言学研究方法，如刁晏斌（2004）、吕瑞卿（2007）、于丽丽（2008）、杨虹（2009）、杜尔群（2010）、邵俊（2017）等等。研究者们或借助已有的汉语语料库，或根据研究需要自建相应的语料库，或者将两者结合最大限量地夯实研究所需的语料基础，展开了前所未有的基于千万字级别大样本的真实语料分析与研究。这些研究或进一步印证了前人已有的韵律、句法、语义、语用方面的研究成果，或极大程度地拓宽了相关研究的广度和深度，尤其是对句法结构内部特征进行了更为细致的观察和描写。二是尝试从不同于传统语言学研究理论的新视角来观察形式动词的句法、语义和语用特征。庞加光（2012）从认知语法的角度探讨了形式动词语义虚化的来源以及句法特征和语义限制产生的缘由，李佳梅（2012）则运用了认知语义学中的"事件框架"理论、信息论中

的"信息传递"视角以及话语研究中的"言者主语"概念等重新审视了形式动词句式的语用表达，从而发现了该类句式除了具有前人研究中已提及的形式书面正式语体的价值外，还有形成特定的事件框架、扩展事件信息和传达言者意志、增强语势等方面的语用表达功效。

总而言之，汉语的形式动词在本体研究方面取得了较多成果，研究方法上也有所突破，然而在二语习得及汉语教学中，这些内容并未被全面吸收，研究也较为有限，以下对相关内容进行梳理。

三、汉语形式动词的教学与习得研究

随着新世纪汉语国际教育事业的蓬勃发展，汉语作为第二语言的教学与习得研究也积极吸收相关的本体研究成果来助力发展。面向对外汉语教学的形式动词的研究也不例外。然而，较之已有的本体研究成果之丰硕，对外汉语教学与习得领域里的研究成果则要明显单薄很多，中国知网上的文献调查显示：截至2018年7月31日，已公开发表的与形式动词教学与习得研究相关度较高的文献只有9篇硕士论文，包括裘洁（2010）、俞敏（2011）、周媛媛（2012）、林菁（2013）、金娜爱（2013）、郑丽婷（2014）、张秀密（2015）、王宝帅（2016）、任英琦（2017）。在其他重要的专业期刊和大学学报上尚未见到相关专题的成果发表。以下我们摘录了其中6篇硕士论文的主要研究范围、样本和内容。

表2　汉语形式动词的习得与教学研究汇总

作者	研究范围	研究样本	研究内容
裘洁	进行、加以、给予、给以、予以、作	CCL 语料库、CCTFC 外译汉语料库	1. 亚洲学生通过写作的方式来习得 2. 英语国家的学生可通过口语练习（如主持、演讲等活动）来训练
周媛媛	进行、加以、给以、给予、予以	CCL 语料库、留学生调查问卷	1.《大纲》中的等级划分 2. 对外汉语教材中形式动词的用法调查与分析 3. 留学生习得形式动词情况调查与分析 4. 留学生使用形式动词的偏误类型分析 5. 形式动词的教学策略与方法

作者	研究范围	研究样本	研究内容
林菁	进行、加以	CCL 语料库、HSK 动态作文语料库	1. 形式动词习得情况 2. 偏误语料分析：误加、遗漏、错序、替代、宾语、受事偏误 3. 偏误内部原因：母语迁移、目的语迁移、认知规律 外部原因：教材设置编写、教师教学误导、习得环境
金娜爱	进行	CCL 语料库、留学生调查问卷	1. 对形式动词"进行"句与韩语相关句式进行比较 2. 汉韩翻译上容易出现的错误 3. 问卷调查："进行"跟其动词宾语搭配情况的调查
郑丽婷	进行、加以、予以、给予、给以、作	CCL 语料库、汉语教材	1. 形式动词在教学中存在的问题 2. 形式动词在教学中的语法说明
张秀密	加以、进行、给予	HSK 动态作文语料库、留学生调查问卷	1. 偏误分析：误用、多余、遗漏宾语 2. 教学建议：教材编写：准确性、科学性、实用性 3. 练习设置：交际性操练法、实用性、趣味性、针对性、重视词语的复现和复习

观察这些研究可以发现，现代汉语形式动词本体研究的早期文献可以追溯到20世纪50年代，而针对对外汉语教学与习得相关研究的则是21世纪才出现，且头十年里鲜有专门论述，大多是在阐述本体研究缘由或研究意义的时候提及其研究成果能惠及对外汉语教学。在研究中，能够采用一些汉语学习者真实语料，并有专门章节来展开相关分析的，相对较早的是裘洁（2010）硕士学位论文。文章分析了韩国和日本学生的作文语料，提出了"亚洲学生可以通过写作习得形式动词"的教学建议。

在研究对象方面，表现出重高级而轻初中级的趋势。从已有研究成果来看，研究者们虽对初中高各阶段的学习者都有所关注，但是大部分都集中于依托HSK动态作文语料库的高级水平汉语学习者习得情况的研究，如林菁（2013）、张秀密（2015）、王宝帅（2016）、任英琦（2017）等。需要说明的是，张秀密（2015）提到了初中级汉语学习者的语料，但数量极其有限，仅通过问卷调查了初中级各10名学生的习得情况。裘洁（2010）分析的初级阶段韩日学生的语料就更少了，仅仅2篇学生作文。因此，我们认为，已有研究对初中级学习者形式动词的习得情况明显关注不足。

另外，这些研究的内容也略显单薄。大部分研究者都只关注对学习者语料中偏误情况的分析，而对学习者的整体习得情况的把握缺乏应有的重视。进一步观察，还发现：就偏误分析而言，研究者们大多采用表层策略分类的方式来进行；就偏误原因的探讨，也局限于从语际迁移、语内迁移、交际策略、学习环境四个方面出发泛泛而谈。我们认为，这样的描写和分析有一定的价值，但是对实际的汉语教学来说，还远远不够充分。汉语学习者在习得语言点的过程中出现了错误，除了需要了解"什么地方用错了"，"什么地方应该用而没有用"，"什么地方不应该用而用了"之外，更需要理解"为什么把它们用这里是错的"，"为什么这个地方一定要用"，"为什么那个地方我用了却是多余的"。因此，单用表层策略分类的方式来归纳、描写偏误类型不足以直接服务教学，提高学生的习得效率。另外，就偏误原因探究来说，我们也认为需要视研究对象的不同而有所取舍，如"语际迁移"视角比较适合国别化研究，可以将目的语和学习者的母语来进行对比研究加以辅助说明；"语内迁移"的情况一般在程度比较高的学习者身上才比较容易出现，不太适合用来探讨初级水平学习者的情况；学习环境因素对学习者的影响，并不限于从研究者自身零散且有限的日常观察中获得，完全可以通过科学的访谈或问卷调查的研究方法来展开的。

四、汉语形式动词的教学建议

基于前述研究，本部分将结合留学生的语言表现，为留学生形式动词的教学提出一些具体建议。我们拟从韵律、语义、语体和句法四个方面来说明。为了使教学案例和框架更加清楚、简洁，我们以形式动词中较为常见的"进行"为例展开讨论。

4.1 韵律层面的教学建议

留学生在构造动宾结构时，常会选择自己熟悉的、使用频率高的单音节动词，比如"看病""治病""画画儿"等，但如果这些动宾结构处于形式动词的宾语位置，则必须转化为双音节动词，比如：

（2）a. 大夫对马丁的病进行治疗。

　　　 b. *大夫对马丁的病进行治。

相对于"治疗"来说，"治"是留学生在课堂内外接触更多的动词，且"治病"也是学生熟知并使用频率很高的词，故而不少学生就生成类似（2）b这样的错句。类似的例子还有：

（3）*这里的每一幅画我都会进行画。

留学生学过"画画儿"，且也对这个结构非常熟悉，日常交际中也常用到。另外，"这里的每一幅画我都会画"这样去掉"进行"的句子是合语法的，也是留学生日常交际中会使用到的表达。故而，不少学生就认为（3）也是正确的。

因此，我们建议任课教师在讲授韵律特征时最好向学生强调以下两个方面的内容：第一，形式动词后所带的宾语一般是表示动作的双音节词，且大多数都是"名动词"，兼具名词和动词的双重性质（朱德熙，1985），如"进行治疗、进行研究、进行考试、进行调查"等等；第二，单音节词不可做形式动词的宾语（蔡文兰，1986），如"*进行看、*进行说、*进行画、*进行学、*进行训"等等。

4.2　语义层面的教学建议

先看下边的句子：

（4）*明年，我就要进行毕业了。

（5）*不管多么难的题，她都能进行完成。

这里的例（4）中"毕业"一词的语义特征[−自主]的特征，而"进行"后宾语的语义特征是[+自主][+可控]，因此该句"进行毕业"这样的表达是错误的。例（5）中也有类似的宾语语义特征无法与"进行"后宾语应具备的语义特征相匹配的问题。因此，我们建议在语义层面的教学上，任课教师可以在解释"进行"本身的语义之后，将授课的重点放到对其后的宾语语义特征的解析上，让学生明确知道并不是任何表示动作意义的双音节词都可以进入到"进行"后宾语的句法位置上的。"进行"后宾语的语义特征表现为[−完成、+持续、+过程、+要求受事、−心理活动]，教学时，应当明确向学生说明这些方面的内容。

4.3 语体层面的教学建议

先看下边的例子：

（6）我们对留学生的学习情况进行了调查。

（7）*我昨天跟朋友进行了聊天。

这里"调查"是正式语体，"聊天"显然是口语体，可是很多学生并不能很好地识别出来。我们通过调查发现，很多留学生认为（6）（7）两句均正确。类似的例子还有：

（8）*我要对这件衣服进行试试。

这里的"试试"是动词重叠的形式，也有口语的特征，但也有不少学生认为这样的表达是正确的，这种表达形式也出现在了留学生的作文和作业中。

所以，我们建议教师们在对语体层面的内容进行教学时应注意以下几点：第一，反复强调形式动词的正式的书面语体特征；第二，明确提醒学生形式动词后的宾语不能使用非正式的口语性质双音节动词；第三，总结一些比较典型的、常见的书面语口语双音节动词对应列表，比如"聊天—谈话""看病—治疗""试试—试穿""看看—调查"等等。

4.4 句法层面的教学建议

与"进行"相关的句法结构，本身形式多样、复杂多变，且内部宾语成分在句法和语义上的地位不平等。因此，这一层面内容本身的难度和教学内容安排上的失衡都在一定程度上加大了学习者的习得难度。因此，我们结合留学生在句法方面易犯的错误，提出如下教学要点：

首先，形式动词与"了""着""过"共现时，都容易出现偏误，比如：

（9）*我们进行学习了一个小时。

（10）*他已经对这些问题进行解释过了。

（11）*体育馆里正着进行一场精彩的足球比赛。

形式动词的语义虽然虚化，但在句法上它仍具有一般动词的特征，可以跟体标记共现，且"了""着""过"作为动态助词是用来修饰谓语的动词的，而不是动词后的宾语。这里例（10）里的"解释"虽有表示动作意义，单用时也是动词，但是一旦进入形式动词后宾语的位置，其名词性特征就凸显出来了，而动态助词的"了、过"是不能用来直接修饰名词的。因此这个句子的正确表达为"他已经对这些问题进行过解释了。"需要说明的是，这里的句尾"了"并不是动态助词"了"，而是表示句尾语气词"了"。再看例（11），这里的"正""着"虽然语法意义上都是表示事情正在进行，但是句法结构的位置上是不一样的，前者是副词在谓语动词前，后者是动态助词在谓语动词后，故而这两例正确的表达为"体育馆里正进行着一场精彩的足球比赛"。

其次，形式动词跟"应该"共现时，学生的语序也可能出错，比如：

（12）*老师对学生的错误行为进行应该批评和教育。

这里的情态副词"应该"是用来修饰句法结构上的核心动词"进行"的，而不是修饰已经失去动词性质的宾语位置上的"批评和教育"的。但是，很多留学生往往不能准确把握这一点而出现（12）中的表达错误。正确的表达为"老师对学生的错误行为应该进行批评和教育"。

再次，在包含形式动词的句子中，若出现宾语的受事对象时，留学生也容易直接将受事对象直接放在宾语之后，比如：

（13）*我们正在进行写作训练汉语。

（14）*下个月我们学校留学生进行比赛说汉语故事。

（15）*我们要进行参观颐和园。

上述三例中，"汉语""说汉语故事""颐和园"都是形式动词后宾语"写作训练""比赛""参观"的受事对象，若要共现，则必须改变其句法结构位置，变成宾语的修饰语或者用介词结构引出，不能直接置于宾语后边。此三例的正确表达应为"我们正在进行汉语写作训练"，"下个月我们学校留学生进行说汉语故事比赛"，"我们要对颐和园进行参观"。

另外，在包含形式动词的句子中，若出现修饰宾语的时量短语或动量短语时，学生也易出错，比如：

（16）*我们进行学习了一个小时。

（17）*下周三我们进行听写一次。

（18）*下周三我们一次进行听写。

例（16）中的时量短语"一个小时"是用来补充说明"学习"的时间长度的，若是没有"进行"，"学习"作谓语，那么表达为"我们学习了一个小时"是正确的。可是，此句中"学习"处于"进行"宾语的位置，就不能直接跟"一个小时"作补语了，需要将其转换为定语来修饰宾语"学习"，因此正确的表达为"我们进行了一个小时的学习"。再看，例（17）（18）中"一次"是修饰"听写"的动量短语，同样因为"听写"在"进行"句中不处于核心动词的位置，不能直接跟动量补语修饰，只能将其转为定语来修饰才合法，故而这两句的正确表达为"下周三我们进行一次听写"。

最后，包含形式动词的结构不在句中居于谓语的位置，成为某个句法成分的修饰语时，留学生也容易出错。例如：

（19）*现在，跟中国人进行做生意的外国人越来越多。

这里的"进行"结构不再是句中的谓语，而是主语"外国人"的定语，这时候留学生就容易对原有坚持的原则摇摆不定，而认为上述例句是正确的表达。

综上所述，我们建议在进行句法结构方面的教学时，可以采用"句法结构先行，辅以相应例句操练，各典型结构逐步展开"的方法。当然，任课教师所讲授的句法结构不应是单一的，要考虑到形式动词本身句法结构丰富多样的特点，尽可能将使用频率高的各类句型都能教给学生。

五、结论

本文首先对汉语形式动词本体研究和二语教学与习得研究领域的理论成果进行了较为细致的纵向梳理：首先，语言学研究者们从20世纪五六十年代开始就已经关注形式动词的实际使用情况了，后继的研究者们逐步从句法、语义、语体、韵律诸方面对其展开较为全面的研究，成果颇丰；其次，二语教学与习得领域的研究者们则是在21世纪第一个十年才开始逐渐意识到这一问题对汉语学习者造成的学习困扰，需要加以关注，并在第二个十年里利用语料库、问卷调查、访谈等方法展开进一步研究，但总体成果依然单薄，对实际教学的指导非常有限。随后，在吸收前述理论研究成果的基础上，我们着重以形式动词中使用频率较高的双音节动词"进行"为例，结合实际教学观察中的典型例子，探讨解决形式动词教学的理想方案，提出"句法结构优先，综合考虑正式体的语体特征及其韵律表现"的综合教学法。

参考文献

[1] 蔡文兰（1982）"进行"带宾问题，《汉语学习》第 2 期。

[2] 刁晏斌（2004）虚义动词论，南开大学博士学位论文。

[3] 杜群尔（2010）现代汉语形式动词研究，上海师范大学硕士学位论文。

[4] 金娜爱（2013）现代汉语形式动词"进行"句研究，复旦大学硕士学位论文。

[5] 李桂梅（2012）形式动词句式的表达功效，《语言教学与研究》第 4 期。

[6] 吕瑞卿（2006）形式动词"加以""进行"研究，上海外国语大学硕士学位论文。

[7] 于丽丽（2008）现代汉语形式动词研究，苏州大学硕士学位论文。

[8] 林　菁（2013）形式动词研究及偏误分析——以"加以"和"进行"为例，福建师范大学硕士学位论文。

[9] 庞加光（2012）虚化动词"进行"的认知语法研究，《汉语学习》第 4 期。

[10] 彭道生（1987）试论"进行""给以"一类动词的宾语的性质，《暨南学报》第 3 期。

[11] 裘　洁（2010）基于语料库的形式动词研究及其对汉语国际教育的启示，浙江大学硕士学位论文。

[12] 任英琦（2017）虚义动词"进行"偏误分析，吉林大学硕士学位论文。

[13] 宋玉珂（1982）"进行"的语法作用，《语言教学与研究》第 1 期。

[14] 邵　俊（2017）关于形式动词"进行""加以"的发生学研究，安徽大学硕士学位论文。

[15] 王年一（1959）说"进行"，《中国语文》第 12 期。

[16] 王宝帅（2016）外国留学生汉语虚义动词运用研究——以"加以"和"进行"为例，华东师范大学硕士学位论文。

[17] 袁　杰、夏允贻（1984）虚义动词纵横谈，《语言研究》第 2 期。

[18] 杨　虹（2009）现代汉语形式动词研究，上海师范大学硕士学位论文。

[19] 俞　敏（2011）虚义动词研究，陕西师范大学硕士学位论文。

[20] 朱德熙（1961）"加以""进行"之类动词的用法，《新闻业务》第 3 期。

[21] 朱德熙（1985）现代书面汉语里的虚化动词和名动词：为第一届国际汉语教学讨论而作，《北京大学学报（哲学社会科学版）》第 5 期。

[22] 周　刚（1987）形式动词的次分类，《汉语学习》第 1 期。

[23] 周小兵（1987）"进行""加以"句型比较，《汉语学习》第 6 期。

[24] 周媛媛（2012）面向对外汉语教学的现代汉语形式动词研究，沈阳师范大学硕士学位论文。

[25] 郑丽婷（2014）现代汉语形式动词及其教学分析，上海外国语大学硕士学位论文。

[26] 张秀密（2015）留学生形式动词习得研究——以"进行""加以""给予"为例，安徽大学硕士学位论文。

关于语气副词"偏偏"

丁险峰①

提 要 本文对"偏偏"句进行定量和定性分析,尝试从基本语义、结构模式、上下文衔接三个方面探讨该语气副词的呈现方式,并从语段表达的角度分析语气副词的主观性以及如何对外国留学生进行"偏偏"的教学提出一些参考性建议。

关键词 偏偏;偏离预期;结构模式;主观性

一、引言

汉语中的语气副词是表示语气范畴的重要手段。在以往的研究中,由于对语气副词如何表示语气、如何在语段中与前后句子的关系重视不够,教师在讲解中就按照语言教科书中的简单释义把语气副词的用法笼统地概括为"表示强调""表示说话人的态度",外国学生学完后不知道怎么正确使用,或者采取回避的策略,或者用得不恰当。

我们以"偏偏"为例,以北京语言大学BCC语料库为语料来源,对5000多个"偏偏"句进行定量和定性分析,尝试从基本语义、结构模式、上下文衔接三个方面探讨该语气副词的呈现方式,并从语段表达的角度分析语气副词的主观性以及如何在汉语课堂上进行"偏偏"的教学提出一些参考性建议。下文凡不注明出处的例句,均来自BCC语料库。

---

① 丁险峰,先后获得对外汉语专业学士学位、同等学力教育学硕士学位,北京语言大学汉语国际教育学部汉语进修学院讲师。研究兴趣与研究方向:汉语国际教育语段教学、虚词教学。

二、"偏偏"句的基本语义

范伟（2009）认为"偏偏"的基本语义归结为两点，即主语的主观意志与语境中的预期相反及句子反映的客观事实与主观预期相反。许艳华（2013）指出"偏偏"的核心语义是客观违愿，即强调客观事实与说话人预期相反，同时表达说话人对此的感受与评价。石定栩等（2017）以大量真实语料为基础，考察汉语副词"偏偏"在句子中的分布和用法，指出"偏偏"是一个言者指向的主观评注副词，说话人使用"偏偏"，是要说明本句命题与背景命题形成对立，而且是一种"事与意违"或"事与料违"的对立。

学界普遍认为，"偏偏"主要有两个义项：第一个义项是客观事实与主观预期相反，第二个义项是主观意志与语境预期相反。例如：

（1）已过花甲之年的李广玉，按理说可以在家安享清福了。可他偏偏"不要清闲要重担"，担任了总指挥部的计财部副部长。

（2）秦宝宝见众人都期盼他哭个痛快，反而擦掉眼泪，负气道："我偏偏不哭了。"

例句（1）说话人的预期是"李广玉在家安享清福"，实际情况却是"他不要清闲要重担"，实际情况跟说话人的预期相反。年过花甲的李广玉可以选择退休生活，也可以选择继续工作。他的选择出乎说话人的意料，属于"偏偏"的第一个义项。例句（2）的背景句是"众人都期盼秦宝宝哭个痛快"，人们的预期是"秦宝宝哭得稀里哗啦"。但是客观事实却是"秦宝宝擦掉眼泪，不哭了。"从秦宝宝的话语中我们知道这是他的主观意志在行为上与人们的预期相反，属于"偏偏"的第二个义项。除了这两个义项外，"偏偏"还有一个用法，请看下面的例句：

（3）蒲心易："不敢言家，玩玩而已。"赵正："幸会幸会，我也喜欢字画，收藏了一些，不过太业余，一心想找个行家指点指点，偏偏今天就碰见了，能遇到你真高兴！"

例句（3）"偏偏"所在的语句传达出的实际情况与某种被预期不是方向性偏离，而是量性偏离，换言之，实际情况超出了说话人的常规预期。语义背景是"赵正一心想找个行家指点指点"，念念不忘必有回响，由此可以推断省略的预期是"找到了行家"，实际情况是"赵正今天碰见了他最想见的行家"，这是偶发性的结果，超出了预期，令他喜出望外。

我们认为"偏偏"的核心语义为"在某种情况下出现了与预期偏离的结果"，除了常规体现说话人意外、不满、责怪、抱怨等负面情绪外，有时也传达说话人欣喜、兴奋、开心等正面、积极的情绪。"偏偏"常常表示与说话人的预期、受话人的预期或者特定言语社会共享的预期相反，所以很多学者在相关论文中称它为"反预期语气副词"。但是"偏偏"也可用于表示正向偏离的句子，如例句（3），因此称它为"偏离预期语气副词"更贴切。

三、"偏偏"句的结构模式

丁雪妮（2004）通过"偏偏"的例句分析提出其基本语义结构模式是：[（因为）A+（所以）B]+（但实际上）偏偏 C。杨巍（2013）把"偏偏"所在语句的语义结构模式归纳为标准模式、简化模式、极简模式、非典型模式四类。金蒙（2018）指出"偏偏"所出现的语义结构均为：语义背景 P +（应然 Q）+实然偏偏 R，这里（应然 Q）经常省略。

我们认为位于句尾的"偏偏"句的基本结构模式为：

条件（背景句）+预期（常常省略）+实然（偏偏句）

（4）按说，这个厂年产值已达5900万元，年创利税500万元，厂领导也有条件这样潇洒潇洒，可是他们偏偏不花公家的钱玩潇洒。

背景句：这个厂年产值已达5900万元，年创利税500万元。

预期：他们用公家的钱吃喝玩乐。

实然：他们不花公家的钱玩潇洒。

"预期"，是说话人的主观推定，由说话人的预设所决定。总体而言，预期很少以显性的语言形式出现在句中。通过语境或人们的常识、逻辑推理，预期是很容易被人理解、领悟或推导出来的。所以为了降低话语的冗余程度，预期常常被省略。在我们统计的"偏偏"语段中，79%的预期是被省略的。

"偏偏"句位于句尾的占54%，"偏偏"句位于句中的占46%。也就是说，基本结构模式只是针对位于句尾的"偏偏"句做出的归纳，还有近一半位于句中的"偏偏"句不符合此结构模式，我们需要对它们做进一步的考察分析。

（5）小吴走上靶台，一心想打个好成绩。可是，连续几枪，子弹偏偏不往靶上钻，结果打了个不及格。

背景句：小吴走上靶台，一心想打个好成绩。

预期：他打出好成绩。

实然：子弹不往靶上钻。

结果：打了个不及格。

（6）明明有玻璃杯在茶几上，他偏偏不用，这个人不可思议。

背景句：茶几上有玻璃杯。

预期：他会用玻璃杯。

实然：他不用。

结论：这个人（他）不可思议。

例句（5）和例句（6）的"偏偏"都位于句中，紧随其后的小句表示结果或结论。由此我们需要对"偏偏"句的结构模式进行补充，位于句中的"偏偏"句的结构模式是：

条件（背景句）+预期（常常省略）+实然（偏偏句）+结果/结论

四、"偏偏"句前后句子的关系

童小娥（2015）认为"偏偏"所在的前后句子不仅是"偏离"的语义关系，还包括"增益"语义关系。王洪恬（2015）讨论了"偏偏"联结的句子前后之间的语义，把它们分为转折"偏偏"句和递进"偏偏"句。

"偏偏"所在的前后句子主要是转折关系，我们所统计的"偏偏"语段中80%都是这样的情况。"偏偏"所在的句子主要表示实际情况跟预期偏离，或者与预期相反，或者是发展跨度太大超出人们的想象。当实际情况跟预期不一致时，我们还可以用其他偏离预期的标记来表示。

偏离预期标记的词语包括：

第一类副词：竟、竟然、居然、偏、偏偏、就、非、原来、却、反、反而、反倒、倒、倒是、其实、甚至、也、还、都；

第二类连词：但、但是、可、可是、不过、只是、而、然而、结果；

第三类语气词：啊、呢；

第四类话语标记：不是、别说、不知、不料、没想到、没料到、谁知、谁料到、谁想到、哪知道、哪想到、哪料到、事实上、实际上、怎么。

根据数量象似性原则，形式增加会导致意义增加、语义程度加重或者主体主观感受的强化，因此偏离预期标记合用会加强偏离预期度，比单用时要高。我们在统计的"偏偏"语段中发现两个或三个偏离预期标记合用的情况，此时语句表达的主体的主观情绪与态度更强烈、偏离预期程度更高。"偏偏"语段中，跟偏离预期连词"可、可是、但、但是、而、然而"合用的占28%，跟偏离预期副词"却、反、反而、竟然、偏偏"合用的占21%，跟语气词"呢"合用的占2%。

（7）如果是在公园里，在电影院门口，诗人的风度和外貌她还是很欣赏的。但偏偏他们是在这间营业大厅里，偏偏她被施加了某种魔法，偏偏她今天非常不愉快，再加上诗人的话引起了人家对她的嘲笑，这样，诗人的卖弄不但没有使她动心，反叫她更加恼火。

例句（7）用了五个偏离预期标记，三个"偏偏"，一个"但"，一个"反"，使原本可能出现的好事"她很欣赏诗人的风度和外貌"，遭遇了一连串的意外后，结果变得很糟糕"诗人的故弄玄虚叫她非常恼火"。

当一个语段同时出现偏离预期连词、偏离预期副词时，通常偏离预期连词放在偏离预期副词前边。当几个偏离预期副词共现时，通常"偏偏"放在"竟然"前边。但是"偏偏"跟"却"共现时，它们的位置是不固定的。

（8）马兴找来的姑娘，无论哪方面皆属上上之选，偏偏他竟然对她没什么兴趣！

（9）恶作剧的方式很简单，别人是谁也不会上当的，但洪致生却偏偏上了当。

（10）他是她二十年以来的克星，她讨厌他，简直恨他已到极点；偏偏他却像个白痴一样，弄不清楚她讨厌他。

例句（8）的"偏偏"位于"竟然"前边。例句（9）"偏偏"位于主语后，"却"位于"偏偏"前，突出"上当"这个行为，这跟由背景句"别人都不会上当"推导的"洪志生也不会上当"的预期形成了鲜明的对比，强调事实与主观预想相反。例句（10）"偏偏"位于主语前，"却"位于"偏偏"后，凸显了说话人的看法"他像个白痴一样"，那种无奈跃然纸上。位于句首的"偏偏"语义管辖范围宽，主观性强，与上下文在形式上更连贯。

"偏偏"所在的前后句子除了表示转折关系外，还可以表示因果关系、假设关系和递进关系。

（11）既然许多人都是这么过来的，为什么我就偏偏不可以照这样过下去呢？

（12）"你为何坚持保留那么多不必要的秘密？""那是我个人的意愿，我偏偏不喜展露内心世界，你又何必查根究底，强人所难。"

例（11）的"偏偏"句是个反问句，意思是"我也可以照这样过下去"。在陈述句、疑问句、反问句、感叹句中，反问句表达的偏离预期度最高，这是因为反问句是一种具有极强主观性的功能句类，说话人可以通过反问句语气强化自己的主观感受。在我们统计的"偏偏"语段中，11%是反问句。关联词"既然……就……"连接的复句中，"既然"所在的小句表示原因，"就"所在的小句表示结果。

例（12）"偏偏"所在的小句表示说话人保留那么多不必要的秘密的原因是"不喜展露内心世界"。由此可知"偏偏"在表示因果关系的语段中，既可以用于表示原因的小句，也可以用于表示结果的小句。

（13）罗敷，你不能哭，不能再轻言掉泪！泪水有情，若偏偏为一个无情的人而落的话，就太浪费了。

从我们统计的结果来看，"偏偏"所在的小句大多是已然的现实事件，当然也可用于表达非叙实性事件。例句（13）就是一种假设情况，在主观上隐含说话人对"罗敷为一个无情的人而落泪"的看法，从而达到劝阻的目的。

（14）周侗和正华交情极深。正华死后，心情本就悲痛。偏偏一场大雨下了好几日，越加添了烦闷。

例句（14）意思是两个原因引起周侗的烦闷：一是好友去世，二是天气不好。"偏偏"位于第二个原因前，是递进关系。

五、"偏偏"的主观性

按照 Traugott 的观点，主观化是说话人越来越从自我的视角出发，用会话隐含义或语用推理来表达未用语言形式表达的意义，结果也是主观化程度越高相应的表达形式越少。"偏偏"是主观化程度很高的语气副词，常常省略前段预期，有时还可省略后边的句子成分。

（15）曹非那孩子般的淘气神态，教他怎么也拒绝不了。如果曹非是来硬的，他铁定不把他当回事，但是他偏偏……唉！认了吧，谁教他吃软不吃硬？

例句（15）虽然省略了后边的成分，我们完全可以根据语境补充省略的部分"但是他偏偏来软的"。

（16）你思考问题的时候冠冕堂皇，表现你很高尚，做出事来偏偏不大正当……你永远不能跟你自己一致。

偏离预期标记"偏偏"不仅能标示偏离预期信息，也能传达、强调或凸显说话人的"自我"立场、态度和情感。如果我们把例句（16）的"偏偏"去掉，受话人听到的是建立在中正立场上的客观叙述，说话人不解、失望的语气就大打折扣了。因此我们认为偏离预期标记"偏偏"有助于受话人更好地把握说话人的主观倾向，并对说话人的话语做出恰当回应，使语言交际得以顺利进行。

六、"偏偏"的第二语言课堂教学探索

对于第二语言的学习者来说，除了语言知识，了解目的语国家的背景知识也是非常重要的。母语者觉得显而易见的"预期"在课堂上应该完整地呈现给第二语言学习者，否则学生很难理解偏离预期语气副词的用法。比如教"偏偏"时，我们可以做一些把被省略的"预期"补充完整的练习，使学生明白"偏偏"的用法。

（17）她的追求者可是大排长龙，其中也不乏出色者，（　　　　　）偏偏丁芙蓉就是看上了长相平凡、身材中等的李高泰。

中国人讲究门当户对，丁芙蓉的条件很好，这里被省略的预期是：她会找一个帅气高大的青年才俊。"预期"跟实际情况相反，令人困惑。

（18）今年昆明都下大雪，（　　　　）北京偏偏不下，也不正常。

昆明是南方城市，北京是北方城市。这里被省略的预期是：北京更应该下雪。

与此同时，我们还要培养学生的偏离预期意识，比如我们提供语境，让学生用"偏偏"完成以下练习：

（19）她打开书，看着这些汉字。她多想记住它们，可是＿＿＿＿＿＿。（偏偏）

这里的预期是：她想记住这些汉字。实际情况跟她的愿望不一致，这里有一个偏离预期标记"可是"，说明实际情况跟她的愿望相反，所以参考答案为：偏偏一个也记不住。

（20）本来打算今天出去玩儿，但是＿＿＿＿＿，哪儿也去不了。（偏偏）

说话人的预期是：今天是个好天气。实际情况跟说话人的希望不一致，这里有一个偏离预期标记"但是"，说明实际情况跟说话人的预期相反，所以参考答案为：偏偏下雨。

当几个表示偏离预期的连词、副词同时在一个语段出现时，学生常常不清楚它们的前后位置，我们可以设计有针对性的练习，例如把"偏偏"放在合适的位置。

（21）她本来是不想哭的，A可是眼泪B却C流了下来。

当偏离预期标记"可是""偏偏"同时出现时，"可是"应该放在"偏偏"前。当"偏偏"和"却"都放在主语后强调动作行为时，"却"应该放在"偏偏"前。此句的正确答案是C，"她本来是不想哭的，可是眼泪却偏偏流了下来。"

七、小结

"偏偏"的核心语义为"在某种情况下出现了与预期偏离的结果"。在一个完整的语段中，"偏偏"所在的小句既可位于句中，也可位于句尾。位于句尾的"偏偏"句的基本结构模式为：条件（背景句）+预期（常常省略）+实然（偏偏句）；位于句中的"偏偏"句的结构模式为：条件（背景句）+预期（常常省略）+实然（偏偏句）+结果。"偏偏"句主要用于转折关系的语段里，除此之外，"偏偏"还可用于表示因果关系、假设关系和递进关系的语段中。在教第二语言学习者"偏偏"的用法时，我们一定要讲清楚中国人的"预期"并培养学生对"偏偏句"蕴含的偏离说话人预期的意识，这样才能使他们真正理解"偏偏"的语义并学会得体运用。

参考文献

[1] 丁雪妮（2004）"偏偏"的功能分析，《山东省青年管理干部学院学报》第5期。

[2] 范　伟（2009）"偏"和"偏偏"的情态类型及主观性差异，《南京师大学报》第5期。

[3] 金　蒙（2018）反预期语气副词"偏偏"和"反倒"篇章功能的比较分析，《语文学刊》第3期

[4] 石定栩等（2017）评价副词与背景命题——"偏偏"的语义与句法特征，《外语教学

与研究》第 6 期。

[5] 童小娥（2015）语气副词"偏偏"的意义及用法研究,《汉语应用语言学研究》第
    1 期。

[6] 王洪恬（2015）语气副词"偏偏"探析,《现代语文》第 9 期。

[7] 许艳华（2013）试析"偏偏"和"偏",《现代语文》第 7 期。

[8] 杨　巍（2013）"偏偏"的语义背景与结构模式,《现代语文》, 第 12 期。

[9] Traugott, E（1989）On the Rise of Epistemic Meanings in English: An Example of
    Objectification in Semantic Change. *Language* 65:31–55.

基于事件语义学的"叫"字被动句的语法化研究

李肖婷①

提 要 "叫"字被动句是现代汉语中一种独特的被动句式，其语法化途径也与"被"字句和"让"字句有较大差异。本文基于Talmy的动态力学理论对各个历史阶段"叫"字被动句的语义进行梳理，以期对其语法化的动因和路径有更加清晰的了解。

关键词 "叫"字被动句；动态力学；使役；允让

一、引言

与其他被动句，如"被"字句、"给"字句和"让"字句等相比，"叫"的语法化研究则相对更少一些。"叫"字句的研究成果多集中在"叫"标的语法化研究方面。桥本万太郎（1987）指出汉语中本来的使役式很可能是通过和北方语言的接触而延伸为被动式的，并举了"叫"字句做例子，使得"叫"字句开始成为汉语语法研究的热点问题。但并非所有学者都认同使役式是在语言接触过程中发展处被动义这一看法。较早的太田辰夫（1958）认为"叫"标源自"使役"意，稍晚的蒋绍愚（1994）认为，当具备以下两个条件时，"教（叫）"的语法意义就和"被"相同：（1）"教"前的名词不出现，或者根本说不清是什么使得乙发出某一动作；（2）"教"后面的动词或动词词组可以表示被动，即必须是及物的，并且表示某一情况的已经实现。在此基础上，蒋绍愚（2002）根据汉语的这一特点构拟了表"使役"的"教"字句转化为

---

① 李肖婷，博士，北京语言大学汉语国际教育学部汉语进修学院讲师。研究兴趣与研究方向：现代汉语语法，对外汉语教学语法。

被动式的途径。他指出，"使役"句的基本句式是"施事（主语）+教+兼语+动词+受事（宾语）"，由于汉语的主语往往可以隐去，而受事却可以作为话题出现在句首，这样就形成了"受事+（施事）+教+兼语+动词"的句式。江蓝生（2000）认为汉语"使役被动兼用"的原因是"施受同辞"，并认为这是汉语意合语法的集中体现。石毓智（2005）论证了"教"并不是一个独立发展出来的被动标记，而是因为音义与独立发展出来的被动标记"叫"相关而产生书写混同现象，因此只需考察"叫"的发展即可，同时他认为"叫"字的被动义源自"容让"。张万禾（2007）认为"叫"字被动句源自容让义，意愿力是"叫"字句被动义的来源。大体来说，对于"叫"的语法化也存在两种观点：一是"叫"字句被动义源自"使役"，以蒋绍愚（2002）为代表；另一种认为"让"字句的被动义来自容让义，以石毓智（2005）为代表。那么"叫"字句的被动语义到底是来自使役义还是来自容让义呢？本文认为这要从分析"叫"字句中各论元的事件语义角色来入手。

二、动态力学模型

从事件语义的角度来看，被动标记的语法化过程就是从报道某种与动作链动态力学模型相近的事件结构，逐步发展为标记主体间存在的动态力学关系[1]。被动句式的出现是人们逐步调整语言结构以满足日益丰富的表达需求的产物。动作链模型是对客观世界中力在物体间传递现象的反映，当力在动作链中的两个主体间传递时，主体间力的作用又按照动态力学模型来实现。要想真实地反映客观世界中力在物体间传递的状况就必须将二者结合起来，这样就可以得到如下的动作链动态力学模型：

图1　动态力学模型图

---

① 如果两个物体间存在力的相互作用，它们之间的关系就称之为动态力学关系。

如果我们用动作链动态力学模型来分析"打台球"这个动作链，则是：球杆的力大于桌面给母球的摩擦力，球杆和母球间的动态力学作用结果是母球改变了动态趋势，由静止转为运动；母球撞击的力大于桌面给目标球的摩擦力，二者动态力学作用的结果是母球改变了目标球的动态趋势，使之由静止转为运动；目标球进入球袋后，目标球给予球袋的力要小于球袋自身维持原状的力，二者动态力学作用的结果是球袋改变了目标球的动态趋势，使之由运动转为静止。

图1中，链中的每一个主体都有内在的动态趋势，可能是保持原状的惯性力，也可能是外向的力，力在每两个主体间传递的时候都会根据力的大小关系，按照某种动态力学模型来影响两个主体的变化。动作链动态力学模型是对客观世界中力在主体间传递以及主体间力的相互作用现象的抽象概括。

动作链是对客观世界中力在主体间传递现象的抽象概括，动态力学模型则是对主体间力的相互作用现象的抽象概括。动作链中两个主体间的力的相互作用按照动态力学模型来实现。本文研究发现，现代汉语被动句式均是对动作链动态力学模型的报道。据此，我们认为"叫"字语法化也就是从标引其他语义转而标引力的关系。

三、"叫"字被动句的语法化过程

要分析"叫"字被动句中被动义的来源，首先要从"叫"字的原始语义所对应的事件结构入手。[①]

"叫"最早的意思是"发出很大的声音"，如：

（1）或不知[叫]号，或惨惨劬劳，或栖迟偃仰，或王事鞅掌。（春秋《诗经·北山》）

---

① 本文认同石毓智（2005）关于"教"和"叫"的关系的分析，因此不对"教"字句的情况加以考察。

后来出现了"大声叫某人"的意思，如：

（2）大祭祀，夜呼旦以[叫]百官。（春秋《周礼·春官周伯》）

（3）（3）庶女[叫]天，雷电下击，景公台陨，支体伤折，海水大出。（西汉《淮南子·览冥训》）

（2）句的意思是说养了一只鸡，天亮的时候叫醒百官；（3）句的意思则是那个普通人家的女儿大声向天呼叫。

此时，"叫"字句所对应的事件结构为：

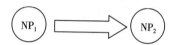

图2　"叫"字句原始句式语义动态力学模型图

NP_1向NP_2施加力（声音），但不知NP_2是否发生了变化。

到五代时期，出现"叫"作"叫来"义的用法，如：

（4）师扫地次，[叫]寺主，问："师何得自驱驱？"（五代《祖堂集》）

这句话的意思是"叫来寺主，问他"，寺主发生了位移。

此时，"叫"这一行为已经能使NP_2发生了位移，所对应的事件结构如下图所示：

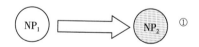

图3　使NP_2发生位移的"叫"字句动态力学模型图

NP_1用力作用于NP_2，使NP_2发生了位移。

至北宋时，已经出现了"叫"和"来"连用的用法，这就更显明了"叫"

---

① 这里用暗纹代表发生位移。

字使主体发生位移，如：

（5）然夫子亦不[叫]来骂一顿，教便省悟；则夫子于门人，告之亦不忠矣！（北宋《朱子语类》）

到宋元时期，由于兼语的使用越来越普遍，开始出现了"NP$_1$+叫+NP$_2$+VP"结构句，此时需要将"叫"的意思理解为"用言语通知"，如：

（6）生恐甚，遂失声，连[叫]张生相救。如是数百声。张生灭烛，柱户伴寝，竟不应之。（北宋《太平广记》）

（7）[叫]客将掇取秦兵曹坐椅子去。（北宋《朱子语类》）

（8）那汉[叫]将人来，道："告恩王，恁地真个有鬼!"（南宋《碾玉观音》）

（9）飞曰："岂有是理！"再[叫]主人将酒来。（元《三国志平话》）

（6）句中，"生"用"叫"的方式让张生前来相救，（7）句中"叫"表示用言语通知客将，（8）句中"那汉"用言语通知"将人"来；（9）句中，张飞用言语通知主人拿酒来。从（7）句到（9）句，用言语大喊通知之义逐渐变弱。

"用言语通知"是典型的社会层面的力的作用。Talmy（2000）对社会层面的力做了这样的描述："一个感知实体对另一个感知实体产生刺激（如交流），后者感知到该刺激并把它理解为自动实施某一动作的理由"。"用言语通知某人做某事"就是：NP$_1$对NP$_2$通过交流进行刺激，NP$_2$感知到这种刺激后把它作为实施某一动作的理由。如果把"言语"视为社会层面的力的话，则"叫"字句对应事件结构为：

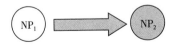

图4　言语通知义"叫"字句动态力学模型图

NP$_1$向NP$_2$施力，使得NP$_2$发生了变化。这是典型的致使类动态力学模型。

到了元代，很多"叫"字句中，"叫"的"言语通知"义已经不见了，而转为了"致使"标记，如：

（10）鸨子说："我自有妙法，[叫]他离咱门去。（元《玉堂春落难逢夫》）

（11）临上路，[叫]赵云暗受其计。（元《三国志平话》）

（12）吴学颜是个好人，[叫]他管雍山庄子，能保他不与人通同作弊。（明《醒世姻缘传》）

（10）句中，老鸨并不是要用语言通知他离开，而是要想妙法让他离开；（11）句中诸葛亮让赵云"暗受其记"，（12）句中，不是用语言通知吴学颜来管庄子，而是要让他来管庄子。在这两句中，用"言语通知"义来理解句子会给交际带来困难，因此需要用底层事件结构"NP$_1$向NP$_2$施力，NP$_2$受影响发生变化"来分析句中的事件结构，"叫"自然从"言语通知"义变为了底层事件结构标记词。

至此，"叫"字的语法化完成了第一步，此时的"叫"已经不再带有"用言语通知"的意义，而是标引致使类动态力学模型。

明清时期，"叫"字句的语义进一步泛化，所标引的"致使"语义发生了降级。由"NP$_1$的力大于NP$_2$的力"向"NP$_1$和NP$_2$的力量对比关系其他情况"的泛化是"叫"字句语法化的路径。这一泛化得以实现的句法环境是话题句：

（13）银子便用食盒[叫]小厮抬来。（明《金瓶梅》）

（14）我的东西[叫]你拣，你怎么不拣？（清《红楼梦》第二十八回）

通过"所有者——所有物"认知框架的转喻，明末清初开始出现大量这样用所有物取代所有者充当主语的"叫"字句。由于所有物NP$_1$的生命度等级要低于NP$_2$，这个时候"致使"的语义开始削弱，当VP违背了所有人的意愿时，"叫"字句中NP力的强弱对比就发生了变化，在理解句子时，"让"从标引"某种底层事件结构"变成"标引动态力学关系的存在"，从"NP$_1$致使NP$_2$

发生变化"动态力学模型开始向允让动态力学模型发展，甚至向"NP_2致使NP_1发生变化"动态力学模型转变：

（15）下作小娼妇，好好的爷们，都[叫]你教坏了。（清《红楼梦》第三十八回）

王夫人将宝玉视为自己的所有物，最初晴雯来怡红院，贾母"叫"她来的，"叫"她"教"宝玉，但是"教坏"的行为违背了王夫人的意愿，晴雯的力在这里成功影响了宝玉，也就是成功克服了王夫人的心理力的阻碍，因此，NP_1的力小于NP_2的力，动态力学模型中的主动体和对抗体发生了互换。"致使"语义进一步降级，变成了"容让"。

致使范畴连续统和允让范畴连续统其实是完全相同的，只不过典型的"允让"处于连续统的中间位置，在致使范畴连续统中，典型的"致使"范畴处在连续统的一端。典型的致使事件即：NP_1的力大于NP_2，NP_1施力使NP_2发生变化。根据NP_2发生变化的动因的差异，致使连续统中的事件结构也可以分为如下5种情况：

a）NP_1的力大于NP_2，NP_1使NP_2发生变化，如：

妈妈[叫]我洗碗。

妈妈的力大于我的力，我受到了影响，这里的"叫"是"使役"义。

b）NP_1的力大于NP_2，但NP_1解除了力的作用，使NP_2发生变化，实现其内在动态趋势。如：

妈妈[叫]我玩了一个小时。

妈妈有能力不让我玩，但是她解除了力的阻碍，使得我实现心愿玩儿了一个小时。这里的"叫"是"允让"义。

c）NP_1的力大于NP_2，NP_1解除力在作用，NP_2使NP_1发生变化。

我不想再跟弟弟争斗了，[叫]他骂了我一顿。

我有能力继续跟弟弟争斗，但是我没有这样做，而是允让弟弟骂了我。这里的"叫"是"容让"义。

d）NP_1的力小于NP_2，NP_1解除力的作用，NP_2使NP_1发生变化。

我实在没有力气一直举着手，于是把手垂下来，[叫]海浪打湿了我的衣袖。

我没有力气继续对海浪加以阻止，只能任由海浪改变我的衣袖的状态，这是"叫"的"任由"义。

e）NP_1的力与NP_2的力的大小关系不明，但NP_1解除了力的阻碍，NP_2实现自己内在动态趋势的同时也改变了NP_1的动态趋势。

我[叫]妈妈打了一顿。

妈妈的力大于我的力，使我发生了变化，这里的"叫"是"被动"义。

a、b、c、d和e五种情况中，NP_1的影响力逐步降低，致使的典型性也逐步下降。从c开始，NP_1已经不但没有影响力，还受到了NP_2的影响，已经成为允让范畴。从"致使"到"被动"已经概括了动态力学模型的全部类型，如果一个语法标记能够标引全部这5种情况，也就是说它可以标引动态力学关系的存在。

在宏观客观世界中，物体不可能越过直线中间的某一点而沿直线发生位移，同样，由于"使役"义在连续统的一端，"被动"义在连续统的另一端，"叫"字在语法化的过程中，不可能跳过"允让"义直接发展出"被动"义。由于从"致使"到"允让"其实已经可以看作跨越了两个句法语义范畴，我们可以认为"被动"义是在"允让"义的基础上发展而来的。最初的带有被动义的"叫"字句的意义都位于"允让"和"被动"之间，从某种意义上来看，"允让"义的确是"叫"字被动义的来源。如：

（16）这也或者有的，亏了没往外去，若[叫]外人撞见，成甚么模样！这孩子这等刁钻可恶！"（明《醒世姻缘传》）

（17）只你不听我的话，反[叫]这些人教的歪心邪意，狐媚子霸道的。（清《红楼梦》第二十回）

（16）中，这里的"叫"字结构可以理解为"容让别人看见"，也可以理解为"被别人撞见"，很难分清这两种语义；（17）中，可能是"你"容让这些人把你教坏了，也可能是"你"被这些人教坏了，两种意思似乎都能很好地融入上下文。

从笔者检索到的语料来看，明代开始出现"叫"字做"容让"义的用法，如：

（18）我老娘眼里似乎放不下砂子的人，肯[叫]你在我跟前弄了鬼儿去！（明《金瓶梅》）

此时，"叫"字可以同时标引致使动态力学模型和允让动态力学模型了。

到清代晚期，真正的"叫"字被动句才开始出现，"叫"所标引的动态力学模型进一步向"被"所标引的动态力学模型靠近。有时候还会用来跟"被"字句做对举，如：

（19）丢了信不要紧，倘使[被]人拾了去，我几十年的老名气，也[叫]他弄坏了！（清《二十年目睹之怪现状》）

至此，叫"字语法化的第二步完成："叫"字已经由"标引致使动态力学模型"虚化为标引"标引致使模型连续统中的各个模型"，也就是成为动态力学关系标记。

"NP_1+叫+NP_2+VP"式所对应的具体动态力学模型也没有确定,要依靠NP的语义来赋予结构语义。

如果NP_2发生了变化,则通常为使役句,如:

他[叫]我拿钱来。

如果NP_1发生了变化,则通常为被动句:

钱[叫]我丢了。

这也就是现代汉语中之所以会存在"让"字句和"叫"字句这种既可以表表使役义,又可以表允让义,又可以表被动义的句式的原因。因为本质上来看,使役、允让和被动都是物与物之间的力学关系,可以用统一的符号来标引。

四、结语

综上所述,"叫"字句的语法化过程可以概括为:言语通知—标引致使动态力学模型—标引允让动态模型—标引NP_1和NP_2之间存在动态力学关系。"叫"字语义泛化的必经步骤为"标引允让动态力学模型",因此,蒋绍愚(2002)和石毓智(2005)的观点都有道理,"使役"义是"被动"义的最初来源,但"允让"义是"被动"义出现必须经过的阶段,如果没有"允让"义就没有"被动"义。

参考文献

[1] 崔希亮(2004)汉语介词与位移事件,北京大学博士学位论文。

[2] 洪波、赵茗（2003）汉语给予动词的使役化及使役动词的被动介词化，第二届语法化国际学术研讨会论文。

[3] 江蓝生（2000）《近代汉语探源》，北京：商务印书馆。

[4] 蒋绍愚（1994）《近代汉语研究概况》，北京：北京大学出版社。

[5] 蒋绍愚（2002）"给"字句、"教"字句表被动的来源——兼谈语法化、类推和功能扩展，《语言学论丛》第 26 期，北京：商务印书馆。

[6] 李崇兴、石毓智（2006）被动标记"叫"语法化的语义基础和句法环境，《古汉语研究》第 3 期。

[7] 石毓智（2005）被动式标记语法化的认知基础，《民族语文》第 3 期。

[8] 太田辰夫（1958）《中国语历史文法》，蒋绍愚、徐昌华译，北京：北京大学出版社。

[9] 张万禾（2007）《意愿范畴与汉语被动句研究》，上海师范大学博士学位论文。

[10] Talmy, Leonard（2000）*Toward a Cognitive Semantics*. Volume 1: Concept Structuring Systems. Cambridge: The MIT Press.

动词"知道、认识、了解"的中介语对比分析

慕阿慧①

提　要　文章以动词"知道""认识""了解"为考察对象，系统描写三个动词在现代汉语和中介语中句法功能、搭配对象的范畴以及带句情况的异同。文章将中介语中不同水平留学生的使用情况分别与现代汉语进行对比，以系统描写留学生的动态习得过程，以期为不同阶段的汉语教学提供参考，从而进一步帮助留学生建立接近目的语的词汇知识体系。

关键词　知道；认识；了解；中介语分析；二语习得

一、引言

易混词的学习对二语学习者来说一直是个难点。而"知道""认识""了解"在语义表达上有很高的相似性，在英语中均可译为"know"。因此，留学生在学习汉语时，很难弄清楚"知道、认识、了解"这一组词到底该如何正确地使用。很多研究都曾从二语学习的角度对"知道""认识""了解"进行过辨析（吴玮，2011；张盈盈，2012；周慧莲，2012；展飞，2013；田小瑞，2014；曹婷婷，2016；吴迪，2017；张瑾益，2018）。但这些研究均是从偏误分析的角度出发，只分析了留学生的错误用例，并未考察不同水平留学生的习得情况。因此我们仍无法全面把握留学生的习得过程。邢红兵（2012：79）提出，"词汇知识的获得是动态发展的过程，词汇知识需要在二语的使用中逐渐去丰富，并逐渐接近母语者的词汇知识水平"。②所以，了解留学生在不同阶

---

① 慕阿慧，北京语言大学汉语国际教育学部汉语进修学院在读硕士研究生。研究兴趣与研究方向：二语习得，语言认知。

② 邢红兵：（2012）第二语言词汇习得的语料库研究方法，《汉语学习》第2期。

段对三个动词的习得情况，有助于教师更好地调整教学策略，从而帮助学生建立更接近目的语的词汇知识体系。基于此，本文将现代汉语和中介语中三个动词的用例进行对比分析，一方面探讨三个动词在具体使用中的差异，另一方面对不同水平留学生的动态习得情况进行全面的描写，希望本文能为汉语教学提供更科学、更具针对性的参考。

二、语料选取及处理情况

2.1　语料选取

文中所用现代汉语语料取自语料库在线"国家语委现代汉语平衡语料库"（下文称为"目的语语料"），留学生语料取自北京语言大学储诚志、陈小荷（1993）主持的"汉语中介语语料库系统"以及暨南大学华文学院的"中介语语料库"。

在"现代汉语语料库"中，我们共检索到动词"知道"的用例6773条、动词"认识"的用例3669条、动词"了解"的用例2247条。我们分别以10∶1的比例从语料库中进行语料抽取，最终提取出"知道"的用例677条、"认识"的用例367条、"了解"的用例225条。

在"汉语中介语语料库"中，动词"知道""认识""了解"的用例较少，因此我们对留学生语料进行了穷尽式分析。我们根据学习时长将留学生水平划分为三个等级，学习时长不超过一年为初级水平；学习时长在一年到两年之间为中级水平；学习时长超过两年为高级水平。受汉语中介语语料数量限制，某些等级的语料较少，因此我们又从暨南大学华文学院的"中介语语料库"中选取了相应等级的语料进行补充。最终我们共得到动词"知道"的中介语语料835条，"认识"的中介语语料375条，"了解"的中介语语料304条。

2.2　语料处理情况

文章对"知道""认识""了解"在句中充当句法功能的情况进行了统计，重点分析这三个动词在句中做谓语的情况。文章对三个动词充当谓语时所搭配的主体、支配对象、状语以及补语进行了标注。因为三个动词搭配的状语和补语在使用中存在大量交叉，且这种交叉的表现较复杂，受语境影响很大，因此我们很难单纯通过语料库的描述统计对其进行规律性总结。在本篇文章中，我们暂不对三个动词搭配的状语和补语进行论述，而是将重点放在动词所支配的主体和支配对象上。动词的支配"主体"指的是动作的发出者，即"XX知道"中的"XX"。支配"对象"指的是"知道""认识""了解"的内容。因为在具体的语境中，三个动词所支配的对象，即我们通常意义上称为"宾语"的部分在句中的位置较灵活，有时可提前到句首作话题，并不充当宾语，如：

（1）这事的内幕没别人知道。[①]

并且本文更关心的是三个动词在搭配对象上的范畴差异，不关心搭配对象充当句法功能的情况，因此，我们以"支配对象"代替"宾语"。

三、统计结果分析

3.1 "知道""认识""了解"做谓语整体情况分析

3.1.1 "知道""认识""了解"在句中做谓语的频率分析

从使用情况来看，"知道""认识""了解"在句中可以做谓语，还可以和其他成分一起构成偏正短语、述宾短语等。如：

（2）我知道的道理早说完啦。

（3）这比裴丽生同志在该乡所了解的情况又有了新的发展。

（4）至少我所认识的人中就有不少是不屑于这些无聊东西的。

---

① 本文现代汉语语料来自"在线国家语委现代汉语平衡语料库"，下文凡不注明出处的现代汉语例句，均来自此语料库。

我们统计了三个动词在目的语和中介语中做谓语的频率。

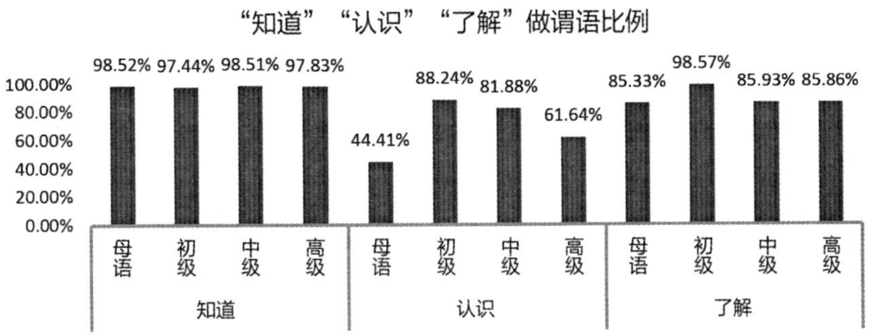

"知道""认识""了解"做谓语比例

图1 "知道""认识""了解"做谓语频率对比分析

我们可以发现，在目的语中，三个动词做谓语的频率从高到低依次为：知道>了解>认识，且"知道"做谓语的频率已接近100%。而"做谓语"并不是"认识"的优势句法功能。这说明三个动词在句中充当句法功能的情况存在较大差异。这主要是因为在目的语语料中，动词"认识"在句中也经常做定语中心和其他成分一起出现构成偏正短语，如"对生活的认识"。在抽取的语料中，动词"认识"的这种用法占比达30.52%。动词"了解"也出现了同样的用法，使用占比约为10.7%。这使得"认识"和"了解"做谓语的频率均低于"知道"。

从各水平留学生的使用情况来看，中介语语料中三个动词做谓语的频率排名和目的语具有一致性。其中，中介语中"知道"的句法功能和目的语最为相似，且"知道"在句中充当句法成分的情况受学生水平影响很小。

在初级阶段，"了解"做谓语的情况与目的语差别较大，学生较少使用"了解"做谓语之外的情况，随着水平提高，中介语中"了解"充当句法成分的能力不断接近目的语，并且在中级阶段已经基本和目的语持平。

而"认识"在句中充当句法成分的能力受学生水平影响较大。在初级和中级阶段，中介语中"认识"做谓语的情况和目的语差别很大，随着学生水平的提高，"认识"充当谓语的情况不断向目的语靠近。但值得关注的是，通过进一步分析语料我们发现，留学生对"认识"的使用之所以会产生这种变化，主要是因为在中、高级阶段，学生会较多地使用"认识"充当定语，和其他成分一起构成偏正结构，如"认识的人""认识的词语"，这和目的语中"认识"经常充当定语中心语的情况存在一定差异。在初级和中级阶段，学生还无法掌握"认识"作定语中心语的句法功能，未出现类似的使用情况，直到高级阶段，个别学生才能产出如"对XX的认识"这样的句子，且产出比例仅约5.48%。因此，"认识"充当定语中心语的功能对留学生来说也是一个习得难点。

3.1.2 "知道""认识""了解"充当谓语时的错误率

从使用的错误情况来看，中介语中"知道"的使用错误率低于"认识"和"了解"。整体来看，"认识"的使用错误率最高，且随着学习水平的提升，"认识"的错误情况呈现显著的U形效应，这说明中级水平的学生使用错误率最低。"了解"做谓语时的使用错误率则受学生水平影响较小。

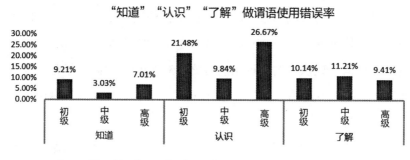

图2 "知道""认识""了解"做谓语使用错误率对比分析

通过对中介语错误用例的具体分析，我们发现，"知道""了解"的错误用例多是由表达的不地道造成，多为状语或补语使用不当，如：

（5）我们互相了解得很。①

---

① 本文中介语语料来自北京语言大学储诚志、陈小荷主持的"汉语中介语语料库系统"，下文凡不注明出处的中介语例句均来自此语料库系统。

而"认识"的错误情况则多是由动词和主体或支配对象搭配不当造成，如"这个故事我认识。"其中，因"认识"和"知道""了解"的混用造成的错误占有很大比重。

3.1.3 "知道""认识""了解"混用错误情况

我们统计了中介语中三个动词做谓语时因混用造成错误的情况。混用情况指一句话中该用三个词中的一个，但留学生却用了其他两个词语，如：

（6）他不认识什么是痛苦。

混用情况占比=因混用造成错误的语料数/做谓语错误语料总数。

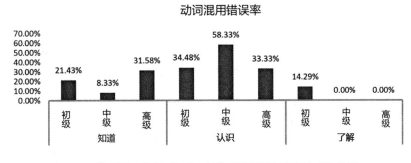

图3 "知道""认识""了解"做谓语混用情况对比分析

整体来看，留学生使用"认识"时的混用情况最高，即在一句话中应该用"知道""或"了解，学生却使用了"认识"，如：

（7）我认识的事情比较少。

随着学生水平的提高，使用"认识"产生的混用情况呈现明显的倒U形效应，这说明在中级阶段，学生对认识的搭配对象的选择最为混乱。虽然到了高级阶段这种情况得到了显著改善，但学生的习得情况依然较差。

学生使用"了解"时产生的混用情况最少，且只在初级阶段存在混用的情况。使用"知道"时产生的混用情况不会随着学生水平的提高得到改善，在高级阶段，学生反而更容易产生混用的情况。这一结果提醒我们，即使到了高级阶段，教师依然要注意引导学生选用正确的搭配对象。

结合三个动词做谓语的使用频率和错误情况，我们可以发现，中介语中"知道"充当句法成分的情况最接近目的语，且错误率最低，留学生对"知道"的习得较好，其次为"了解"。随着水平的提升，"了解"的使用情况逐渐接近目的语，但这种变化并不明显。随着水平的提升，"认识"充当谓语的情况和目的语不断接近，但充当其他句法成分的能力依然与目的语存在差异，且错误率也没有明显的降低，在高级阶段错误率反而最高，因此"认识"的使用情况不会随着学习水平的提升逐渐得到改善，对学生来说始终是个难点。

3.2 "知道""认识""了解"做谓语时的搭配信息统计

3.2.1 "知道""认识""了解"做谓语时所带"主体"分析

我们将"知道"搭配的主体按照语义范畴划分为五大类，分别为：具体的人（例：张先生）、机构/团体（例：公司、国家）、动物（例：猪）、无生命的具体事物（例：桌子）、无生命的抽象事物（例：理智）。

统计发现，不管是在目的语还是中介语中，三个动词的主体，即我们通常意义上所说的"主语"，主要都由"具体的人"来充当，目的语和中介语的差异、中介语中不同水平学习者的使用差异并不明显。但在目的语语料库中，"知道""认识""了解"的主体也可由表"机构/团体"类、"抽象事物"类的词语充当，而在中介语语料库中，这种情况仅在"知道"的用例中存在。在中介语语料库中，初、中、高三个水平的留学生在使用"了解"时均以"具体的人"作为了解的主体，未出现其他语义范畴类的词语。在"认识"的搭配主体上，也仅有高级水平的学习者会使用"抽象事物"类词语。因此，教师要重点引导学生提升"认识""了解"搭配主体的丰富性，要让学生词汇知识体系的发展更具延展性。

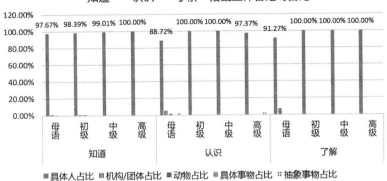

图4 "知道""认识""了解"做谓语所带"主体"范畴对比分析

3.2.2 "知道""认识""了解"做谓语时所带"支配对象"分析

"知道""认识""了解"做谓语时所带的支配对象,即为我们通常意义上称为"宾语"的部分。"知道""认识""了解"所支配的对象有两种类型,可以为一个具体的词语,如"不知道这件事情"中的"事情";也可以是一个完整的或者经过省略的句子,如"知道他不是这样的人"。下面我们分别对这两种情况进行分析。

3.2.2.1 所带"支配对象"为具体词语时的情况分析

当动词后所带对象为具体的词语时,我们以对"主体"同样的分类方法将动词的支配对象进行了分类,结果如下:

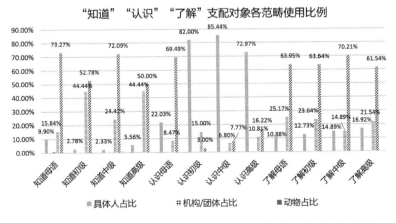

图5 "知道""认识""了解"做谓语支配"对象"范畴对比分析

三个动词所带"支配对象"的范畴和"主体"的范畴存在很大差异，整体来看，三个动词的支配对象以"具体的人""无生命的具体事物""无生命的抽象事物"为主。

在目的语中，"知道""了解"支配对象的范畴具有一致性，使用情况占比均为：抽象事物>具体事物>具体的人。而"认识"支配对象的范畴占比则为：抽象事物>具体的人>具体事物。但三个动词的支配对象均为"抽象事物"类占绝对优势。

在中介语中，"知道""了解"支配对象的范畴情况与目的语较为一致，其中"了解"的使用情况最接近目的语。在初级和高级阶段"知道"支配对象的范畴中，"抽象事物"和"具体事物"占比较为平衡。值得注意的是，初、中、高三个水平的留学生对"认识"的使用情况与目的语差异较大。在中介语中，"认识"的支配对象主要为"具体的人"这一范畴，随着留学生水平的提高，"抽象事物"的比重不断提升，但占比依然远低于"具体的人"。这说明留学生不习惯在"认识"后使用除"人"外的其他词语，对"认识"搭配对象的掌握还不全面。

3.2.2.2 支配对象为句子时的情况分析

我们统计了两种语料库中三个动词的带句比例，结果如下：

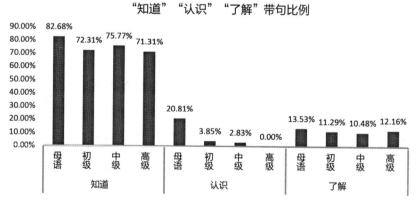

图6 "知道""认识""了解"做谓语带句情况对比分析

在目的语中，"知道"的带句比例显著高于"认识"和"了解"，三个动词的带句比例从高到低依次为：知道>认识>了解。当"知道"的对象是句子时，"知道"后主要是加"了"或不加任何成分，如"我不知道他是什么样的人。"无论"知道"的支配对象是具体词语还是句子，支配对象都可以提前。如：

（8）这件事我不知道。

"认识"共出现了31句带句情况，在这31个句子中，除了两处不规范的表达外，如"动物不认识它的下面是个陷阱"，认识后均加了"到"，构成"认识到"。所以"认识"后不能直接以句子为对象，一般认识后加句子时，要构成"认识到"的结构。"认识到"后面的句子一般也不能提前到"认识"的前面。

当了解的"对象"是句子时，其后可加"到""了"等，也可不加成分。"了解"后的句子可以提前，但有条件限制，不提前的情况占大多数。

中介语中三个动词的带句情况与目的语存在差异，不管是在初级、中级还是高级阶段，三个动词的带句情况均为：知道>了解>认识。整体来看，中介语中"知道""了解"的带句情况与目的语较为接近，"认识"的带句情况与目的语差距较大，留学生很少在"认识"后加上一个句子。这说明留学生对"认识"后加句子的用法使用不足。且随着语言水平的提高，中介语中"认识"的带句情况越来越少，说明这种使用不足的问题不会随着学生水平的提高得到改善。

我们进一步分析了中介语中"认识"的带句情况，发现在初级阶段，留学生习惯在"认识"后直接加句子，而不会构成"认识到"的结构，也因此造成了"认识"的所有带句情况均为错误用例。到了中级阶段留学生才习得了"认识到"的结构。因此，在初级阶段，教师在教学中不仅要引导学生学习"认识"的带句用例，还要提醒学生"认识"的带句特点，从而改善学生的学习情况。

四、总结

通过对目的语语料库和中介语语料库的分析，我们可以发现"知道""认识""了解"在句法功能、搭配对象范畴、带句比例上均存在差异。不管是在句法功能、错误率、搭配对象的范畴，还是动词的带句情况上，中介语中"知道"的使用情况都与目的语最为接近，其次为"了解"，且"知道""了解"的使用情况受留学生水平影响较小。相比之下，留学生对"认识"的使用情况与目的语差距最大，习得最为困难，且受留学生水平的影响也更大。留学生在使用"认识"时最容易产生与"知道""了解"混用的情况。学生对"认识"在句中做偏正短语中定语中心语的用法使用不足，对"认识"习得最困难的部分在于支配对象的范畴以及带句情况上。这提醒我们在汉语课堂教学中要重点关注引导学生对"认识"的使用情况。

同时，本研究也让我们进一步意识到，在分析易混词时不能仅从偏误分析的角度探讨学生的错误情况，教师也不能仅以易混词的偏误情况作为教学参考。我们需要对目的语和中介语进行全面的分析和把握，更要关注不同水平留学生的动态习得过程。将目的语作为参照，有利于帮助学生建立目的语化的词汇知识体系，这样才能为教学提供更为科学的、有针对性的建议。

参考文献

[1] 曹婷婷（2016）基于语料库的留学生使用"知道"、"了解"的偏误研究，华中师范大学硕士学位论文。

[2] 储诚志、陈小荷（1993）建立"汉语中介语语料库系统"的基本设想，《世界汉语教学》第 3 期。

[3] 田小瑞（2014）关于"知道、认识、了解"的一点思考，《商》第 16 期。

[4] 吴　迪（2017）浅析"知道""认识""了解"在对外汉语中的区别，《语文教学之友》第 36 期。

[5] 吴　玮（2011）小议对外汉语教学中词语辨析，《剑南文学经典教苑》第 9 期。

[6] 邢红兵（2012）第二语言词汇习得的语料库研究方法,《汉语学习》第 2 期。

[7] 邢红兵（2013）第二语言词汇习得的中介语对比分析方法,《华文教学与研究》第 2 期。

[8] 展　飞（2013）基于偏误分析的对外汉语"知道"类动词研究,山东大学硕士学位论文。

[9] 张瑾益（2018）基于语料库的"知道"类动词的异同分析,上海交通大学硕士学位论文。

[10] 张盈盈（2012）"知道"类同义词研究,江西师范大学硕士学位论文。

[11] 周慧莲（2012）面向留学生的"知道"类动词教学研究,华中师范大学硕士学位论文。

现代汉语双音节轻声词的结构与语体研究

骆健飞①

提　要　本文穷尽性地考察了现代汉语普通话中的双音节轻声词，发现：1）双音节轻声名词最多，动词、形容词次之，其他词类轻声词较少；2）"词根+词缀"的构词形式最为常见，其次是词根复合式构词，在词根复合式构词中，受到重音指派规则的影响，偏正式构词明显多于动宾和中补式；3）轻声词最重要的功能是区分语体，轻声词为人们在表达时选择语体提供了充分的语言材料，轻声词与对应的非轻声同义词尽管在意义上有同一关系，但在使用、搭配中存在差异。

关键词　双音节；轻声词；构词；重音；语体

一、引言

　　轻声是在汉语语流中出现频率较高的一种特殊的语音现象。自1922年赵元任先生首次提出"轻声"的概念后，这一问题一直受到语音学家的普遍关注。以往和现行的语音教科书无一不论及轻声，如罗常培（1957），胡裕树（1962），高名凯、石安石（1963），黄伯荣、廖序东（1983）等。20世纪80年代以后，语音学者开始用实验的方法考察轻声现象，如林茂灿、颜景助（1980），林焘（1983），曹剑芬（1986）等。实验得出的结论是一致的。实验结果一方面印证了听辨的结果，另一方面更弥补了听辨的不足，使我们对轻声的声学性质有了更全面的了解。

---

① 骆健飞，博士。北京语言大学汉语国际教育学部汉语进修学院讲师，硕士生导师，《韵律语法研究》期刊编辑部编辑。主要研究领域为汉语韵律句法、语体语法及对外汉语教学等。

关于轻声词特点的研究，刘娟（1997）做了比较全面的总结。她指出，轻声有较强的稳固性。最典型的轻声是在汉语双音节化过程中形成的词根加词缀形式的双音节轻音词，还有日常口语中使用频率较高的一些双音节词，第二个音节习惯上念轻音。万学仁、熊杰（2011）研究了《现代汉语常用词表》中的轻声词语。作者指出，《常用词表》共收录词语56008个，其中轻声词语2043个，占3.64%。在这些轻声词中，无规则的轻声词语一共904个，比如爱人、巴结、巴拉、巴掌等；有规则的轻声词语共有1139个，比如面子、前面、娃娃、盖头等。杨卉婷、岳静（2018）认为，现代汉语词汇中由后一个音节读作轻声而产生的双音节同形异义词数量可观、特征鲜明，有其独特的规律。文章基于轻声的双音节同形异义词可以分为概念义相关和无关两类。对于前者，轻声是在原词词义基础上产生新义、固定新义的常用手段。作者还从语体色彩方面考察了轻声词与对应的非轻声词的差别，如"颜色"，非轻声读法"yánsè"与轻声读法"yánshai"，二者都可以做名词、表示"色彩、颜料"等意义，但二者在语体上存在对立，前者为正式体，后者则为口语体。Duanmu（2014）和冯胜利（2016）则从音系的角度对轻声音节和轻声词做了研究。Duanmu（2014）指出：母语者能够对音实调足的完整音节和轻音节之间的轻重差异具有十分清晰和一致的判断，北京人在说北京话时是有轻重的。冯胜利（2016）同样认为"北京话是一个重音语言"，并以如下例子为证：

（1） 棋子　　　　 方舟子　　　　 妻子　　　　　 旗子
　　　炕头　　　　 砖头　　　　　 包头（地名）　　木头

在北京话里，上面的四个"子"和"头"都有不同等级的重量，这说明北京话的音节有轻重之别。

同时，作者也指出，北京话中轻声与非轻声之间存在"最小轻重差异对"，如：

（2） 德行（讽刺语）　　　　 vs.　　　　　 德行（品德与行为）

炒饭（N）　　　　　vs.　　　　　炒饭（VO）

范畴（N）　　　　　vs.　　　　　犯愁（VO）

又如下边两句的区别：

（3）a.（走进老板办公室后）职员说："老板，今天我要bàochóu。"

　　　b.（走进老板办公室后）职员说："老板，今天我要bàochou。"

例（3）a是要"报仇"，例（3）b是要"报酬"，二者的轻重格式和意义有天壤之别。

总体来说，学者普遍认为，轻声是汉语中的一种重要的语言现象。有的轻声词具有一定的语音功能，具有辨义作用；有的轻声词是附属性语音特征，没有辨义作用。轻声词按照类别来划分，一般包括助词、方位词、重叠式和词缀等。另外，也有一类是习惯性轻声词，例如"玻璃、棉花、玫瑰、老实、客气"等，范围很不确定，但都是我们生活中的一些常用词汇。

回顾以上研究，学者虽然在汉语轻声问题上取得了很多重要成果，但在如下问题上，仍然缺乏深入和全面的研究：

（1）汉语普通话中轻声词的总量和分布情况如何？以《现代汉语词典》第7版为例，共有多少必读轻声的词语？不同词类的轻声词语分布如何？它们的构词方式主要有哪些？

（2）汉语轻声词有哪些语义和语体功能？它们在何种语法条件下存在"辨义"的功能，又在何种使用条件下具备"别体"的功能？

（3）汉语的"无规律轻声词"一般表示哪些事物、性状等，它们在构词和词汇意义上有何特点？

基于此，本文以《现代汉语词典》（第7版）为研究对象，穷尽性研究了其中的双音节轻声词，从结构、语义、语体等方面对其进行了分析。

二、现代汉语双音节轻声词的数量与分布

本研究以《现代汉语词典》(第7版)(以下简称《词典》)为研究对象,首先穷尽性①检索出所有明确标为轻声词的双音节词条,再将其按词性归类,然后在每种词类中分析其特点与分布。

在轻声词的鉴别方面,我们以《词典》标注为标准,只收录确定只有轻声读法的词,不收录可轻可不轻的词条,如下所示:

(4) a.【便当】biàn·dang 形 方便;顺手;简单;容易:这里乘车很~|东西不多,收拾起来很~。(第82页)

    b.【桌子】zhuō·zi 名 家具,上有平面,下有支柱,在上面放东西或做事情:一张~。(第1729页)

    c.【因为】yīn·wèi① 介 表示接在后面的部分是原因:他~这件事受到了处分。② 连 常跟"所以"搭配使用,表示因果关系:~今天事情多,所以没有去成。(第1558页)

在以上三例中,a和b条目中的轻声字,注音不标调号,注音前加圆点,表示只有轻声读法;c的标法表示:一般轻读、间或重读的字,注音上标调号,注音前再加圆点,比如"因为"注作yīn·wèi,表示"因为"的"为"字一般轻读,有时候可以读去声。(以上说明详见《现代汉语词典》第7版"凡例"一章第3-4页:第三节"注音")在本文研究中,我们以严格的轻声判定为准,即只研究上述a和b的现象,不收录c中的词条。

现代汉语双音节轻声词涉及的词类广泛,共涉及11种词类,如下所示:

(5) 名词类:爱人、把手、爸爸、东西、动静

---

① 本研究所说的"穷尽性"是指在《现代汉语词典》(第7版)中的词条范围内的穷尽,并不代表穷尽了现代汉语中的所有轻声词。另外,为保证语料的内部一致性,在研究中去除了《词典》中标为方言的轻声词。

动词类：巴拉、蹦跶、比画、答应、打扮

形容词类：霸道、白净、别扭、大方、地道

副词类：敢情、还是、麻利、横是、多么

连词类：免得、省得、要么、要是、再不

助词类：来着、似的、伍的、罢了、得了

介词类：本着、除了、可着、随着、为了

代词类：那个、人家、什么、他们、这么

量词类：捆子、摊子、阵子、沓子、些个

拟声词类：嘀嗒、呱嗒、呱唧、吭哧

叹词类：乖乖

表1　不同词类的双音节轻声词数量及百分比

词类	名词	动词	形容词	副词	连词	助词	介词	代词	量词	拟声词	叹词	总计
数量	1064	250	160	6	8	8	5	18	14	4	1	1538
比例	69.2%	16.3%	10.4%	0.4%	0.5%	0.5%	0.3%	1.2%	0.9%	0.3%	0.1%	100%

通过表1可以看出，在双音节轻声词中，名词、动词、形容词占比最多，三者百分比总和为95.9%。这三类词本来在现代汉语中也是占比最多的，它们之中也包含着丰富的轻声词汇，下文就重点分析这三类轻声词，并在最后统一分析其他词类的轻声词。

三、名词、动词、形容词双音节轻声词的构词分析

3.1　名词性双音节轻声词分析

首先，在构词结构方面，名词性轻声词主要是"词根+词缀"的模式，在词缀中，"~子"词缀最多，如"鸭子、椅子、篮子、例子、银子、桌子、兜

子、竿子、钩子、馆子"等。这类带"~子"后缀的名词性双音节轻声词共计544个。

除了大量带"~子"后缀的轻声词，还有其他后缀，如"春上、福气、帮手、锄头、底下、盖头、跟头、左边、后头、东家"等，这些词语的后缀包括名词性标记"~头""~边""~气""~手""~家"，以及一些方位词"~上、~下"等，共计218个。

其次，还有部分重叠构词型，如弟弟、叔叔、公公、姑姑、妹妹、星星、兜兜、娃娃、框框、调调等，这类轻声词共计32个。

再次，一部分名词性双音节轻声词是单纯词，如玻璃、薄荷、轱辘、蒺藜、窟窿、篱笆、琉璃、枇杷、琵琶、葡萄等，这类轻声词共计62个。

最后，一部分名词性双音节轻声词是复合构词，即由两个词根语素组成，如动静、队伍、买卖、本事、吃食、干粮、棺材、锅饼、头发、火烧等，这类轻声词共计208个。

表2　名词性双音节轻声词的构词类型及数量

类型	词根＋词缀				重叠	单纯	复合	总计
	"子"缀	"头"缀	"边"缀	其他后缀				
数量	544	54	12	152	32	62	208	1064
比例	51.5%	5.1%	1.1%	14.3%	3.0%	5.8%	19.5%	100%

3.2　动词性双音节轻声词分析

在构词结构上，动词性双音节轻声词"词根+词缀"的组合方式所产生的数量占了该类轻声词总量1/2左右，如喷着、得了、接着、亏得、忙乎、眨巴等。

其次是复合式结构，约占1/3，如褒贬、抽打、答应、发送、叫唤、休息等。

再次是单纯词，约占1/8，如骨碌、叽咕、摩挲、呱唧、趔趄、吭哧等。

另外，数量上占比最小的是重叠式，只占2.4%，仅有6例，如喳喳、叨叨、咧咧、谢谢、嚷嚷、囔囔。

表3　动词性双音节轻声词的构词类型及数量

类型	词根＋词缀	重叠	单纯	复合	总计
数量	127	6	33	84	250
比例	50.8%	2.4%	13.2%	33.6%	100%

3.3　形容词性双音节轻声词分析

在构词结构上，形容词性双音节轻声词跟名词性轻声词和动词性轻声词一样，数量占比最高的类型也是"词根+词缀"，且百分比数值是三类词里最高的，达到了70%，比名词性轻声词百分比高1%左右，比动词性轻声词百分比高19%左右。如干巴、全乎、顺溜、温乎、匀乎、直溜等。

其次是复合式形容词轻声词，约占该类总量的1/4。如懒怠、白净、便当、固执、惊醒、富态等。

再次是少量的单纯词，如哈喇、啰唆、邋遢、马虎、蹊跷、魁梧等，以及几乎可以忽略不计的重叠式"痒痒"（仅此一例）。

表4　形容词性双音节轻声词的构词类型及数量

类型	词根＋词缀	重叠	单纯	复合	总计
数量	112	1	8	39	160
比例	70.0%	0.6%	5.0%	24.4%	100%

3.4　其他词性双音节轻声词分析

根据本文现有的统计，上述三大类合计占比达到了双音节轻声词总量的95.9%，余下的4.1%则散落在副词、连词、助词、介词、代词、量词、拟声词、叹词八大词类里。其中数量相对比较多的是代词和量词，分别占1.2%和0.9%。

就代词而言，结构类型比较单一，都属于派生词，大多是"词根+词缀"类型的，如我们、你们、他们、这个、那个、有的等。

量词的双音节轻声词除了一个单纯词以外，其余都是派生词，而其中带有后缀"子"的结构占了绝大多数，约总量的86%，如帮子、驮子、口子、截子、捆子、摊子等。

助词和连词的百分比虽然排在这八类词的第三位，但是实际的数量只有8例，且大多数都是单音节助词为其组成成分，助词类轻声词如罢了、得了、来着、是的、似的、着呢，连词类轻声词如还是、免得、省得、完了、要是、先是。

四、汉语轻声词的构词特点及其语体特征

4.1 结构特点

4.1.1 轻声词的形态手段

赵元任（1979：103–105）已经认识到，汉语中存在添加前缀、后缀甚至中缀的派生形态，其中的后缀既有"~子、~儿、~头"这种常见的构词成分，也包括然、人、师、夫、家、性、气、和、腾等。王丽娟（2015：68–69）研究发现，普通话正是通过双音节这种韵律模板来标记名词，这种模板可以通过添加后缀"~子、~儿、~头"来实现，比如：

（6）a.*孩——孩子　　*房——房子　　*法——法子　　*稿——稿子

　　　b.*孩——儿童　　*房——房屋　　*法——办法　　*稿——底稿

例子中的词根语素都不能单独使用，需要形态手段将其变成双音节才能独立使用，（6）a使用了"词根+词缀"的派生构词形式，（6）b则使用了"词根+词根"的复合构词形式。由此，我们可以看出，汉语普通话正是通过双音节这种韵律模板来使黏着语素变成独立的可数名词。因词缀并不具备实际意义，只是一种形态手段，其韵律分量为轻，因此造成了大量的"词根+词缀"式双音节轻声词。

因为双音节是汉语韵律词的标准模板，我们可以据此预测，如果一个词

语已经是双音节，则不需要也不可能再通过加"子、头"等后缀来构成轻声词，如下所示：

（7） 儿童——*儿童子——孩子　　　房间——*房间子——房子
　　　主意——*主意子——点子　　　案件——*案件子——案子①

4.1.2　轻声词的构词特点

除了"词根+词缀"型的双音节轻声词外，还有一部分是"词根+词根"式的轻声词，这些双音节词按照构词特点，可分为并列式、偏正式、动宾式和中补式等构词方式，如下所述。

（1）并列式：叔伯、裁缝、街坊、买卖、困难（以下是《词典》释义，下同）

  a.叔伯：同祖父的，有时也指同曾祖父的（兄弟姐妹）。

  b.裁缝：以做衣服为职业的人。

  c.街坊：邻居。

  d.买卖：生意，指商业经营。

  e.困难：工作、生活中遇到的不易解决的问题或障碍。

（2）偏正式：顶针、煎饼、烧饼、蒸食、嫁妆

  a.顶针：做针线活时，戴在手指上，用来顶住针鼻儿的金属工具。

  b.煎饼：在鏊子上摊匀烙熟的薄饼。

  c.烧饼：烤熟的小的发面饼。

  d.蒸食：馒头、包子、花卷等蒸熟了吃的面食的统称。

  e.嫁妆：女子出嫁时，从娘家带到丈夫家去的衣被、家具及其他用品。

---

  ① 注意：像"嘴皮子""水龙头"这类词，都是在"皮子""龙头"的基础上再加修饰语构成的复合词，而不是双音节词"嘴皮""水龙"加缀构成，因此并不与上述规则冲突。

（3）动宾式：避讳、锢露、垫脚、陪房、裹腿[①]

　　a. 避讳：不愿说出或听到某些会引起不愉快的字眼儿。

　　b. 锢露：用熔化的金属堵塞金属器物的漏洞。

　　c. 垫脚：铺垫牲畜棚、圈的干土、碎草等。

　　d. 陪房：旧时随嫁的女仆。

　　e. 裹腿：旧时父女裹脚用的长布条。

（4）中补式：开通、亏空、挖苦、憋闷、冷战

　　a. 开通$_2$（轻声）：（思想）不守旧；不拘谨固执。

　　b. 亏空$_2$（轻声）：所欠的财务。

　　c. 挖苦：用尖酸刻薄的话讥笑（人）。

　　d. 憋闷：由于空气不流通而感到呼吸不畅；心情不舒畅，郁闷。

　　e. 冷战：因寒冷或害怕而身体突然颤动一两下。

表5　复合构词中不同类型的数量和比例

结构类型	并列式	偏正式	动宾式	中补式	主谓式	合计
数量	142	146	23	17	4	332
百分比	42.8%	44.0%	6.9%	5.1%	4%	100%

　　我们先看表5中的非并列式轻声词。我们可以明显看出，偏正式的轻声词语明显多于动宾式、中补式和主谓式，这与汉语的重音系统有直接关系。先看具有普遍性的句法结构，如图1所示。

---

　　① 有人认为，这类词汇如果从语义功能上来看，仍然是定中式的，比如"裹腿"，实际上是"裹脚用的长布条"，如果单纯从词素上来看是V+N结构，如果从语义表达上来看，又很像偏正结构。金娅曦（2020）的博士论文《汉语・朝鲜语VN定中式复合名词对比》（手稿）曾对此展开讨论。在与笔者的私下交流中，我们暂且将其列入"动宾式"构词。实际上，如果按照语义关系将其看成"A+N"偏正式构词，那么动宾式轻声词的数量将会更少，客观上也更符合本文的研究预期。

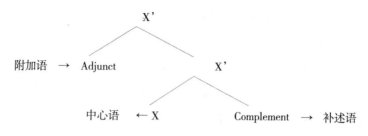

图1　X'投射中"附加语"和"补述语"的关系示意图

根据Liberman & Prince（1977）、Zubizarreta（1998）以及Feng（2003）等的观点，认为在一个结构中，存在"普通重音规则"（Nuclear Stress Rule，简称NSR），简而言之：

NSR：给定两个句法节点C1与C2，若C1和C2具有选择性词序关系，那么其中较低的、为选择者直接管辖的一个获得较重的重音。

结合图1来看，C1和C2即X和其管辖的Complement之间的关系，按照NSR，X将会将重音指派给其直接管辖的Comp上，因此Comp上的成分获得重音。

但同时，我们还需要区分两类结构，如图2所示。句子的主、谓、宾、补成分是该句动词所必需的基本成分，叫"词本结构"，它是由基础树形结构一次性生成的，因此其重音指派规则符合NSR，在"烧饼"中，"饼"得到重音；而句子中的定语、状语等修饰成分，都是在嫁接运作中附加到基础树形图上的"后加结构"，它并不遵循NSR，而是由语义或信息焦点决定其重音指派。一般来说，修饰语的信息量总是大于中心语，因此从信息量上来看，"烧"的信息量更大，也更容易得到重音，因此"VO"形式一定为"轻-重"模式，这也就限制了其成为轻声的可能性，除非其转变句法关系，变成"AN"式的修饰关系，才能转变成"重-轻"模式，才能为轻声提供潜在的可能性[①]。

———————————

① 注意：这里说的是"这种重-轻的AN式为轻声提供了可能性"，并不是说凡是这种AN构词形式都是轻声，比如烧饼、煎饼、烤饼、炒饼等，它们都是"左重"的韵律模式，但只有"烧饼""煎饼"是轻声词，其余两个并没有变成完全的轻声词。因此这条规则只能预测其生成的可能性，并不是充分必要条件。

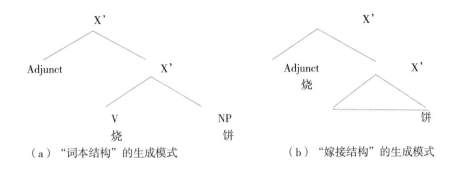

（a）"词本结构"的生成模式　　　　　　（b）"嫁接结构"的生成模式

图2　不同句法结构生成模式示意图

再说并列结构。从理论上来说，两个语素并列构词的复合词，其信息量和词素特征方面，二者没有明显差异，其韵律分量也理应相等。但根据实验语音学的结果来看，二者在韵律重量上仍然存在差异。不同研究者也曾得出过截然相反的结论，如王晶、王理嘉（1993），端木三（1999、2000）都认为普通话双字组的韵律特征是"前重"，而林茂灿、颜景助、孙国华（1984），曹文、李晓华等都认为普通话的音步是后字长、后字重①。尽管不同研究者得出的结论有所不同，但我们可以推知，这两个构词语素在韵律上至少为两种重音模式（轻-重、重-轻）都提供了可能，如果受到其他因素的影响（如语义上的重心产生偏移，或因为语体上口语风格的影响等），也为变成"重-轻"式的轻声词提供了潜在可能性。

4.2　语体特征

我们都知道北京话里有轻声，但人们很少注意到轻声的语体特征：轻声词一般都是口语体的词汇，正式体的新词都不轻声，亦即：口语的未必都轻声，但轻声的必定是口语。根据这条规则，我们可以推论，轻声词除了表达特定的词汇意义以外，还承担了一项重要任务：区分语体。实际上，有很多轻声词，在汉语中存在非轻声的同义词，比如"欺负、欺辱、欺侮"一组词，

---

① 曹文、李晓华等的研究成果未公开发表，转引自王洪君教授与他们私下的讨论交流，详情参阅王洪君（2008）《汉语非线性音系学》（增订版），北京大学出版社，第143页。

在《词典》中分别有如下释义：

（8）a.欺负：qī·fu 団 用蛮横无理的手段侵犯、压迫或侮辱：~人|受尽~。

　　 b.欺辱：qīrǔ 団 欺负；凌辱：受尽~。

　　 c.欺侮：qīwǔ 団 欺负：备受~|~弱者。

由词典释义可知，三者的意义基本相同，最大的不同就是轻声与非轻声之间的语体对立关系，由于轻声词的口语属性，其生活化更强，语气也较轻，因此三者也有着不同的搭配：

（9）a.欺负：~小孩儿|~同学|~自己人|~老公|~小姑娘

　　 b.欺辱：~妇女|~朝廷|~妇幼|~主人|~弱者

　　 c.欺侮：~小国|~弱者|~弱国|~妇女|~妇孺|~女性

从以上常见搭配可以看出，作为轻声词的"欺负"，搭配对象多为身边的人物，而且程度较轻；非轻声词"欺辱、欺侮"则多搭配与生活较远的人物/组织，且性质较为恶劣。这些细微的差异，很难通过词典释义得知，只有通过以上分析才能分析和预测出来。

除了上述"同义异形词"以外，同形词之间，轻声读法与非轻声读法也有不同的语体特征。比如"罗锅"一词，在词典中有两条释义：

（10）a.罗锅：luóguō 団 驼背：他有点儿~儿。

　　　 b.罗锅：luó·guo〈口〉団 弯（腰）：~着腰坐在炕上。

两个"罗锅"的意思有一定相关性，都与"弯腰、驼背"有关，但轻声读法具有明显的口语特征，而非轻声读法则有一定的正式语体色彩。

在另一组词条"矫情"中，可以更明显地看出二者的语体区别，《词典》中直接标注了〈口〉与〈书〉的对立：

（11）a.矫情：jiáo·qing〈口〉 形 指强词夺理，无理取闹：这个人太~|犯~。

　　　 b.矫情：jiǎoqíng〈书〉 团 故意违反常情，表示与众不同。

五、结语

现代汉语普通话中存在丰富的轻声词，其中尤以双音节轻声词数量最多，类型最为丰富，使用也最为广泛。本文以《现代汉语词典》第7版中所有双音节轻声词为研究对象，从定量和定性的角度，从结构、语体和语义的角度，对现代汉语双音节轻声词进行了研究，得到如下特征，见表6：

表6　现代汉语轻声词汇结构、语体、语义上的特征

维度	特点	说明
结构	重—轻	符合"重—轻"韵律模式的构词法有"词根 + 词缀"和偏正式构词
语体	口语	轻声词除了"表义"，还有"别体"的功能
语义	生活化	多见于日常生活事物、动作和情状，罕见于科技、政论、新闻等内容

首先是双音节轻声词的结构特征。"词根+词缀"的构词模式占了大多数，在复合式构词中，偏正式又占了大多数。这二者实际上存在着内在联系与一致性。词根与词缀相比，其韵律分量一定更重，形成"重-轻"的韵律模式是很自然的。在复合构词中，由于受到核心重音的影响，动宾、中补、主谓式都是后重模式，与汉语轻声的节律特征相悖，不易成为轻声词语，只有偏正式，它的韵律特征本身就是"重-轻"式，也自然更容易成为轻声词。因此，从结构上来说，派生式和偏正式构词法的轻声词最多，也符合理论上的预期。

其次是双音节轻声词的语体特征。现代汉语普通话中，所有的轻声词都是口语体，常用于人们较为随意、轻松的直接交流中。值得注意的是，很多轻声词都有对应的非轻声词，二者语义基本一致，那么，这些轻声词汇就具有了除表义以外的另外一项功能：区分语体。轻声与非轻声对应词之间的语体差别，也为人们在选择口语体和正式体时提供了词汇材料。

最后是双音节轻声词的语义特征。这实际上也与其口语语体有关。人们日常口语使用的多为生活常见的事物、动作和情状等等，因此轻声词的所指大部分是较为生活化的内容，在科技、政论、新闻等领域几乎不见轻声词汇，这也说明了它们所使用的语义范围。

参考文献

[1] 曹剑芬（1986）普通话轻声音节特征分析，《应用声学》第 4 期。

[2] 端木三（1999）重音理论和汉语的词长选择，《中国语文》第 4 期。

[3] 端木三（2000）汉语的节奏，《当代语言学》第 4 期。

[4] 端木三（2007）重音、信息和语言的分类，《语言科学》第 5 期。

[5] 端木三（2014）重音理论及汉语重音现象，《当代语言学》第 3 期。

[6] 冯胜利（2016）北京话是一个重音语言，《语言科学》第 5 期。

[7] 高名凯、石安石（1963）《语言学概论》，北京：中华书局。

[8] 高玉振（1980）北京话的轻声问题，《语言教学与研究》第 2 期。

[9] 胡裕树（1962）《现代汉语》，上海：上海教育出版社。

[10] 黄伯荣、廖序东（1983）《现代汉语》，北京：高等教育出版社。

[11] 金娅曦（2020）汉语·朝鲜语 VN 定中式复合名词对比，北京语言大学博士学位论文（手稿）。

[12] 厉以民（1981）试论轻声和重音，《中国语文》第 7 期。

[13] 林茂灿、颜景助（1990）普通话轻声与轻重音，《语言教学与研究》第 3 期。

[14] 林茂灿、颜景助、孙国华（1984）北京话两字组正常重音的初步试验，《方言》第 1 期。

[15] 林　焘（1983）探讨北京话轻音性质的初步试验，《语言学论丛（第 10 辑）》，北京：商务印书馆。

[16] 刘　娟（1997）轻声的本质特征，《语言教学与研究》第 1 期。

[17] 鲁允中（1995）《普通话的轻声和儿化》，北京：商务印书馆。

[18] 路继伦、王嘉龄（2005）关于轻声的界定，《当代语言学》第 7 期。

[19] 罗常培、王　均（1957）《普通语音学概要》，北京：科学出版社。

[20] 吕叔湘（1963）现代汉语单双音节问题初探，《中国语文》第 1 期。

[21] 钱乃荣（1990）《现代汉语》，北京：高等教育出版社。

[22] 万学仁、熊　杰（2011）谈谈《现代汉语常用词表》中的轻声词语，《内江师范学院学报》第 5 期。

[23] 王洪君（2008）《汉语非线性音系学：汉语的音系格局与单字音》（增订版），北京：北京大学出版社。

[24] 王丽娟（2015）《汉语的韵律形态》，北京：北京语言大学出版社。

[25] 王　晶、王理嘉（1993）普通话多音节词音节时长分布模式，《中国语文》第 2 期。

[26] 王志洁、冯胜利（2006）声调对比法与北京话双音组的重音类型，《语言科学》第 1 期。

[27] 杨卉婷、岳　静（2018）轻声对于双音节同形异义词词义演变的作用探究，《兰州教育学院学报》第 5 期。

[28] 赵元任（1979）《汉语口语语法》，北京：商务印书馆。

[29] 赵元任（1980）《语言问题》，北京：商务印书馆。

[30] 中国社会科学院语言研究所词典编辑室（2016）《现代汉语词典》（第 7 版），北京：商务印书馆。

[31] Chao, Yuenren（1968）*A Grammar of Spoken Chinese*. Berkeley: University of California Press.

[32] Duanmu, San（2007）*The Phonology of Standard Chinese*（2nd ed）. New York, Oxford: Oxford University Press.

[33] Duanmu, San（2012）Word−length preferences in Chinese: A corpus study. *Journal of East Asian Linguistics*（1）: 89−114.

[34] Duanmu, San（2014）Syllable Structure and Stress. *Handbook of Chinese Linguistics*. In C.−J. James Huang, Y.−H. Andrey Li and Andrew Simpson（eds.）, Hoboken. NY: Wiley−Blackwell Publishing, 422−442.

[35] Feng, Shengli（1995）*Prosodic Structure and Prosodically Constrained Syntax in Chinese*. Ph.D. Dissertation, University of Pennsylvania.

[36] Feng，Shengli（2003）Prosodically Constrained Postverbal PPs in Mandarin Chinese. *Linguistics*，Vol. 41，No. 6.

[37] Liberman，M. and A. Prince（1977）On Stress and Linguistic Rhythm. *Linguistic Inquiry* （8）:249~336.

[38] Zubizarreta，M. L（1998）*Prosody*，*Focus*，*and Word Order*. The MIT Press. Cambridge，Massachusetts.

"六书"本义与跨文化汉字教学实践①

徐秀兵②

提　要　据研究，传统"说文学"中的"六书"并不只是汉字结构类型的理论，其性质属于古代"小学"教育中的一门教学科目。本文基于对"六书"本义的重新理解，初步构建了面向汉语国际教育的常用汉字基础知识综合体系，具体包括字源、字构、字类和字用四大知识板块。我们认为，在二语教学过程中，尤其是在中高级阶段，亟待加强"字用"知识板块的教学，引导学生在字词关系中明确汉字的职用属性，将极大提高语素、近义词、成语等语言要素的教学效果，并减少学生在跨文化交际中的壁垒。

关键词　"六书"本义；常用汉字；基础知识；综合体系；跨文化汉字教学

一、引言

汉字是世界上唯一未曾中断使用而延续至今的表意文字系统，是中华文化的基石。随着汉语国际教育事业如火如荼的开展和"中国文化走出去"步伐的不断迈进，学习和理解汉字愈发成为跨文化研究的热点课题。然而，"汉字难"依旧是众多汉语二语学习者特别是非汉字文化圈学习者难以突破的瓶颈。

————————

①　本文为教育部人文社会科学研究青年基金项目"魏晋—隋唐墓志常用楷字'形构用'研究"（17YJC740101）及北京市社会科学基金项目青年项目"京津冀新出墓志文本汉字职用研究"（18YYC020）的阶段性成果。衷心感谢审稿专家为拙作的修改完善所提供的宝贵意见！

②　徐秀兵，博士，北京语言大学汉语国际教育学部进修学院副教授。研究兴趣与研究方向：近代汉字"形构用"考察、跨文化汉字汉语教学等。

东汉许慎的《说文解字》体现了传统文字学的全部精神，成为中国学术史上罕见的几部"以书成学"的著作之一（王宁，2017：164-166）。据李运富（2012）研究，传统"说文学"中的"六书"并不只是汉字结构类型的理论，其性质属于古代"小学"教育中的一门教学科目，具体内容涉及汉字的形体来源（简称"字源"）、理据构造（简称"字构"）、类聚关系（简称"字类"）和用字法则（简称"字用"）等，构成了汉字基础知识的教学体系，因此"今天的汉字教学应该摆脱唯结构类型是求的陷阱，同时关注字源、字构、字类和字用等知识要点，让学生初步构建汉字基础知识的综合体系"。受此启发，基于对"六书"本义的重新理解，我们初步构建了面向汉语国际教育的常用汉字基础知识综合体系[①]，进而开展跨文化汉字教学实践。

二、外围板块：字源、字构与字类

我们初步构建的面向汉语国际教育的常用汉字基础知识综合体系，具体包括字源、字构、字类和字用四大知识板块，其中，前面三个知识板块构成该体系的外围部分，"字用"知识板块是依托于前面三个板块的核心板块。四个知识板块之间有机关联，密不可分。

2.1 字源：形体来源知识板块

"六书"的前两书"指事""象形"主要体现汉字的形体来源。"指事者，视而可识，察而见意，上下是也"，"象形者，画成其物，随体诘诎，日月是也"，讲的是汉字形体的唯二来源，即人为规定的指事标志和描摹客观事物的形体而产生的象形性符号。汉字形体的各类组合或演变现象都是以这两个来源的形体为基础的，掌握了汉字形体的这两个来源，就等于掌握了所有汉字

---

① 所谓"常用汉字"，按照单字的字频、单字作为成字部件的构字量、单字所记语素的构词量、单字所记语言点的交际功能等条件综合筛选得出，总量为1000字左右。主要参考字表有《通用规范汉字表》《义务教育语文课程常用字表》《识字、写字教学基本字表》《汉语水平词汇与汉字等级大纲》《汉语800字表》《基础汉字表（1000字）》《汉语国际教育用音节汉字词汇等级划分（汉字表）》等。

的形体（李运富，2012）。

字源是常用汉字基础知识的重要板块，形体溯源因而成为讲解汉字的重要方法。在课堂教学中，针对诸如"日月山水火木人口目自手""上下太刃甘"等典型的传承象形字和指事字，我们参考权威性的常用汉字形体源流字典，明确其形体发展演变的"前世今生"，进而借助多媒体手段向学生动态呈现有关汉字形体的演化过程。当然，形体溯源法也有其适应范围，绝不能将现代汉字教学变成古文字学课。

汉字的书写属性亦可纳入形体来源知识板块。纵观汉字发展史，不难发现，古今汉字的形体演变与实用书写密切相关。进入信息化时代，电脑、手机等键盘输入，在很大程度上替代了执笔书写，成为汉语书面文本的主要实现方式。但是，这并不意味着汉字书写教育可以轻视。科学的汉字书写，能够培养二语学习者对汉字的亲和感，提升其汉字审美意识，更好地理解汉字的发展规律，进而实现对汉字的深刻记忆和准确输出（王宁，2012）。在实际课堂教学中，针对教材文本中出现的汉语国际教育常用汉字，我们从历代书法碑帖中，遴选出古今形体对应性较强的典范字形，对其书写规则进行讲解和示范，引导学生进行鉴赏、临摹等亲身体验。通过此项书写活动，学生更容易理解中华民族长久以来形成的右手执笔书写汉字的生理习惯和心理机制，也增加了对汉语、汉字及中华文化的认同感。

2.2　字构：理据构造知识板块

"六书"中的"会意""形声"主要体现汉字的结构类型。"形声者，以事为名，取譬相成，江河是也"，是说"江、河"是由表义构件"氵"分别和示音构件"工""可"组成的义音合体字。"会意者，比类合谊，以见指㧑，武信是也"，是说"武"比合"止""戈"两个构件，会合"止（趾）"的行走义和"戈"的武器义，以体现出扛着武器行走的"威武"义；"信"字比合"人""言"两个构件，会合"人"义和"言"义，体现出人言求信的"诚信"义。"形声""会意"抓住了汉字的主要结构类型，在小篆阶段，掌握"形声字"和"会意字"，就可能掌握90%以上的汉字。如果加上讲形体来源时由"指事"符号和"象形"符号所参构的"独体标志字""标标合体字"和"独体象形字""形形合体字",那汉字的基本结构类型就都提到了,其他结构类型虽还很多,但大都是基本结构类型的变化,构字量也较少(李运富,2012)。

作为表意文字的典型代表,汉字具有"因义构形"的特点,理据构造是人们释读汉字的关键抓手。王宁(1997)指出:"汉字的理据是沟通历史与现代的结合点,是保持汉字构形系统的枢要,也是分析汉字构形系统的理论基础,不重视它或有意无意地破坏它都是违背汉字科学规律性的。"汉字部件(或称"构件")是理据的集中显现者,《说文解字》分析汉字采用的就是"部件分析法"(李运富,2011)。汉字构形学认为,根据构件在构字时的构意功能,可分为四种有功能构件:表形构件(形符)、标示构件、表意构件(义符)和示音构件(声符),还有一种无功能构件,如今文字中的"记号"构件。

在汉语国际教育领域,不少学者提倡汉字部件教学并进行了积极探索。崔永华(1997)对记录1033个甲级词的801个汉字的部件进行了专门研究后指出:"在对外汉语教学中,利用部件进行汉字教学的前提,是建立一个科学的、针对教学的汉字部件体系。"此后,崔永华(1998)又提出一种"基本部件+基本字"的汉字教学思路。邢红兵(2005)也指出:"汉字部件教学是可行的和高效率的,但是最有效的办法应该是将部件教学融入基础字教学之中,以基础字带部件教学。"

部件既然是汉字理据构造的枢纽,对其拆分就不可任意妄为。我们认为,在跨文化汉字教学中,汉字部件的拆分不应拘泥于形体,而是要坚持依照理据切分,应该强化部件省体、变体意识,区分同源异形部件及同形异源部件。东汉许慎在《说文》中已指出诸多小篆中的"省形""省声"等部件"省体"现象。现代简化字中也存在不少部件"省体"和"变体"。例如,"瓢、漂、飘、标"一组字中,"标"字右侧部件"示"可以看作"票"的省减变体;"手、按、举""熨、照、炒""心、慕、快"三组字中分别存在"手""火""心"的位移变体。因此,在课堂教学中,我们特别强调,现行简化汉字中存在不少同形异源部件（详见表一），其"目治"形体一致，但来源不尽相同，未必代表相同的理据，因此切不可"望形生义"。

表1　同形异源部件示例表

同形异源部件	部件所参构的简化字	简化字所对应的繁体字
廾	廾 讲 进	廾 講 進
文	这 刘 齐	這 劉 齊
不	怀 杯 环	懷 杯 環
力	穷 历 功	窮 歷／曆 功
关	送 联 郑	送 聯 鄭
业	业 显 壶	業 顯 壺

基于部件的正确切分，才能抓住汉字的结构理据。然而，人们在对汉字部件进行切分的实际操作时，各家执行的切分标准不尽一致，面对同一批字符集，人们的切分结果也不尽相同，甚至同一人也可能做出多种切分处理。比如，崔永华（1998）说："把'续'拆分为'纟、卖'，再把'卖'拆分为'十、买'即可。当然，为了记忆'买'或'头'，把它们分别分析为'一、头'和'丶、大'也未尝不可。"上述对"续"字的拆分思路为：首先按照理据拆分，得到两个直接构件"纟"和"卖"；其次按照形体拆分，将"卖"拆分为"十、买"；最后为了记忆方便，认为也可以对"买"或"头"按照形体再度切分。我们认为，这种拆分得到的所谓部件"买"和"头"，实际上只是一些与"买"字和"头"字同形的笔画组合，并不是真正的"成字部件"，这种切分如果权且为了"记忆方便"是可以的，但不能认为"续"字和"买""头"二字在理据构造上已然存在发生学的内在联系。

因此，在课堂教学过程中，教师要保证不讲错汉字的结构理据，更不可臆造结构理据。然而，在一些教材或网络媒体中，忽视或者无视字理的现象并不少见。例如，"堆推谁维唯"一组字都是以"隹"为声符"左形右声"的形声字，而某些教材却将"难"也说成是"左形右声"结构，以为"又"是义符，"隹"是声符。实际上，"难"字对应的繁体字为"難"，是"左声右形"

的形声字。简化字"难"中的"又"属于记号部件，没有理据。再如，有网络媒体解释"患"字时说："形声。从心，毌声。'串（毌）'就是穿在绳上的一组东西，把穿在绳上的一组东西放在心上面悬挂起来就是担心。"以上说解，起先说"患"是形声结构，之后却说成会意字，是自相矛盾的。诸如此类的"流俗文字学"现象，若任其泛滥，将会对学习者认知汉字产生极大的负面影响，也是我们在课堂教学中应坚决杜绝的。

2.3 字类：类聚关系知识板块

汉字的类聚关系由"转注"一书来体现。《说文》："转注者，建类一首，同意相受，考老是也。"李运富（2012）认为："汉字是有系统的，不宜总是一个一个地学、一个一个地记。如果利用汉字的属性类聚群分，可以收到事半功倍的效果。……'转注'着眼于形义联系，按意义"建类"，按形体'一首'，将同'类'和同'首'的字类聚到一起，'集中识字'，彼此关联，系统掌握，这是历史证明行之有效的好方法。其实，汉字类聚的标准不只是'类''首'，相近的形体、相同的结构、相同的构件、相同的读音、相同的职能等，汉字的任何一项属性都可以作为联系的纽带，从而在一定字量的基础上将不同的个体字符集中起来认知、记忆、掌握。"东汉许慎《说文》540部首的建立、今人李大遂的字族字系联等（李大遂，2004），都属于对汉字有意识地类聚群分。任何一种分类，实际上都是遵循某种标准进行属性异同的比较。在大数据时代，利用网络、数据库等手段，按照不同属性对汉字进行类聚群分将比以往更为高效。横看成岭侧成峰，远近高低各不同。只有按照不同的标准，进行不同的归类，才能看清汉字大山的"真面目"。

如前所述，按照参与构字时的构意功能，汉字部件可分为形符、声符、义符、记号等，各类部件均可以自成类聚。从纯形体角度看，"们问闻闷闭间闯闹"这一组包含"门"形的8个字可形成一个汉字集合。这8个字还可找出其他标准做进一步细化归类。从形体来源看，除"闹"字的"门"外，其他7个"门"均可与繁体的"門"认同；从结构理据看，"门"作声符者有"们问闻闷"，"门"不作声符者有"闭闯间闹"。

就形声字的"声符"教学而言，此前人们较多关注其表音能度。我们认为，在课堂教学中，还应该吸收传统语言学的音类思想，关注"声符"对声类（发音部位）的提示功能，还可以关注"声符"的谐声层级性等（详见表二），进而引导学生明确：声符的功能并不是准确表音而是示音，声符可以层级性衍生，等等。这有助于学生形成汉语语音历时纵向发展和汉语方言横向并存的观念，做好古今汉语、普方汉语沟通的铺垫，从而推进跨文化交际高端汉语人才的培养。

表2 基于"声符"类聚的信息发掘示例表

声符	字例	声符类聚所提示的语音信息
旦	但担胆坦	韵母相同，声母为 d、t，声类一致
交	校效较胶	韵母相同，声母为 j、x，声类一致
兼	嫌谦歉	韵母相同，声母为 q、x，声类一致
青	情清晴	韵母相同，声母为 j、q，声类一致
艮	根跟很恨狠	韵母相同，声母为 g、h，声类一致
分	份粉吩氛盆	韵母相同，声母为 f、p，声类一致，反映"古无轻唇音"
良	娘酿狼良浪朗郎朗	韵母相同，声母为 n、l，部分方言区 n、l 不分
尚	堂掌常躺	韵母相同，声母为 t、zh、ch、sh，反映"古无舌上音"
者	堵都猪诸	韵母相同，声母为 d、zh，反映"古无舌上音"
若	惹诺	韵母 e、uo，声母为 n、r，反映"古音娘日二纽不分"
莫	暮墓幕慕漠模	韵母 u、o，声母一致
古	固故姑胡苦枯菇湖糊葫	韵母相同，声母为 g、k、h，声类一致，谐声分层级
各	骆洛路格阁落搁	韵母有 uo、u、e，声母为 g、l，声类一致，谐声分层级

三、核心板块：用字法则

《说文》："假借者，本无其字，依声托事，令长是也。""六书"中的"假借"，体现了汉字在实际书面语境中如何记录汉语的"用字法则"。"字用"也是我们构建的常用汉字基础知识综合体系的核心板块。在汉语国际教育领域，二语学习者进入中高级汉语阶段以后，对阅读书面文本甚至是古代文言文有了更高要求，亟待加强"字用"知识板块的教学。王宁（2014）指出："汉字与汉语关系的密切程度，绝非拼音文字所及。过去，在汉语研究中，对汉字在汉语研究与教学中的作用是认识不足的。"基于汉字与汉语的关系，我们认为，汉字形源、汉语词源知识的有效开掘利用，在汉语国际教育领域，尤其是中高级教学阶段，应当引起足够的重视。课堂实践表明，引导学生在字词关系中明确汉字的职用属性，将极大提高语素、近义词、成语等语言要素的教学效果，可实现汉语教学与中华文化教学的自然交融，进而减少学生在跨文化交际中的壁垒。

3.1 语素教学

语素是古今汉字的主要记录单位，因此汉字也被称为语素文字。汉字及其所记录的语素和词汇也是汉语教学的三大语言要素（施正宇，2008）。据统计，《说文》中5342个上古单音词作为传承语素参与了现代汉语的构词，《现代汉语词典》构成双音词的全部语素共5935个，传承语素占67%左右，而它们参构的双音词大约要占到80%左右（王宁，2014）。在语素教学方面，我们注重汉字与汉语之间的关系，吸收传统语言文字学的研究成果，将汉字职用知识转化为课堂教学素材，通过学生喜闻乐见的形式，彰显古今汉语之沟通。以下是我们进行中高级汉语综合课汉语字词关系教学的部分案例，示例语素均采自北京语言大学出版社《成功之路》系列教材。

3.1.1 以形说义

对于独体象形字和部分会形、会义合体字，可以通过溯源复形进行"以形说义"。首先，探寻某语素所用汉字的本义，以此为基础，系联引申义，判断假借义，相关词语在词汇系统中便形成亲疏远近的有机联系。

自，《说文》解说为"鼻也，象鼻形"，属于典型的象形字。"自"本义表示鼻子，"自"作为义符构成的常用字"鼻""息"都跟喘息有关。引导学生明确古人往往指鼻以自指，因此"自"可引申出"自己"义，则"自负、自豪、自卑、自信、自强"等由"自"作为语素参构的词语就迎刃而解了。

集，其形体来源为"雧"，为分散各处的三只短尾鸟（隹）落于同一树木的形象，学生一旦明白"雧"的构意，则不难理解由"集"参构的双音词"集合、集中、集体"的语义。

名，《说文》解说为"自命也，从口，从夕"，即在有月亮（古文字夕月不分）的晚上，人们用口报出自己的名字，以区分不同的个体。学生明白"名"字的理据构造，则对于课本中"名字""命名"等词汇的理解更为深刻。

涉，早期古文字中原本是一个会形合体字，后来出现"义化"，理据重构为会义合体字，但是其记录的基本意义仍是从水流的一侧跨越到另一侧，涉水的结果是将两岸建立了关联，因此"涉"可以和表示连接义的语素"关""及"分别合成双音词"关系""涉及"。通过此例，学生可以更好地了解汉语的构词法。

3.1.2 因声求义

积累一批示源声符，利用汉语词源知识"因声求义"，可贯通一系列词汇的词源特点。例如通过"囱窗蔥（葱）聰（聪）""梢稍削消销"等含有相同示源声符的同源词族的系联，展示汉语词义的引申规律，有助于学生理解中华民族认知事物的独特思维特征。

"囱窗蔥（葱）聰（聪）"等词在"通"的词源特点上相联系。烟囱的"囱"，窗户的"窗"，大葱的"蔥"都含有示源声符"囱"，其特点在于经由某个管道而实现"内外贯通"。汉语中聪明之"聪/聰"的词源特征表现为个体内部和外部世界进行信息互通。其他一些相关语言事实可为旁证。上古穴居野处的时代，先民们居住在"洞穴"之中，"洞"因连通空间内外的特点而得名；心情不悦就是内外没有沟通，封闭内心，所以"闷闷不乐"的"闷"和"愤愤不平"的"愤"都属于内外未实现沟通而出现的郁闷压抑情况。基于上述语言现象，教师便可以引导学生进一步理解，汉语中"开心、开导（导）、关心"等一系列有关心理机制的词语。"开心"就是把自己愤懑封闭的内心打开，"开导"就是把某人的内心打开，让其跟外界连通，"关心"就是把施事主体与受事者的心灵空间关联起来（崔希亮，2009）。

再看由相同示源声符"肖"参构的一组字"梢稍削消销"。"梢、稍"分别指条状物木与禾的末端，泛指物的末端细小微妙之处。削，本义为切削，引申为减少、削弱。销，本义为熔化金属，引申为消失、消灭，还可引申为货物卖出"销（售）"。消，本义为水尽，泛指散失、消散。学生一旦明白以上字词知识，则很容易把握"消费、消失、消灭、消亡、消耗、削弱、稍微、销售"等词语的特点。

3.2　近义词教学

部分示源声符参与构字，记录双音节词的语素，其词源特征也相应带入了所构双音节词。我们便可以利用语素的语源特征，找到某些近义词意义上的根本区别。例如，由示源声符"少"参构的"吵""炒"二字，都含有声音喧杂之意。由示源声符"仑"参构的"轮""伦""沦"等字，都含有条理之意。"争吵""争论"这一组近义词，都含有相同的语素"争"，体现两个词义的相同点在于说话双方意见不合，因此从"吵""论"的词源特点上切入，来辨析"争吵""争论"之差异就抓住了问题的核心。"争吵"可解释为"因意见不合而大声争辩，互不相让"，其词义特点为"大声"。"争论"可解释为"各执己见，互相辩论，使问题真相或道理显现"，其词义特点在于使辩论的焦点问题趋于条理化，而不在于说话声音的大小。

3.3　成语教学

成语是相对凝固的语言单位，也是中高级汉语教学的重要内容。许多成语源于古代文言，或与古代制度相关，需要借助汉字作为桥梁进行沟通。前文已经说过"自""名"的构字理据，如果稍作联系，教师就可巧妙地将其用于对成语"自言自语""莫名其妙"的意义解释，使成语意义更为形象和显豁。再如，"鼎"在古代是重要的礼器，其形象特征是三足两耳，这在早期汉字中被极为形象地描摹出来，因此可以用来说明"一言九鼎""大名鼎鼎"中"鼎"所显示的"厚重"之意。

四、结语

汉字和汉语之间关系密切，且富于民族特色。通过以上汉语字词关系教学案例，不难窥见，汉语和汉字都是由一批元素通过有机联系而形成的符号系统，因此在汉字汉语教学中，如果讲错一个，则极可能讲乱一片。

立足"六书"本义，我们要从汉字的特点以及学习者的认知规律两方面入手，使跨文化汉字教学既不违背汉语言文字的历史事实和学理依据，又更加符合教育和认知规律。教师要引导汉语二语学习者树立正确的汉字观，主动从第一手的汉语书面文本中，提升对于汉字的感性和理性认知，关注字源、字构、字类和字用等知识要点，让学生初步构建汉字基础知识的综合体系，进而形成自主认知汉字的能力。

参考文献

[1] 崔希亮（2009）说"开心"与"关心"，《中国语文》第 5 期。

[2] 崔永华（1997）汉字部件和对外汉字教学，《语言文字应用》第 3 期。

[3] 崔永华（1998）关于汉字教学的一种思路，《北京大学学报（哲学社会科学版）》，第 3 期。

[4] 李大遂（2006）汉字的系统性与汉字认知，《暨南大学华文学院学报》第 1 期。

[5] 李运富（2011）《说文解字》的析字方法和结构类型的非"六书"说，《中国文字研究》总第 14 辑。

[6] 李运富（2012）"六书"性质及价值的重新认识，《世界汉语教学》第 1 期。

[7] 施正宇（2008）词·语素·汉字教学初探，《世界汉语教学》第 2 期。

[8] 王　宁（1997）汉字构形理据与现代汉字部件拆分，《语文建设》第 3 期。

[9] 王　宁（2012）书写规则与书法艺术——纪念启功先生 100 周年诞辰，《清华大学学报（哲学社会科学版）》第 6 期。

[10] 王　宁（2014）论汉字与汉语的辩证关系——兼论现代字本位理论的得失，《北京师范大学学报（社会科学版）》第 1 期。

[11] 王　宁（2017）《汉字六论》，北京：中国大百科全书出版社。

[12] 邢红兵（2005）《（汉语水平）汉字等级大纲》汉字部件统计分析，《世界汉语教学》
第 2 期。

"从"的形义关系研究

张熙昌[①]

提　要　"从"的字形非常简单，但是字义却是非常丰富的。为什么会出现这种现象？"从"的字形与字义之间有什么关系？为了回答这个问题，本文以"从"在《汉语大词典》中的全部义项为线索，逐一分析这些词义的由来，以及各个词义之间的关系。通过解析我们发现，"从"的形义之间，往往可以做多维的解析，只要形义之间的关系在情理之中，就是合理的存在。这正是字形简单的"从"为什么有如此丰富字义的原因。

关键词　从；從；纵；形义关系

一、缘起

《祭侄文稿》是颜真卿为侄儿颜季明撰写的一篇祭文，现在已成为国宝级的书法作品，其中有一句为"第十三（"从父"涂去）叔银青光禄（脱"大"字）夫使持节……丹杨县开国侯真卿"。从这句话中，我们知道颜真卿是颜季明的叔父，而且是第十三叔。那么被涂去的"从父"是什么意思呢？"从"在这里又是什么意思呢？本文拟从形与义两个方面对"从"进行探讨，以期揭示"从"诸多义项之间的密切联系。

二、"从"与"從"

《字源》（725页）："从，会意字。初文像一人在后面跟随前人之形。本义

---

①　张熙昌，北京语言大学汉语国际教育学部汉语进修学院讲师。研究兴趣与研究方向：汉字及对外汉语教学。

是跟从、随从。《说文》：'从，相听也。'所训是从的引申义。"

《字源》（725页）："從，会意字。初文像一人在后面跟随前人之形。本义是跟从、随从。由于和行动有关，商代时又追加辵旁以增显其义。……楷书以'從''从'形结体，但以'從'为正体。汉字简化，复行初文为正体。"

从《字源》的分析可知，"从"为"從"的初文，二者只在字形的繁简上有所不同，而在意义上没有不同。

与《字源》不同，《说文》把"从"与"從"视为意义不同的两个字，"从"的意义为"相听也"，而"從"的意义为"随行也"。具体如下：

《说文》："从，相听也。从二人。"
《说文》："從，随行也。从辵、从，从亦声。"

很明显，《说文》对"從"的释义"随行也"与《字源》的释义一致，而"从"的"相听也"又是什么意思呢？

《说文解字注》的解释是："（从）听者，聆也。引申为相许之称。言部曰：'许，听也。'""（许）听也。按：听从之言也。"显然段玉裁是借助"许，听也"把"相听"与"相许"联系在一起的。因为"相许"是"应允、同意"之意，所以"相听"即可解释为"听从""顺从"了。

其实，对于"从"与"從"二者之间的关系，段玉裁明确指出："按，从者今之從字。從行而从废矣。《周礼·司仪》：'客从拜辱于朝。'陆德明本如此。许书凡云从某，大徐作从，小徐作從。江氏声曰：作从者，是也。以类相与曰从。"由此可知，在段玉裁生活的年代，"从"已被"從"完全取代（与现在的情况正好相反）；而"从"与"從"两字的用字情况大略如下：《周礼·司仪》本用"从"；东汉许慎分析字形用"从某"；直至南唐大徐和小徐在"从"与"從"的用字上出现分歧；而清代大家江声则同意大徐的做法，即用"从"，应当遵从"以类相从"的原则。

可见，对"从"与"從"的争论古已有之，而《字源》给出了明确的答案："从"与"從"是古今字，"随行"是本义，而"听从""顺从"是引申义。

三、《说文解字注》对"从"形义关系的分析

段玉裁《说文解字注》对"从"形义关系的大略分析如下:

（從）以从辵，故云随行。《齐风》："并驱從两肩兮。"《传》曰："從，逐也。"逐亦随也。《释诂》曰："從，自也。"其引申之义也。又引申训顺。《春秋经》："從祀先公。"《左传》曰："顺祀先公。"是從训顺也。《左传》："使乱大從。"王肃曰："從，顺也。"《左传》："大伯不從，是以不嗣。"谓不肯顺其长幼之次也。引申为主從、为從横、为操從。亦假纵为之。

这段话的意思是，"从（從）"因为字形从"辵"，所以有"随行"义，此义为"从"的本义。"从"还有"追逐"义，因为"追逐"也是一种"随行"。除此之外，"从"还有"自""顺""主从""纵横""操纵"等引申义。也有假借"纵"为"从"的用法。

由上可知,《说文解字注》仅对"从"的本义和"追逐"义做了形义分析。因为字形从"辵"，而有"随行"义；因为"追逐"也是一种"随行"，因此又有"追逐"义。而对于"从"的众多引申义，则没有进行形义分析。

四、"从"的本义与近引申义

"从"的初文像一人在后面跟随前人之形，本义是跟从、随从。为了解说方便，本文把"一人在后面跟随前人"转写成"一人跟着另一人"即"追随者"跟着"引领者"。本文以"从"在《汉语大词典》中的义项为线索，详细分析"从"是如何借助"一人跟着另一人"的字形而产生众多不同词义的。

"从"的初文像"一人跟着另一人"，也就是说"从"是由两个人组成：一人与另一个人。在"从"的众多词义中，有些词义的着眼点在"一人"；有些则着眼于"另一人"；有些则着眼于两个人，即"一人与另一人"。下面分别具体说明。

4.1 着眼于"一人"的词义

4.1.1 "从"的"跟随"义及其近引申义

在《汉语大词典》（以下简称《词典》）中，从义项①到义项⑤都与"从"的本义"跟、随"有关：义项①（跟从，跟随）是个概括性的释义，而除了义项②（指随从的人）以外，其他的义项都是对义项①概括性解释的细化，包括义项③（从死，殉葬）、义项④（从嫁，陪嫁）、义项⑤（从夫，谓已嫁）等。如：

（1）从孙子仲，平陈与宋。（《诗·邶风·击鼓》）（从：跟从，跟随。）

（2）齐子归止，其从如水。（《诗·齐风·敝笱》）（从：指随从的人）

（3）谁从穆公？子车奄息。（《诗·秦风·黄鸟》）（从：指从死，殉葬。）

（4）昔秦女嫁晋，从文衣之滕，晋人贵滕而贱女。（南朝·梁·刘勰《文心雕龙·议对》）（从：指从嫁，陪嫁。）

（5）三女有从，二男知教。（唐·韩愈《河南府法曹参军卢府军夫人墓志铭》）（从：指从夫，谓已嫁）

由上例可知，与"从"本义相关的上述5个义项都是以"一人"为着眼点而产生的。义项②更直接用"跟、随"来指代"随从的人"，无疑是最明显的佐证。而作为引领者的"另一人"则隐含于词义之中，只在"从死，殉葬""从嫁，陪嫁""从夫，谓已嫁"等比较具体的词义中才能领会"另一人"之所指，即"已死去的人""出嫁的女子"和"自己的丈夫"，而这些并不是"从"的表意重点。

另外，"从"的"追逐（义项⑬）""追求（义项⑭）"等词义也是以"一人"作为着眼点而产生的，但二者重在"一人"主动追赶"另一人"，意在抓住或者得到"另一人"，这显然与被动地亦步亦趋地"跟随"有着本质的不同。如：

（6）夏师败绩，汤遂从之。（《书·汤誓》）（从：追逐）

（7）溯洄从之，道阻且长；溯游从之，宛在水中央。（《诗·秦风·蒹葭》）（从：追求）

4.1.2 "从"的"次；副"义

"从"的初文由"一人跟着另一人"组成，"一人"为追随者，而"另一人"为引领者。引领者一般处于主动、主导的地位，而追随者一般处于被动、从属的地位。如果以"一人"作为着眼点的话，那么"从"就有了"次；副"义（义项⑩）。魏晋以后的古代官品有"正品"与"从品"之分，而现代汉语也常以"主""从"对举的形式出现，比如"主句"与"从句"，"主犯"与"从犯"，等等。如：

（8）共犯罪者，谓二人以上共犯，以先造意者为首，余并为从。（《唐律·名例·共犯罪造意为首》）（从：次；副）

4.1.3 "从"的"非至亲"义

中国古人有很强的宗族观念，宗族内部的世系区分非常严格。除了对自己的至亲以外，对至亲的兄弟姐妹及其亲属也都有相应的称谓。"从"在亲属称谓中的广泛使用就说明了这一点，比如"从祖父、从父、从兄弟"等等。这些"从亲属"是何义呢？《集韵》与《类篇》："从，同宗也。"这说明"从亲属"与《汉语大词典》中"堂房亲属（义项⑪）"的词义相当。如：

（9）夫人，吾从女兄也。（宋·曾巩《夫人曾氏墓志铭》）（从：堂房亲属）

"同宗"或者"堂房亲属"一般指同姓的族人。但是在《尔雅·释亲》中有"母之舅弟（舅弟即兄弟）为舅，母之从父舅弟为从舅。母之姊妹为从母。从母之男子为从母舅弟，其女子为从母姊妹"，显然这里的"从舅""从母"

等并非严格意义上的"同宗"或者"堂房亲属"。

《尔雅·释亲》:"父之从父晜弟为从祖父"。清·郝懿行《尔雅义疏》:"云父之从父晜弟者,是即父之世父(世父即伯父)、叔父之子也,当为从父。"从父作为亲属称谓,指称祖父的亲兄弟的儿子。从父年长于父者为从伯,即堂伯;年幼于父者为从叔,即堂叔。

那么,"从亲属"中的"从"是什么意思呢?对此有以下两种解释:

其一,"次;副"义。《尔雅·释名》:"从祖父母,言从己亲祖别而下也。"这句话的意思是,之所以用"从祖父母"是为了与自己的亲祖父母相区别,并且以此表明,与亲祖父母相比,从祖父母的地位要低一些。此处的"从"应为"次;副(义项⑩)"。

其二,"跟从,跟随"义。《尔雅·释名》:"从祖父母,亦言随从己祖以为名也。"这里把"从"解释成了本义"随从",即《词典》的"跟从,跟随(义项①)",这样处理的好处是淡化了"从"的"次;副"义可能引起的不必要的"厚此薄彼"的问题。

4.1.4 "从"的"顺从"义

从上文可知,《说文》将"从"与"從"分别解释,这是因为"从"的释义为"相听(同意)",而"從"因为从"辵"而释义为"随行(跟从)",二者似乎并无交集。然而,"从"字所展现的"一人跟着另一人"的画面,给人最自然的联想就是跟随者是同意引领者做法的,所以,从"随行"引申出"同意"义是符合词义发展规律的。这样,我们就理清了"从"与"從"的关系:"从"与"從"是古今字,"從"表示的"随行"为本义,"从"表示的"相听"为引申义。这样就把看似不相关的两个词义联系起来,同时也清晰地揭示了"从""從"可归并为"从"的原因。

在汉语中,能够把"相听"与"随行"完美地结合起来的词非"听从"莫属。"听从"不仅从字面上能把"相听"与"跟从"联系起来,而且在意义上也完全匹配。"听从"就是"同意并跟从",而"同意"表示态度,而"跟从"表示行动。"听从"的这种身兼二职的特性就赋予了它承上启下的作用,成为从行动过渡到态度的纽带："听从"常以动宾结构的形式出现，比如"听从某人的意见"，很少做表语；而与"听从"的意义非常接近的"顺从"，其主要的句法功能则是做表语、状语或补语，比如"她很顺从""他很顺从地跟在后面""他表现得很顺从"等。

有鉴于"听从"的特殊性，所以《词典》收录的"听从；顺从（义项⑮）"也有着非常重要的地位。"听从；顺从"也是对"一人"来说的，不过这里强调的不是亦步亦趋的动作，而是转变为"一人"对"另一人"的态度，准确地说是"听从、顺从"的态度。很明显，"和顺；安顺（义项⑯）"、"通顺妥帖（义项⑰）"和"如意；顺遂（义项⑱）"都是从"听从、顺从"引申出来的词义。如：

（10）未嫁从父，既嫁从夫，夫死从子。（《礼记·丧服·子夏传》）（从：听从；顺从）

（11）君子入官有此六者，则身安誉至而政从矣。（《孔子家语·入官》）（从：和顺；安顺）

（12）贵在于意达言从，理归乎正。（《后汉书》）（从：通顺；妥帖）

（13）史兼执筮与卦以告于主人，占曰从。（《仪礼·少牢馈食礼》）（从：如意；顺遂）

而"任凭；听凭（义项⑲）"则是"听从、顺从"这种态度的一种极端表现形式："一人"处于一种身不由己的状态，任凭/听凭"另一人"摆布。在句式上常表现为"从+某人+动作"，表示"任凭某人做某事"。如：

（14）人影窗纱，是谁来折花？折则从他折去。（宋·蒋捷《霜天晓角·人影窗纱》）（从：任凭；听凭）

（15）从人笑我愚和戆，潇湘影里且妆呆。（元·鲜于枢《八声甘州》）（从：任凭；听凭）

4.2 着眼于"另一人"的词义

《词典》收录的"使跟从，使跟随。谓带领（义项⑥）"显然是"跟从"的使动用法，表示"使（一人）跟随"，转换成主动用法就是"带领"，那么"带领"的施事者当然是"另一人"，也就是说该词义既可以视为以"一人"为着眼点得到的词义，也可以直接视为以"另一人"作为着眼点的词义。与"跟随（义项②）"可以引申为"跟从者"一样，"带领（义项⑥）"也可以引申为"引导者（义项⑦）"。

（16）沛公旦日从百余骑来见项王。（《史记·项羽本纪》）（从：使跟从，使跟随。谓带领）

（17）宁戚欲见桓公，道无从，乃为人仆，将车宿齐东门之外。（汉·刘向《列女传·齐管妾婧》）（从：指先导；引导者）

4.3 着眼于"两个人"的词义

4.3.1 "两个人"为聚合关系

"从"的初文像"一人跟着另一人"，也就是"从"的字形是由两个人组成的。词典中的"聚合；归属（义项⑨）""古代算术中的术语。犹和数或乘积（义项㉔）"所表示的要么是"聚合"义，要么是"乘积"义，所以很显然这些词义并不是只着眼于"一人"或者"另一人"，而是把前后相随的两个人作为一个整体来看待，以此表示"和"或者"积"的概念。如：

（18）同类相从，同声相应，固天之理也。（《庄子·渔父》）（从：聚合；归属）

（19）相因以求从，相消以求负，从负相入，会一术以御日行。（宋·沈括《梦溪笔谈·象数一》）（从：古代算术中的术语，犹和数或乘积）

4.3.2 "两个人"为前后辈分关系

"从"的初文像"一人跟着另一人"之形，这两个人可以理解为前后传承的两代人，那么"从"就有了家族世系中辈分的意思，即"堂房亲属中的世、代（义项⑫）"。"从"之所以能表示"辈分"，还有另外一种解释，即"从"由两个人组成，而"两"常表示"多"义，所以"从"就可以表示由多人组成的一队人或者一群人，引申为一辈人。"从"表示"辈分"的这两种理据可以与"辈"表示"辈分"的理据互相印证。"辈"指车百辆或者分行列的车，从"分行列的车"可以产生"辈分"的概念；从"车百辆"可以"引申之为什伍（军队的编制）同类之称"（《说文解字注》），进一步引申为一群人，最终引申为一辈人。如：

（20）且柳氏号为大族，五六从以来，无为朝士者，岂愚蒙独出数百人右哉？（唐·柳宗元《与杨京兆凭书》）（从：堂房亲属中的世、代）

五、"从"的远引申义

上文分析的词义均为与"从"的本义"一人跟着另一人"关系相近的词义，而下文我们将分析与"从"本义相去较远的词义，主要是从本义引申出的动词性词义，以及从这些动词性词义几经辗转而成的虚词性词义。

5.1 从本义引申出的动词性词义

5.1.1 从"跟随"到"行走"

"从"的本义为跟随，跟随行为本身就是"行走"，这也正是后人创制"從"作为后起字的原因。而"行走"的结果就会"经由；经过（义项㉓）"一个地方，也可看作是到达这个地方，即"往就；到（义项⑧）"。如：

（21）今河所从，去大陆远矣，馆陶北屯氏河，其故道与？（北魏·郦道元《水经注·浊漳水》）（从：经由；经过）

（22）景公夜从晏子饮，晏子称不敢与。（《晏子春秋·杂上十二》）（从：往就；到）

5.1.2　从"跟随"到"参与"

"从"的本义为跟随，跟随行为可以视为与"引领者"一起做事，即"从事；参与（义项⑳）"。如：

（23）是犹贯甲胄而入宗庙，被罗纨而从军旅，失乐之所由生矣。（《淮南子·主术训》）（从：从事；参与）

5.1.3　从"跟随"到"遵循""采用"

如果"引领者"不是"人"，而是做事情所要遵循的原则或者方法时，那么"从"的"跟随"就可随文释义为"采用"，即"谓采取某种方针或方法（义项㉑）"。如：

（24）君子重德薄刑，赏宜从重。（汉·班固《白虎通·考黜》）（从：采取某种方针或方法）

（25）自晋来用字，率从简易。时并习易，人谁其难？（南朝·梁刘勰《文心雕龙·练字》）（从：采取某种方针或方法）

5.2　"从"的虚词义

汉语的介词大都是由动词虚化而来，而且不少介词还处于过渡状态，兼有介词和动词两种功能，如在、为、比、到、给、朝、经过、通过等。"从"也是如此。下面谈谈"从"由动词性词义进一步虚化而来的虚词性词义。

5.2.1　"从"的介词用法

"从"在《词典》里有四种介词用法：一是介绍动作行为发生处所的

"在；由"（义项㉕）；二是介绍动作行为发生时间的"自"（义项㉖）；三是介绍动作行为发生的对象的"向"（义项㉗）；四是介绍动作行为发生时凭借的事物或依据的"根据，依照"（义项㉘）。

5.2.1.1 表示"在；由"义

从上文可知，"从"可表示"往就；到"与"经由；经过"这两种意义，而"从"表示"在；由"的用法显然是由这两种意义发展而来。其中"在"应该是由"往就；到"引申而来，因为只有"到"了某个地方，才会产生"存在"的概念；而"由"应该是由"经由；经过"引申而来。如：

（26）晋灵公不君……从台上弹人，而观其辟丸也。（《左传·宣公二年》）

（27）恒大司马病。谢公往省病，从东门入。（南朝·宋刘义庆《世说新语·赏誉》）

5.2.1.2 表示"自（表时间）"义

"从"表示"自"的用法是由"在；由"义进一步发展而来。因为表示"在；由"的"从"为引入空间的介词，而表示"自（时间）"的"从"则为引入时间的介词；按照认知规律，"时间概念与空间概念相比更抽象且难以表述，空间以自身维度得以定义，而时间则需要借助空间概念得以表征"（彭丽，2015）。如：

（28）从今有雨君须记，来听萧萧打叶声。（唐·韩愈《盆池》之二）

5.2.1.3 表示"向"义

"从"是如何由表示"跟随"的动词逐渐发展为表示"向"的介词的呢？

这一转化可有两种不同的解释：一是按照动词转化为介词的一般规律（词义虚化而导致语法化）予以解释；二是由于观察角度不同而产生不同的词义：如果不强调"从"前后相随的动态意义，即不把"从"看作是前后相随的两个人，而是看作两个不动或者相对不动的两个人的话，那么此时两个人就是一个人"对着"一个人的关系，"向"义由此而生。其实简化字"对"也可以看作是通过两只手彼此相对来表示"对着"的词义。如：

（29）时有女子从康买药，康守价不移。（《后汉书·逸民传·韩康》）

总之，当"从"所引入的对象分别为空间、时间和人物时，"从"便有了表示"在；由""自""向"等不同意义的介词用法。

5.2.1.4　表示"根据，依照"义

汉语的介词大都是由动词虚化而来，这一点同样可以从义项㉑与义项㉘之间的关系反映出来。义项㉑为"采取（某种方针或方法）"，义项㉘为"根据，依照（某种事物或依据）"，二者其实在意义上并没有本质的不同，而前者为动词，后者为介词，主要在于"从"在句子中的句法功能不同。前者做谓语，比如"君子重德薄刑，赏宜从重"，"从"在句中是唯一的动词。后者做状语，比如"从所得多少赏若"，"赏"为谓语动词，而由"从"构成的结构"从所得"只是作为"赏"这一行为的依据。正是因为"从"在句中所处的这一次要地位，使得"从"的动作义逐渐减弱，由表示"跟随"义的动作动词逐渐虚化为表示"根据、依照"义的静态动词，再进一步虚化为引入动作行为发生时凭借的事物或依据的介词。如：

（30）若能入火取锦者，从所得多少赏若。（《列子·黄帝》）

5.2.2　"从"的副词用法

"从"可作为时间副词，有两种用法：一是表示"就；随即"；一表示"从来"。

5.2.2.1　"从"的"就；随即"义

"从"的本义为"跟、随"。一般而言，"追随行为"与"引领行为"之间不会有很长的时间间隔，"追随行为"通常是紧随"引领行为"而发生的，所以从"跟从，跟随（义项①）"引申出"就；随即（义项㉙）"是很自然的。如：

（31）长恶不悛，从自及也。（《左传·隐公六年》）（句义为：滋长了恶而不悔改，马上就得自取祸害。）

杨伯峻注："从，随从，犹今言跟着，表时间之速。"

5.2.2.2 "从"的"从来"义

"从"作为副词，其实是"从来"的缩略形式，而作为现代汉语时间副词的"从来（义项㉚）"，是由古代汉语中"从X（以/已）来"结构演变而成。"当句法环境并不要求明确这个介词短语的时间起点（X），而只单单表示从过去到当时一向如此，那么X就有了省略的条件，于是'从X（以/已）来'就省略为'从来'（连接性成分'以/已'在X消失时失去作用，自然不用）；这时'从'已经不具有独立性，'从来'就成为一个词。"（陈梦娜，2012）如：

（32）我家从没有人敢做这样事。（《儒林外史》第九回）

5.2.3 "从"的连词用法

"从"作连词，其实是"从而"的缩略形式，"从而"的早期形式不是词，而是跨层非短语结构。比如在"夫爱人者，人必从而爱之"（《墨子》）中，"从"是"跟随"的意思，"而"是顺接连词，作用是把"从（跟从）"与"爱"连接起来，"从"与"而"并不在同一个句法层次上，也不是同一个语法单位，"从而"是跨层非短语结构。

现代汉语中的因果连词"从而；因而（义项㉛）"就是由先秦时期的这类跨层非短语结构经过词汇化而形成的，即"因而""从而"分别由非语言单位（跨层非短语结构）发展成为语言单位（因果连词）。如：

（33）空林衰病卧多时，白发从成数寸丝。(唐·刘言史《病僧》之二)

在以上"从"的虚词用法中，无论是介词用法、副词用法还是连词用法，虽然与"从"的本义"跟随"已经相去较远，但是彼此之间的联系还是有迹可循的。

六、"从"与"纵"的关系

《汉语大词典》中列有"从Ⅰ""从Ⅱ"两个词条，"从Ⅰ"即为上文所探讨的"从"；"从Ⅱ"现写为"纵"，那么，"纵（从Ⅱ）"与"从（从Ⅰ）"是什么关系呢？

6.1 对"纵"本义的争论

《说文》："（纵），缓也。一曰舍也。从糸从声。足用切。"

《说文解字注》："缓也。一曰捨也。各本作舍也。由俗以舍捨通用也。今正。捨者，释也。"

可见，《说文》和《说文解字注》都认为，"纵"有"缓"和"舍弃"两种意义。而《字源》（第1134页）则只认可《说文》的"纵，舍也"，而不认可"缓"义；同时认定"纵"的本义为"放，发"，并以《韩非子·八奸》"纵禁财，发坟仓"（发放君主府库中的财物，打开大的仓库）作为佐证，将"释放、放纵、乱"等义视为引申义。

马叙伦（1985）则认为"纵，舍也"并非本义，"'一曰舍也者'，高山寺《玉篇》不引，今本《玉篇》有'恣也，放也，缓也，置也'四训。亦无'舍也'之训。此盖梁后校者所加矣"。

对"纵"之所以有"舍""缓"二义，朱骏声《说文通训定声》的解释为："凡丝，持则紧，舍则缓，紧则理，缓则乱。"

朱骏声的解释很有道理。纵，从糸，意味着与"丝线"有关，丝线的特点是能屈能伸，受力则绷紧成直线，松弛则容易成曲线，直线看起来条分缕析，而曲线则交错纷乱。考察"纵"在古代汉语中的用法可知，"纵"的常用义是松弛，即丝线放松之后的状态，也就是《说文》所说的"缓也"。丝线"松弛"的状态是两手放松的结果，所以"松弛"就与"放（松）"联系起来。两手放开从另一个角度观察的话，就是把拿在手里的东西"舍弃"了，这应该是《说文》认为"一曰舍（捨）也"的原因。比如"纵身一跃"中的"纵身"就是把绷紧的身体突然放开，这与"放箭"时放松弓弦同理，只是射出的不是箭，而是自己的身体。

6.2 "纵"的"直"和"合纵"义

"纵"的"直"义（"从II"义项①）源自"直线"，而"直线"正是"丝线"受力形成的；当然丝线不受力可能成直线也可能成曲线。至于丝线所成的直线是横线还是竖线，这在很大程度是人为规定的结果。历史上的"合纵"（"从II"义项②）把"纵"当成竖线，与当时秦国与六国之间的地理位置有关，秦国在西部，六国在东部，六国大致分布在从北到南的一条纵线上。

其实，"纵"的"直线"义也可看作由"从"得义，"从"为两人前后相随，因为两点成一线，所以，前后相随的两个人总能形成一条直线。如：

（34）艺麻如之何，衡从其亩。（《诗经·齐风·南山》）（从：直。南北曰从，东西曰横。）

（35）诸侯言从者曰"从成必霸"；而言横者曰"横成必王"。（《韩非子·忠孝》）（从：合纵）

6.3 "纵"的"放纵"义

人们常说做事"不能由着性子来""不能跟着感觉走"，意思是不能让"性子"和"感觉"代替理智来引领和主导我们的行为。人对外界的欲望是无止境的，如果我们只是跟着欲望走，一味听之任之，而不对各种欲望加以约束、限制，人就会为所欲为，做出各种违背法律和道德的事情，所以《礼记》

就明确提出了"欲不可从"的忠告。

"欲不可从"既可以说成"不能跟着欲望走""不能让欲望牵着鼻子走"，也可以说成"欲望不可以放开"，一旦放开，欲望就会不受控制，这样"从"就有了"放纵"（"从II"义项③）的意思。

（36）敖不长，欲不可从，志不可满，乐不可极。（《礼记·曲礼上》）（从：放纵）

6.4 "纵"的"纵然"义

黎锦熙（1924）把让步句归入主从复句的"连词细目"，认为"从句和主句立于反对的地位，但说者也承认容许从句事实或理由的存在，像是表示说话时的让步，所以这种从句叫作让步句，也称'认容句'"。黎先生将让步连词分为两类：一是认容连词，重在表事实上之认容，包括"虽然（虽、虽则）""固然（固是）""尽管""凭（任凭）""饶（饶是）"；一是推拓连词，重在表心理上之推拓，包括"纵令（纵然、纵）""就使（就、就是、便、便是、就令、即令、籍使、脱令）""哪怕（不怕）"。而将"无论（不论）""不管""凭（任凭）"归入无条件连词，并指出"凭（任凭）"通常用于让步句。如：

（37）纵我不往，子宁不来？（《国风·郑风·子衿》）

由"从"的义项⑲可知，"从"有"任凭；听凭"义。而"凭（任凭）"既可以作"认容连词"，也可以作"无条件连词"用于让步句。

由"从II（纵）"的义项③可知，"从"有"放纵"义。所谓"放纵"就是容许他人任意而为，容许就是容忍，容忍就是退让、忍让，简言之就是"让"，而作为从役使动词而来的让步连词"使""令"都有"让"义，这些包含"让"义的连词一般都属于让步连词。由"纵"与"使""令"构成的"纵使""纵令"属于同义复合而成的双音节连词，而"纵然"则属于由上古产生的连词"纵"附加词缀"然"而成的双音节连词。（周刚，2003）如：

（38）从其有皮，丹漆若何？（《左传·宣公二年》）（从：纵然）

杨伯峻注："从同纵，让步连词。言纵令有皮，但丹漆难给，将若之何。"

除由"纵"构成的让步连词以外，"饶"也属于广义的让步连词。在从实词到连词的演变规律上，"饶"与"纵"有着很高的相似性，二者可以互相佐证。

《说文》："饶，饱也。从食尧声。"从"饱"引申出"多""余"。如：

饶，多也。（《小尔雅》）
饶，余也。（《玉篇》）

从"多""余"引申出"宽（恕），宽（容）"。如：

日月不相饶，节序昨夜隔。（唐·杜甫《立秋后题》）

《助字辨略》："杨龟山云'外边用计用数，假饶立得功业，只是人欲之私。'此饶字，纵也，任也。饶得为纵任者，饶让也，让而不与之较，故得转为纵任也。假饶犹云纵令，设词也。"（王敏，2016）如：

（39）饶这么严，他们还偷空儿闹个乱子来。（《红楼梦》）（饶：任凭；尽管）

综上所述，"从II"（纵）所表示的上述意义，既可以从"从"的本义引申而来，也可以从"纵"的意符"糸"所具有的性质引申得来，因此，我们认为"纵"应该属于会意形声字。

七、结语

本文从形义关系的角度，分析了《词典》中"从"的诸多义项，但无论意义虚与实，均可找到该意义与"从"字形之间的联系。这使我们对于汉字"以形示义"有了更为深入的认识，那就是：人们对于同一个事物往往有多种观察角度，所以一个汉字的字形往往也可做多维解析，只要形义之间的联系在情理之中，有理据可言，形成的意义就是合理的存在。另外，"从II"（纵）的意义可以从声符和意符两方面获得解释，因此，不能简单地将"从"与"纵"归为同音（近音）假借关系，而若将"纵"看作是"从"的后起分化字可能更符合实际。

参考文献

[1] 陈梦娜（2012）《"从来"与"从来"句的历时考察》，浙江师范大学硕士学位论文。

[2] （清）段玉裁，《说文解字注》，上海古籍出版社，1988 年版。

[3] 汉语大词典编辑委员会（1997）《汉语大词典》，汉语大词典出版社。

[4] 黎锦熙（1924）《新著国语文法》，商务印书馆，1992 年版。

[5] 李小军、唐小薇（2007）因果连词"因而""从而"的词汇化，《淮北煤炭师范学院学报（哲学社会科学版）》第 2 期。

[6] 李学勤主编（2012）《字源》，天津古籍出版社；辽宁人民出版社。

[7] 马叙伦（1985）《说文解字六书疏证》，上海书店出版，根据科学出版社 1957 年版影印。

[8] 彭　丽（2015）中英文时间概念空间化的对比研究，江西师范大学硕士学位论文。

[9] 王　敏（2016）"饶"义探微，《语文学刊》第 9 期。

[10] （汉）许慎，《说文解字》，中华书局，2011 年版。

[11] 周　刚（2003）连词产生和发展的历史要略，《安徽大学学报（哲学社会科学版）》第 1 期。

[12] （清）朱骏声，《说文通训定声》，武汉市古籍书店影印，1983 年版。

汉语国际教育研究

从国际汉语教学①的独特性来
探讨国际汉语语法教学的模式

于　昆②

提　要　本文在将国际汉语教学与汉语作为母语的教学和在汉语环境下的汉语作为第二语言的教学进行对比的基础上，对国际汉语教学的特点进行了阐述，并结合本人对国际汉语语法教学问题的几点思考，探讨了以隐性习得为主，显性学得为辅的国际汉语语法教学模式及实践。

关键词　国际汉语；语法教学；显性学得；隐性习得

一、引言

自吕必松先生1978年提出"要把对外国人的汉语教学作为一个专门的学科来研究"以来，针对汉语作为第二语言教学的各种研究流派、方法论层出不穷，国家汉办也于2010年出版了指导国际汉语教学的通用大纲，这些研究成果都极大地促进了对外汉语教学事业的蓬勃发展。但是，由于国际汉语教学不仅区别于以汉语作为母语的教学，同时也区别于在中国本土所进行的对外汉语教学，其受母语环境中学习者自身的语言习惯、思维特点、和文化心理的影响更为明显和突出，因此有必要进行专门的探讨和研究。

本文以北美地区的教学实践为例，阐述国际汉语教学的独特性，并在此基础上，进一步探讨以隐性习得为主，显性学得为辅的国际汉语语法教学模

---

①　为区别于在中国本土进行的针对外国留学生的对外汉语教学，笔者在文中把在中国本土之外进行的以汉语作为第二语言的教学统称为"国际汉语教学"。

②　于昆，北京语言大学汉语国际教育学部汉语进修学院讲师。研究兴趣与研究方向：中国现当代文学和国际汉语教学。

式及其在教学实践中的具体操作。

二、国际汉语教学的特点

2.1 区别于以汉语作为母语的教学的国际汉语教学

国际汉语教学是面向以其他语言为母语的外国或者非汉民族的学习者，它与针对以汉语为母语的中国学生进行的语文教学有着本质上的不同。

2.1.1 教学对象和语言基础不同

国际汉语教学从最基本的汉语能力开发开始，是真正意义的零起点的汉语学习。学习者大部分在起步阶段对汉语都非常生疏，甚至从未接触过，学习中面临的首要问题是怎样以汉语为工具进行对话沟通。而汉语母语学习者已经具备基本的言语交际能力，在进行正规的学校语文教育之初，在日常生活中积累了大量的语料，从童年时期就已经培养起汉语语感，用汉语进行沟通和交流没有任何障碍。

2.1.2 教学目的和语言环境不同

随着科技发展、文化全球化和地球公民数量的日益增多，学汉语的需求也越来越大，五花八门的学习目的也层出不穷，对国际汉语教学提出新的挑战和要求。虽然这些汉语学习的目的千差万别，包括兴趣爱好、商务沟通、学业研究、工作联络等等，但究其根本是为了了解中国，了解中国文化，因此，学习者内在的语言文化环境就显得尤为重要，其业已形成的母语的语言思维、表达习惯、文化心理的影响，有可能是正迁移，但避免不了的是潜移默化的负迁移的影响，较于从汉语环境中成长起来的中国学生，很多母语者习以为常、司空见惯的语用规则、语法现象，在二语学习者那里，都成了问题甚至障碍。这就要求教师要具有跨文化视野，避免使用敏感语料，以防语言误解和文化冲突。

2.1.3 教学内容和步骤方式不同

母语学习者多是儿童，正处于语言习得期，有的是机会在实践中反复操练，经由老师、家长、朋友等多人的口头、书面多次勘误，方才定格成型。而国际汉语教学则要求内容密集，集中反应中国人的日常交际、社会生活、文化特点等；教学步骤高效精炼，在有限的课堂时空中，听说读写全部包括，要求汉语学习、操练甚至实践全盘完成。教学进度较快，学制以1～2年为主，强化、速成学习也比比皆是。正因为紧锣密鼓的教学节奏的要求，语言班的班级规模要小，学生人数一般会控制在20人左右。教师更需要因材施教、量体裁衣，在最短的时间内，了解不同语言背景下的学生的认知能力、模仿能力、记忆能力、兴趣着眼点、思考问题的方向、解决困难的思路，甚至个性特点等等。灵活掌握教学的时机和火候，把握教学方式，及时调整教学策略，满足学生们的需要，虽众口难调，也要调。

2.2 区别于汉语环境下汉语作为二语的教学的国际汉语教学

2.2.1 教学的社会环境不利

在汉语环境下的汉语作为二语的教学，即通常所说的在中国本土进行的对赴华留学生的汉语教学，也就是对外汉语教学。而国际汉语教学则是在中国以外的其他国家的汉语教学。相比于前者，这种在非目的语环境下的教学，本身是一种"先天不足"的汉语教学。学生接触汉语刺激的机会少，运用汉语表达的机会更少，缺乏自觉或自然运用汉语和感受中国文化的理想条件，基本依凭教师斧正、自我纠错和学习者之间的交流。而赴华留学生呢，沉浸在汉语环境中，不仅是听说读写等基础课循环教学、互为补充，全方位配合，同时还有大量可供选择的专项汉语课程，比如中国文化、习俗、中国国情、实况听力、实用语法分析、报刊阅读、HSK等选修课程，多课型之间全系统配合，全方位培养学生们的汉语思维。因此，在非目的语环境中，怎样能在有限的教学时间内，让学生们尽可能深入而广泛地认识和了解中国，并灵活掌握汉语知识及技巧则是国际汉语教学者思考的重心。选择中国人生活中最普遍的、最常见的、最通用的交际语料，方能保证学生在有机会进行实践交际的时候，可以直接进行最有效、最直接、最实用的表达。

2.2.2　受母语影响较大

在中国本土，教师为避免学生使用母语交流，往往要求来自同一国家、说同一种语言的学生要避免同座。但在北美教学中，这显然很难做到。在英语这个单一的语言环境中，母语影响更大，学生语用偏误更为集中，难点表现更为突出，有时一个学生一个错误，便会造成其他学生一连串的模仿失误。因此，教师就要着力于思考怎样尽量避开英语语言习惯或文化心理的负迁移的叠加影响，怎样引导学生用汉语思维，使生活交际与汉语表达无缝对接起来，在汉语的课堂上让学生"完全忘掉英语"，抛开这根拐杖。

2.2.3　课堂学习时间有限

汉语学习是需要时间成本的。从投入到汉语学习的时间比例来看，来中国进修汉语的学生大多是全日制的沉浸式的汉语学习，而在北美地区的汉语教学的周平均课堂教学时间则一般不超过10个小时，课下的预习、复习或者运用汉语的时间也很难达到理想的标准。教学时间如此有限、宝贵，教师所选择的是不是紧紧围绕语法教学、体现语法规则的典型语料就显得尤为重要。对于语料的利用和设计是不是最能让学生过目不忘的，无论何时使用都历历在目，声声在耳，虽不见得立竿见影，但却能真正地内化语法规则，让语感和语用习惯经久不衰。

2.2.4　汉语教学的普及率不高

汉语在北美仍然属于"非普遍教授语言"，是一种"真正的外语"（刘珣，2013）。与其他"亲属外语"相比，汉语与英语属于完全不同的语系，差别明显，教学上不具有优势，学生畏难情绪比较重，容易懈怠也容易放弃，特别是越到高级阶段，学生数量越发稀少。因此教师要常审视自己的教学，安排的内容是否有吸引力？是否有趣味性？是否有挑战性？是否有时代感？是否让学生有话可说，有感可发？是否含有相当程度的中国语言文化有效信息，让初级阶段的学生有了解、发现的渴望，让中级阶段的学生有答疑、解惑的需求，而让高级阶段的学生有探究、考察的乐趣，保持后劲儿和长性。

2.3 国际汉语教学的特点

如上所述，国际汉语教学既区别于汉语作为母语的教学，也有别于在中国本土进行的对外汉语教学。具体来说，有以下四个特点。

2.3.1 它不是知识型的，而是技能型的

国际汉语课堂上所涉及的语言点，不是用来研究的知识，归根结底是拿来用的技能，甚至说不只是学以致用，而是学而即用。这样才能使得最短时间内带来最高产出，迅速提高听说读写打多方位的运用汉语的技能。

比如，初级阶段需要开始进行的一系列技能训练有交换信息、记录留言、阅读语料、转述课文、听懂音像资料、汇报学习成果、描写介绍日常生活等等，高级阶段需要对社会话题、文化现象进行调查、讨论、研究、分析、汇总、报告，对文学作品的阅读、鉴赏、诵读、转述、提炼、仿写等，这些语言技能都需在课堂上现场操作、即时强化。

2.3.2 它不是讲授型的，而是交际型的

国际汉语课堂教学的操作模式，不应当是以讲授形式来完成的，因为学生并没有太多的机会和条件与课堂以外的说汉语的人群互练互助，大部分只能在课堂上实现交际，比如商品买卖、探访朋友、收拾房间、面试招生、旅行送机、问路找方向、找房屋中介、开设中国文化游园会等等，方便学生们进行表演、讨论、辩论、会话等，在接近真实的交际环境中进行交流互动，成功的国际汉语教学课堂，应当成为汉语交际的第一排练场。同时，配合课堂教学，鼓励学生主动去认识中国朋友，从跟中国朋友一起学习，做中文功课，与中国朋友交流日常活动、爱好，到中餐馆点菜、去中国商店完成购物任务，再到采访中国人，到与中国人进行辩论、合作完成话题讨论与调查任务。每次模拟实际的语言交际任务都是在课堂上开始的，并且在短期、高频操练中熟练掌握的。

2.3.3 它不是静止型的，而是活动型的

语言教学更应该是全身的运动，调动视、听、触、味等全方位知觉，在课堂上，鼓励学生从语音阶段就抬头说汉语，回头问问题，走动换信息，跑动起来采访调查，等等。课堂上学生的活动空间不仅局限于自己的座位，也不仅拘囿于课堂内的教学。课堂的桌椅也不建议以成列的、讲座式的形式来摆放，而是圆桌会谈式的、面对面式的、分区活动式的。因为国际汉语教学的课堂真正需要的不是安静的书桌，而是人声鼎沸的、热情洋溢的公共活动场所。如果所在的教学区域周边有中国饭店、商店、茶馆，或者有一些文艺演出场所可以展示中国的传统节庆舞狮、文化服饰等等，教师一定要介绍、邀请甚至组织学生亲身参与。学生只有有机会参与具有中国特色的社会、文化活动，才可能产生兴趣，并获得鲜活直接的感知，比如练习书法、学唱中国歌、模仿京剧步态、体验抖空竹、欣赏茶艺表演、试穿中国传统服饰、制作品尝中国菜肴等等。

2.3.4 它不是固定型的，而是再生型的

课堂教学的完成并不标志着汉语学习的结束，而只代表着学生运用汉语进行思维表达的开始，是语感的初创，是语料的初步积累，是语法结构的基本奠定，是语用表达的牛刀小试。学生不可能永远上中文课，也不可能永远都跟着老师学习汉语。课堂教学时间越是有限，就越要培养学生的自主学习能力、挖掘学生的自我表达欲望，他们从课堂上习得语用规则，也习得汉语表达的思维和方法，能够以课堂学习为中心辐射开来，编织属于自己的汉语语用网络。鼓励和协助学生准备自己的单词本，绘制自己的语法结构示意图，组织和整理自己感兴趣的语料合集、编辑出版班级同学优秀中文创作集等等，均有助于培养和开发学生的语言习得和接受的能力，有助于激发和促使他们把汉语学习作为伴随终生的语言、文化历程。

简言之，国际汉语教学就是训练学生的技能、引导学生交际、组织学生活动、培养学生汉语思维的过程。从这种意义上说，国际汉语教学不单单是一门语言课，更融合了训练课、实践课、运动课、拓展课的特点，力求把学

生充分地调动起来，课堂气氛愈活跃，学习收获愈大；愈热闹，教学效果也愈佳。

三、国际汉语语法教学的模式

3.1 关于国际汉语语法教学的思考和建议

国际汉语教学具有区别于汉语作为母语的教学和在中国进行的对外汉语教学的独特性，那么在这个大的教学背景下，语法教学应该教什么、怎么教呢？在这里需要重温两个概念：理论语法和教学语法。顾名思义，前者偏重于理论性，是将语言作为一种规则体系来挖掘，其目的是探索语法知识，是分析的语法，研究的语法。而后者则是将语言偏重于实用性，作为一种运用工具来传播，其目的是活化语法规律，是组装的语法，交际的语法。（赵金铭，1994）那么，由这两个概念就引出对于以下三个问题的思考：

第一个问题：既然理论语法作为汉语语法之"本"，直接教授理论语法，行得通吗？当然不行，理论语法如果不加以设计就像茶壶里的饺子，是无法直接倒给学习者的。而教师的作用就是把这饺子加工、煮熟、装盘，以学生消化得了的方式呈现出来，并帮助其咀嚼消化完全。也就是说，把理论语法与教学合理衔接，适度、适时、适量地转化为教学语法，让抽象的理论语法更实用、更活化，使之付诸交际活动，是语法教学的基础任务。

第二个问题：既然教学语法与语法教学紧密相连，是语法教学的依据，那是不是要照本宣科，按语法书中编排的顺序依次进行教学呢？当然不是。国际汉语语法教学是向学生传授在某一阶段或某一特定场合中所需要的语法规则的教学活动，必须有所甄别和选择，既要参照权威的指导纲要，比如《国际汉语教学通用课程大纲》（国家汉办，2010），又要借鉴当地成熟的、成功的汉语教材的编写经验。编写者们基于课堂实践和调查实证，为教学提供了有力的参考，教材中所涉及的语法教学的重点与顺序，一般来说，也是比较科学和完善的。

第三个问题：储备丰富的理论语法，熟知实用的教学语法，是国际汉语教师最基本的素质。那么，教师掌握了理论语法和教学语法，是不是就足够了呢？当然不够。陆俭明（2000）曾提出语法教学的三要素：1）汉语本身。汉语中哪些语法是必须而且是急需教给学生的？2）汉语和母语（以英语为例）的异同。汉语和母语在语法上的共同点是什么？最主要的差异在哪里？哪些差异会特别影响学生对汉语的学习？3）学生在学习过程中出现的语法错误。学生最容易、最经常犯的语法点是什么？只有教师对汉语的语法体系、内在关联和使用规则，与英语语法有何区别有着深透的了解，才能更准确地体察和分析学生出现语用偏误的理论根源。对北美学生来说，形容词谓语句，句子的语序，量词、语气词的合理使用，动词的各种补语的正确结构，动态助词"了""着""过"，结构助词"的""地""得"的用法区别等都是教学的重点和难点。

综上分析，在非汉语环境中在有限时间内进行的国际汉语教学，对教师提出了更高的要求。具体来说，国际汉语教师要着力做好以下四项工作。

3.1.1　创设接近自然的教学情境

美国本土的汉语学习者少有机会去接触中国实况和面对面感知汉语的实际应用情境，无法通过频繁的交流发现自身在实际运用汉语交际过程中的失误和障碍，基本依靠的是课堂上短短几十分钟的教学情境来了解和熟悉汉语，因此，课堂上要结合教学和教材设置的需要创设接近自然的、生动的情境：庆祝生日，练习去别人家做客与交谈（学习时间的表达）；制作中餐，学习中餐的名称与特殊加工要求（学习"把"字句）；模拟旅游，熟悉怎样问路和办理手续或看懂风光片或纪录片（学习方位短语）；等等。

3.1.2　积累符合生活的话题语料

教师要选用符合当代生活、贴近学生生活的语料素材。如果发现教材中提供的数据、说明甚至观点过时，就要实时更新，随时注意搜集和整理更即时、更科学的真实语料，更要调动学生来搜集和提供流行的观点与具体的背景资料，学用结合，事半功倍。比如租房子（学习量词）、看医生（学习结果补语）、谈爱好（学习时量和动量补语）、交流生活经历（学习结果补语），再比如高级阶段介绍自己所在的城市的变迁（学习承接复句）、展示自己喜爱的物品并借物喻己（学习解说复句）等等。这些展现人类思维共性，体现学生个性，符合学生审美心理，为其喜闻乐见，与其心灵相通的话题点，会让他们看之有感、学之有用、言之有物。

3.1.3 梳理适合交际的语用表达

北美学生初次接触到语料，往往由于对汉语的表达不熟悉，导致在具体语用中语无伦次、没有头绪，甚至会觉得越自由、越开放性的回答越好，这一点越到高级阶段表现得越明显。这也提醒教师在教学中，越早开始，越及时地、越习惯性地帮助学生梳理适合表达的语用规则，越值得提倡。以探讨社会话题的课文为例，其至少包括这样几方面的内容：引出问题、发现问题、分析问题、解决问题。教师不妨播放反映该话题的纪实影片，启发学生根据课文提炼表达线索，讨论改变这一个局面的办法。每一帧图片的甄选，每一步的总结、提炼、扩展，都是在帮助学生梳理表达中的典型、规范句式。学生在研究、分析和探讨中自然而然地学习和练习了怎样介绍社会历史事件、整理调查结果、分析原因以及提出倡议。教师看似不动声色，实则煞费苦心的设计，帮助学生自行发现和总结了语用表达的方法和思路。

3.1.4 培养发展语言的生成能力

如何最高频率地复练语法点，减少无效信息的输入，最大限度地发展学生的言语能力，完美设计和完整规划阶段性教学也是教学成功的关键。比如，讲"运动"一词的时候，教师可以展示各种运动的图片，帮助学生记忆运动类词汇。其实也可以试试头脑风暴，对已学过的词语扫荡的基础上，组织学生循环使用相应句式互相采访，比如：你喜欢什么运动？你每天都运动吗？你今天运动了没有？做了什么运动？运动了多长时间？（包含语法点："每天……"、"了"的两种用法以及时量补语等）。这样，不仅学习了生词，也复练了已学句式，将这些新旧知识点有机联系整合，合理扩展迁移，课堂教学时间利用得"物超所值"。

3.2 关于国际汉语语法教学模式的探讨

国际汉语语法教学中，教师需要利用实景、实境、实况激发学生的实感，水到渠成，导引学生自觉以至自然运用汉语表达，扩展语用，同时也要简洁、明晰地展示语法点，精炼整合语言规律，使得整个学习过程一脉相承，步步衔接，使学生一方面感觉不到在学习，另一方面又能清楚地意识到自己学习了什么。根据Krashen（1985）提出的"学得—习得"说，这种无意识的、学习者自身难以觉察的自发的语言表达是一种"习得"的过程，而"学得"则是由教师讲解，学生有意识地练习、记忆语法概念的方式。而R. Ellis（2009）则把这种给学习者创作条件，引导其在没有意识参与的情况下推断和掌握语言规则的教学定义为隐性教学，而鼓励学习者发展关于语法规则的元语言意识则称为显性教学。综其二者的阐述，笔者认为，成功高效的国际汉语语法教学应当是一种隐性习得为主、显性学得为辅的教学模式。

3.2.1 隐性习得和显性学得的概念分析

隐性语法习得，就是有意培养二语学习者的语言感受和运用能力，只提供给其学习资料和条件（教材参考说明、媒体文件演示、设置语言情境等），并不明确指出其中的语法知识，而是引导其自然表达，从信息中整理归纳出语言规律，进而习得其中所隐藏的语言技能。隐性语法习得旨在有意培养学生的汉语语感和表达能力，引导学生自己发现语言规律，做到脱口而出，而且触类旁通。学习者自己总结出的知识不容易遗忘，记忆时间长，受年龄、智力的影响较小，个体、群体的差异也不大，也没有明显的跨国界的区别。不可否认，这是一种最接近母语习得的二语习得模式，教师可以尽量地在教学中无限尝试接近这个状态。但是，实际上，完全的隐性语法习得只能说过于理想化了，教师绝对地一言不发、一句不点语法规则是不可能的。而且，实验证明，这种二语习得模式的完全实现只能是在儿童习得二语的时候才有可能实现。汉语学生本身的年龄段、语言学习环境、专业知识背景、个人获得知识的方和需求等，决定了每个人的语言分析能力是不均衡的，而且大部分是"业余选手"，进行的是非专业、非全日制的、非沉浸式的汉语学习。如果教师在课堂上，单纯强调隐性语法习得，很难保证所有人的学习效率和足量的语言输出，这就必须要求有显性语法学得的配合。

显性语法学得的具体操作就是教师点明语法要点，提示语言规律，在课堂上表现为板书语言点，对基本的语法结构做出标识，强化复练语用规则。目的就是在于指导二语学习者准确地知晓学习内容，并清楚地意识到学习思路，同时，教师还要通过一些显性学习手段（记忆技巧、启发方式、认知策略等）对学习者进行训练和指导，使其获得相应的语言表达技能。（Reber，1967：93）需要强调一下，语法学得是不是就要教师条分缕析地讲解语法呢？当然不是，语法教学越讲解越抽象，越偏离实用性，特别是在学生语言水平不够的情况下，教师再借用中介语说明，学生很可能与汉语就更隔了一层。教师对语法要点到为止，以学生为主体，利用和发挥学生的类推能力和范畴化能力，以及学生之间的互为辅助、互为补充，达到其理解、运用语法，实现自由表达的目的。

需要特别说明的是，在多媒体环境下的现代语言教学环境，教材教参（大部分教材，特别新近出版的教材，总的趋势就是都有配套参考书，并且还提供有英文注释，甚至有的配有介绍文化背景、历史来源等电子资料）、媒体环境（图片、视频、汉语教学网站、教学软件等）为汉语教学注入了新的活力，成为课堂教学的有益补充，保证了隐性语法习得与显性语法学得的高效配合，相得益彰，课堂内外双线并行，不仅有效节省课堂教学时间，更在最大程度上扩展了教学空间。

3.2.2 隐性语法习得为主，显性语法学得为辅的国际汉语语法教学模式的实例分析

3.2.2.1 语法导入问题化

直接运用语法点来解决问题，获得上下文使用背景和丰富的语料，对学生理解和运用语法是很有帮助的。

例如动词"着"的教学，教师可以专门穿戴特征明显的服饰，引导学生逐步观察、表达，熟悉基本句式。曾有教师设计过寻人启事和机场接人的课

堂环节，效果非常好。警察找寻走失的孩子、机场帮朋友接人都需要详细询问对象的外貌体征和穿戴。学生练习提问和回答实际上就是在重复操练句式的过程。教师总结学生的笔记，并简明扼要地在黑板上列出基本语法结构："V着……"，整个教学一气呵成。

3.2.2.2 语法结构形象化

通过生活实景、交际实况让语法自己"说话"，活起来，让学生能够看到、听到、感觉到，从而使模仿和应用变得容易起来。

趋向补语的教学向来是北美教学的难点。汉语里动词和趋向补语的语序和英语正好相反。如何避开英语母语的影响呢？不妨通过活动来直接演示。可以把教室里的桌椅围成房间，教师站在里边，学生在外边，通过手势表示向自己的方向而动为"来"，离自己的方向而动为"去"。熟悉了两词的动词用法后再引入其作为补语的用法，则"顺理成章"，做补语的"来"和"去"，与其动词原义仍然是关联的，标示着动作的趋向。随后，引导学生分别做出"进"和"出"两个动作，向着老师的方向进房间就是"进来"，反向就是"出去"；对于圈外的学生来说，向自己的方向出房间就是"出来"，反向则是"进去"。这样通过师生、生生交换位置活动反复描述，以板书"V来/去"加以强化，完成教学，有效避免学生的语用偏误。

3.2.2.3 语法解析根本化

提供背景资料，让学习者去发现"语法点"的实质，甚至是"语言点"的根源，让这个语法点在学生心中扎下根。

例如：关于"有"这个语言点，学生常见的错误是说成：我有睡觉，我有吃饭，我有上课，等等。但是，如果展示一下古汉字"有"字的构成，上角是手，下角是肉月，其本意是表示手里握着什么东西。它是直接与一个人有什么、一个地方有什么这样的意思联系起来的，便可有效避免把"有"字和动词连用来表示完成的语用偏误。

3.2.2.4 语法展示符号化

用符号展示强化语法的记忆，突出记忆的重点，是在北美地区较为常用的、特别是针对成年汉语学习者颇为有效的一种方式。

以最基本的主谓宾结构的句式教学为例。在此阶段，教师可以每日在黑板最醒目的地方板书"S+V+O"这一结构，来配合课堂教学活动，贯穿整个教学。随着学习的深入，再不断补充定语、状语、补语等句子成分，突出了记忆重点和线索，特别是对熟悉字母的北美学生来说，更是倍感亲切，易于接受。教师根据学生的母语思维习惯采取适合当地教学的书写格式，自成脉络，便于学生理清思路，并且不断充实表达，复练强化。

3.2.2.5 语法结构图像化

把抽象的语法结构具象化是展示和引导学生使用那些在表达结构上与英语差别较大的语法点的捷径，是化零为整、化繁为简的必要途径。

以比较句的教学为例。比较句的英语表达和汉语区别较大，仅通过翻译或强调二者在用法上的不同，既不易掌握，也容易遗忘。汉语的比较句的结构体现了中式的思维习惯，就是先行比较两个事物，其后是比较的结果。因此，板书需要呈现这一思维过程，把"比"字写在黑板的中间，左右两边不断地替换学过的名词进行比较，如学生比老师、北京比纽约、汉语比英语、第一课比第二课……可以比较高矮、大小、多少、难易、轻重等等。继而一步步推进，A比B高，A比B高多少呢？A比B高一点儿。经过测量又可以知道，A比B高一厘米。A很高，B也很高，A比B更高。虽然表达得越来越细致，语法格式的标识也越来越复杂，但都是在无形中加大了难度，加深了印象。

3.2.2.6 语法操练程序化

对于汉语中"一目了然"的语法项目，可以直接进行机械化的、程序化的操练，帮助学生建立视觉印象和肌肉记忆。

这里要提到的是数字的教学，有的学生会因为对数字不是十分敏感，换成汉语说便会更觉得绕弯。其实，相比于英语，汉语的数字表达是十分简化、直接的。在北美的汉语教学中，在语音阶段就已完成了十以内数字的卡片认读和练习。熟知以后，教师在黑板上列出纵横两轴，横轴1—10，纵轴10—90。在个位数字的基础上，再加上"百、千、万……"，逐位顺说，学生甚至会觉得汉语的数字、日期的表达比英语更规范，像电脑程序一样，依次输入即可。

以上是笔者根据个人在北美地区的教学实践列举出的一些行之方便、用之有效的方法，在其他国家和地区教学的一线教师则需根据当地的语言习惯、班级构成、课程设置等合理筹划和组织课堂语法教学。

四、结论

国际汉语语法教学作为一种针对身处不同国家/地区的学习者的第二语言教学，是极具"个性"的语言教学，这在根本上要求教师必须紧紧围绕学习者自身的特点不断摸索探究具体的方法和策略进行语法教学，以求更深入地挖掘学生无意识的"隐性习得"的潜力，也更广泛地开发其有意识的"显性学得"的能力，并最终促进和实现两者的转化和融合。

参考文献

[1] 刘　珣（2013）TCSL 教材的发展趋势，第三届中加汉语教学研讨会论文，加拿大华文教育学会。

[2] 陆俭明（2000）"对外汉语教学"中的语法教学，《语言教学与研究》第 3 期。

[3] 吕必松（1978）北京地区语言学科规划座谈会简况，《中国语文》第 1 期。

[4] 赵金铭（1994）教外国人汉语语法的一些原则问题，《语言教学与研究》第 2 期。

[5] 国家对外汉语教学领导小组办公室（2010）《国际汉语教学通用课程大纲》，北京：外语教学与研究出版社。

[6] Ellis，R. et al. Implicit and Explicit Knowledge in Second Language learning, *Testing and Teaching*. Bristle: Multilingual Matters.

[7] Krashen，S.D.（1985）*The Input Hypothesis: Issues and Implication*. London:Longman.

[8] Reber，A.S.（1967）Implicit Learning of Synthetic Language: The Role of Instructional Set. *Journal of Experiment Psychology: Human Learning and Memory*, 2: 93.

初级汉语综合课课文教学中课堂活动的设计

沈红丹[①]

提　要　本文以初级汉语综合课课文教学为例，从当前对课文教学的两种错误认识出发，明确了课堂活动设计的重要性；总结了目前常用的课堂活动，并进行评价；讨论了如何设计有效的课堂活动，并提出四点基本原则。

关键词　初级汉语；综合课；课文教学；课堂活动

一、引言

汉语综合课一直是国际汉语教学的主干课程。综合课的教学环节一般包括复习、生词、语言点、课文、综合运用等，其中，课文教学无疑是核心环节。"课文在语言教学中具有包容性和多元性"（杨惠元，2010）。课文包含语音、词汇、语法、功能以及文化、现实情况等各方面内容，它是教材的核心。一节综合课中，无论是语音、词汇，还是语法教学，都要为课文教学做铺垫，而反过来，课文教学也要服务于其他几个方面的教学，比如：巩固、加深对词语和语法的理解和运用，提供本课知识点运用的恰当语境；为综合性的语言技能训练提供一个可模仿的范例；为语言交际技能训练提供表达框架和素材，培养学生成段表达的能力；为了解中国文化打开一扇门，多层面、立体地了解汉语；等等。无论是语言知识的学习、语言技能的综合训练还是语言交际能力的培养，都离不开课文。

尽管在汉语综合课中课文处于教学的核心地位，但是在实际教学中，却

---

①　沈红丹，北京语言大学汉语国际教育学部汉语进修学院讲师。研究兴趣与研究方向：国际汉语教学。

常见两种认识误区：一是过于重视课文的地位，在课文教学上花了大量时间，却仅仅把教学目标定位在学生能够复述或者背诵上，练习形式比较单一、机械，这种简单的教学方式效果当然不佳；二是认为课文是"课堂汉语"，和实际的交际语言不一样，缺乏交际性、实用性，因此轻视课文教学，仅仅将课文当作阅读材料处理。这两种错误认识都会影响到教学的实际效果。

从学生的角度而言，课文是学生走向实际语言交际的必要台阶，它给学生提供了一个可以模仿和参照的交际语言范式。学生首先要能够模仿这个语言范式尝试表达自己的想法，克服语言表达上的困难和心理障碍，建立起足够的信心，才能逐步达到自由表达的学习目标。因此，教师在课文教学时，不应仅仅满足于掌握课文的知识，学生能复述或者背诵，或者机械模仿表达，更重要的是要培养学生的交际能力，让学生真正会用，而达到"会用"的关键一步就是设计恰当有效的课堂活动。

二、初级汉语综合课课文教学中课堂活动的类型及评价

课堂活动是指在课堂教学环境中的教学活动，一般由教师针对当课的教学目的设计、安排。那么，在初级汉语综合课的课文教学中，常用的课堂活动有哪些呢？我们不妨先做一个大体的总结与评价。

课堂活动按照教学目标大致可分为两大类，一类是用于理解、掌握课文内容的课堂活动。举例如下：

1. 朗读课文。朗读是课文操练的第一步，包括领读、跟读、齐读、分组读、默读、个别提问读等。每种朗读的方式都有它的功用，教师可以根据需要选择并安排顺序。

2. 背诵课文。这种方法多用于句型阶段。句型阶段的学生掌握的汉语句式较少，还不能或者比较难自主表达，让学生背诵课文，是一种有效的模仿方式。同时，句型阶段的课文短小，句式简单，也比较容易背诵。背诵课文可以培养学生的语感，加深对课文的理解，增加他们学习汉语的信心和勇气，获取一定的成就感。

3. 复述课文。复述不等同于完全机械背诵，而是学生在不改变课文大意的基础上，按照一定的逻辑框架，重新组织语言，重述课文内容。复述是学生能够自主表达的必要阶梯。留学生们开始练习复述的时候可能会没有信心，看着一大段课文会问："怎么可能都说下来？"教师要耐心引导他们放下顾虑，通过一步步的设计，把"不可能"变成"可能"。复述时老师的引导设计非常重要，可以采用"脚手架"式的教学方法，先通过板书或者ppt给出表达框架、关键词或者是重点句式，给学生搭建起复述课文的脚手架，在练习的过程中逐渐减少这些辅助，最终达到能够熟练、自主复述的教学效果。这里列举几种复述的方式：

（1）挖空儿复述。教师将原文挖出一些重点词语，学生边复述边填空。可以做成阶梯式，先挖一些词，练熟了以后再挖短语或者小句。

（2）关键词复述。这一步可以作为挖空儿复述的升级版。教师给出一些关键词，学生复述时可以看着这些关键词作为提示，并且必须用上它们。

短文阶段课文较长，很难做到全篇复述，且这样做的意义也不大，因此可以选取其中的一两段进行复述训练。教师切忌不要一句一句地教学生复述，这样语篇之间的衔接会被完全破坏，而语段表达正是短文阶段的重要教学目标。教师可以按照情节或者文章的脉络，将较长的段落分成几个语段，然后一个语段一个语段地进行复述训练。

（3）情节句复述。分为提纲句复述或者问句复述。提纲句复述就是将课文内容提炼为几个关键句作为提示信息，问句复述就是用问题做引领。这个方法的难点在于没有辅助的表达框架，学生需要先从情节句中提炼信息，然后再自己组织语言成段表达。

（4）转述、转写。转述或者转写能够提高学习者表达的流利度和准确度，用于口语成段表达训练、写作训练、词汇训练有明显的效果。这种操练的方式有一定的难度，学生可以用小组合作的方式进行。转述后每组选一名代表到前边来汇报；转写则可以让小组成员共同写在一张纸上，任务完成后把写好的作品贴在教室的墙上展示。要注意的是，做转述或转写的时候教师要有一些控制手段，不可过度"放开"。比如设计一些问题做引导，转写前教师要和学生们先进行充分的讨论，或者展示一篇范文，有条件的也可以请几名助教或者中国学生到每组提供现场帮助。

4. 角色扮演。根据课文内容，分角色进行表演。对话体的课文基本上就是学生分角色，按照课文原文的语句进行表演。叙述体的短文，则需要老师引导学生先将叙述体改成对话体，然后再进行表演，但是基本上都是限于课本内容范围内。要注意的是，这种操练能否进行顺利或者有效受学生的个人喜好影响，对于那些个性拘谨或不喜欢公众表演的学生，这个练习形式就不适合他们。在实际教学中，许多教师将角色扮演这一练习形式仅仅用于对课文的一种变化形式的复述，学生练习的时候，模仿的比例大，自主表达的度比较小。学生们表演时由于对自己的能力信心不足，会依赖于课文中的原句，做一些小的改动。这种情况下，尽管表演的时候很热闹，但是学生得到的学习满足感并不强，对语言能力的提升帮助有限。因此，如何合理地设计、恰当地使用是这一课堂活动成功进行的关键。

第一类课堂活动的目标是让学生学习、理解课文的知识和内容，而第二类课堂活动的目标是让学生真正走向"会用"。毋庸置疑，第二类课堂活动是在第一类课堂活动充分实现的基础上进行的。一般是教师针对课文设计综合性的课堂活动，引导学生以小组活动的方式展开。举例如下：

1. 创意角色。创意角色是以课文中的某个情节为基础，学生自己设计台词，用汉语创意情节发展。课堂上，教师可以引导学生们展开想象，大胆创意，并在课上展示，有条件的话也可以让学生们录制成一个表演短视频。

2. 课文话题讨论。教师根据课文内容，设计一些有思辨性的问题让学生们讨论，或者全班讨论，或者分组讨论，对汉语水平较高的学生也可以设计成辩论赛。

3. 课文故事续说。学习完课文后，针对故事的结尾设计一系列延伸问题，引导学生去思考：课文的故事情节会朝着哪个方向发展？然后让学生们以表演或者写故事的方式呈现。

4. 改写课文故事。学习完课文学生们会对课文故事产生种种评论或者疑问，那么教师可以顺势利导，让学生以自己的想法去改编课文。

5. 调查。这里指课上调查，根据教学需求的不同，调查的形式也应该有变化，包括：分小组进行组内调查；或者不分组，每个学生自己选择班级里的几个学生作为调查对象；也可以由一到两名学生到讲台前边来，对全班学生做集体调查。

比如，在学习一篇有关养老话题的课文时，可以在班级内分小组调查，组长作为调查员，教师事先做好任务单，组长按照任务单上的提示调查组员，调查结束后组长汇报调查结果。再比如，学习一篇有关盗窃案的课文时，教师可以请两名学生到前边来组织，就"谁是盗贼"这个问题对全班同学做一个民意调查，然后根据调查的结果做推论。

三、初级汉语综合课课文教学中课堂活动设计的原则

如何设计有效、合适的课堂活动，要根据具体的教学情况和要求而定，至少应该遵循以下几个原则。

3.1 目标性原则

在设计课堂活动时，教师首先要有明确的教学目标。这是设计之前必须首要考虑的因素，也是活动能否有效的关键，切忌只为了活跃课堂气氛设计一些华而不实的活动。

教学目标的设定和理解取决于教师的教学理念。关于教学理念，教师的教学理念包含着其对职业性质、教学对象以及教师自身角色的认知，会映射到其教学设计和教学行为中。因此，在设计课堂活动时，教师应该明晰自己的教学理念，做到"三思"：设计之前，思考这个课堂活动的教学目标是什么；设计中，思考所设计的课堂活动能否实现这个目标；活动进行后，反思这个活动是否达到了教学目标，有哪些不足需要改进。

3.2 可操作性原则

教师在设计课堂活动时，要有足够支撑活动进行的内容细节，步骤明确、

合理，这样活动才有可操作性，这是课堂活动得以顺利进行的基本保障。

在内容设计上，要注意两个问题：一是有知识性的限定，比如提供关键词、语言点、表述框架等。二是提供充足、必要的情节，让学生可以有的放矢，而不是拿到任务却不知道如何做，或者只能想出一些单调而简单的情节，不能达到预想的效果。

课堂活动的步骤一般应至少包括如下几步：

（1）引入。作为课文学习内容和活动之间的台阶，教师要快速引导学生从课文学习步入课堂活动环节中来。

（2）讨论。通常以教师为主导的问答方式展开，帮助学生们进行头脑风暴，打开思路并补充相关的词汇、表达句式等语言知识。

（3）说明或者示范。教师最好设计一个活动任务单分发到各组，同时对活动的具体细节做必要、充分的说明，特别是对于汉语水平较低的学生，教师需要做一个示范来指导。

（4）分组演练。在各组演练时，教师要以观察员的角色到各组巡视，必要时提供帮助或者建议。

（5）展示。学生分组演练后，就可以进行成果展示了。展示的时候要尽量做到公平，给每个学生参与的机会。如果时间不允许，那么可以设计每次的展示由不同的学生负责。这样才能让每个学生都得到锻炼，产生成就感。

（6）评价及反馈等。评价包括教师评价和它组成员的评价，反馈是指展示组成员对活动的自我反馈。其中教师评价是必需的，要注意的是，教师既要积极地鼓励学生，也要指出学生的一些问题，让学生能够在愉悦中改正错误，取得进步。

3.3 交际性原则

课堂活动设计的交际性原则体现在设计的活动既要具有交际性，又要具有现实意义。

这里的交际性可以从两点来理解：一是所设计的活动要合理，符合学生的汉语水平、身心发展、年龄、兴趣、需要、生活经验等，正所谓"因材施教"，只有符合学生的客观条件，学生们才有可能顺利完成活动；二是这个课堂活动要有实际交际意义，即教师应设计能够在真实生活中会发生的、合情合理的交际性活动，绝对不能为了练习而练习，那种只是为了配合某个知识点而设计，在现实生活中不会或者很少发生的活动是缺少实际交际意义的课堂活动，对培养学生的语言交际能力不能起到很好的教学效果。"对外汉语教学的目标是培养学生运用汉语进行交际的能力，而交际能力是在具体的交际实践中形成的。因此交际既是学习的目标又是学习的手段。"（李泉，2010）

所谓现实意义，是说设计的课堂活动要考虑到加入当前的现实元素。现实元素包括当前社会生活的现实信息、目的语的文化信息、全球化的相关信息等。也就是说，课堂活动的设计要与现实社会相关联，能够增进学生的社会、文化意识。课堂活动内容丰富、有现实意义，才能最大限度地激发学生的兴趣，主动参与到活动中来。

3.4 效率原则

设计课堂活动时还应考虑到一些必要的参数：时间、人数、参与度、强度等。一个成功的课堂活动应该能够在限定时间内顺利、充分地完成，应该是每个学生都参与其中并获得学习的满足感，应该是在活动进行中学习者专注参与、言语交际活动达到足够强度的课堂活动。

四、结语

本文所讨论的原则虽然是以初级汉语综合课课文教学为例，但是对于其他类型的教学设计也具有启发性和普适性。课文教学是综合课的核心环节，课文教学环节中课堂活动的设计是一节课成败的关键，因此，教师们总是会力求完美。实际上，对于教学而言，没有完美的教学设计，教师始终是走在接近完美目标的路上。学无止境，教亦无止境，教师不仅要及时进行教学反思，总结错误、整理经验、修正设计，还需要深入学习理论，提高科研能力，不断完善、明晰自己的教学理念，寻求在教师这一职业发展上的不断提升。

参考文献

[1] 李　泉（2010）汉语综合课的性质和特点探讨,《海外华文教育》第 3 期。

[2] 杨惠元（2010）综合课教学要处理好的十个重要关系,《语言教学与研究》第6期。

学习理论在对外汉语课堂中的运用分析

——以杨雪梅中级汉语（下）教学为例

许宏鉴[①]

提要　学习理论是揭示学习规律和学习条件的理论，它是教学理论和教学实践的重要依据。根据不同的研究视角、理论基础，学习理论也出现了不同的流派，其中影响比较大的有行为主义、认知主义、建构主义和人本主义学习理论。各种理论从不同角度研究学习的规律，同时也给教学提供了很多有用的借鉴和理论支持。本文对一名优秀对外汉语教师的教学过程进行分析，考察学习理论、学习的原理与策略在教学过程中的运用。

关键词　对外汉语教学；学习理论；行为主义；认知主义；建构主义

一、引言

学习理论是心理学的一门分支学科，是对学习规律和学习条件的系统阐述，它主要研究人类与动物的行为特征和认知心理过程。由于研究的视角、方法各异，产生了不同的学习理论流派，主要有行为主义学习理论、认知主义学习理论、建构主义学习理论和人本主义学习理论等。不同的学派对学习的定义不同，大致可以分为三类：（1）学习是指刺激—反应之间连接的加强（行为主义）；（2）学习是指认知结构的改变（认知学派）；（3）学习是指自我概念的变化（人本主义）（施良方，2001）。学习理论和教学理论关注的视角

---

①　许宏鉴，北京语言大学汉语国际教育学部汉语进修学院，讲师，研究方向为对外汉语教学、第二语言习得、加工，心理语言学。

不同，但是教学理论应该基于学习理论研究的成果，为学生创设更利于学习的环境和条件，并采用适当的教学手段。不同的学习理论虽然视角不同，但是在教学中都有各自合理的成分和值得借鉴的地方，教学活动应该根据教学活动的实际情况，合理加以利用。一名合格的教师在教学过程中应该主动以学习理论指导自己的教学活动，使教学更有效。

二、杨雪梅课堂教学环节简介

下面我们就以北京语言大学第八届优秀教学奖一等奖获得者杨雪梅老师2011年在中级下的汉语综合课的教学录像①为范例对学习理论在课堂教学中的体现进行考察。

教学过程分为组织教学、课堂引入、作业检查、生词和语言点学习、课文学习、总结、布置作业。

组织教学：招呼学生，引起学生注意，请同学们安静，准备上课。

课堂引入：以提问的形式引入，并且以"你们对中国100年前的情况是否了解"来引起学生的兴趣，自然引入下一教学步骤。

生词和语言点学习：认读、领读生词，讲解生词。对重点词语和语言点进行讲解操练，做练习。

生词语言点小结：在学习完所有生词和语言点之后再对所有生词进行复习。

课文学习：

课文学习引入：播放中国近代社会现状的介绍短片，让学生了解课文发生的历史背景。

课文讲练：采用多种手段进行课文学习，包括：听课文回答问题、快速阅读回答问题、领读课文回答问题、分组讨论回答问题、根据教师提供的线索复述课文片段。

---

① 杨雪梅2011年的教学录像见"北京语言大学第八届优秀教学奖观摩课视频"，http://video.blcu.edu.cn/vod/vod/proginfo.jsp?ProgId=37900。

总结：对本课所学的重点内容进行了概括的回顾。

布置作业：杨老师布置的作业非常详细具体，包括：复习和预习两大部分。其中复习作业有练习和口头回答本课所学内容的问题。预习作业有生词、重点词语和课文的预习。每一部分都有详细的要求。

下面我们就以杨雪梅老师的中级汉语课的教学录像为范例，对学习理论在对外汉语课堂教学中的体现进行考察。

三、学习理论在杨雪梅老师教学中的体现

3.1 行为主义学习理论在教学中的体现

行为主义学习理论是以行为主义心理学为基础的学习理论，主要强调刺激—反应。它的主要代表人物和主要学习理论包括巴甫洛夫条件作用理论和华生行为主义学习理论（杨清，1980）。

3.1.1 华生行为主义的频因律在教学中的体现

华生（1924）认为，在其他条件相等的情况下，某种行为练习得越多，习惯形成得就越迅速。在杨老师的课堂上，这个原则体现得非常充分。虽然学生已经是中级水平，但是对于语言学习者而言，练习是非常重要的。在生词的学习中，杨老师通过课堂认读、领读、讲解操练、课堂练习、小结等教学活动让学生反复练习，特别是重点生词和语法点。在课文学习中，杨老师通过让学生听课文、快速阅读、根据线索复述课文、小组讨论复述课文等教学活动理解掌握课文内容。生词和课文的反复练习贯穿了预习、课堂学习、课堂总结、课后作业等教学环节。

3.1.2 华生的近因律在教学中体现

华生（1924）认为当反应频繁发生时最新近的反应比较早的反应更容易得到强化。

生词和语法点学习是为课文学习作铺垫。因为生词学习持续时间较长，

所以教师在生词学习结束后课文学习前再对生词进行整体复习。在课文学习结束以后，再对本课所有学习内容最后进行总结，有利于本节课所学内容课后的保持。

3.1.3 斯金纳操作性条件作用学习理论

强化理论——操作条件作用的模式认为，如果一种反应（不管有没有引起这种反应的刺激）之后伴随强化物，那么，在类似环境里发生这种反应的概率就增加。在斯金纳看来，重要的刺激是跟随反应之后的刺激（强化物），而不是反应之前的刺激。强化分为正强化和负强化，不同人强化物不同，强化物又分为一级强化物、二级强化物。强化的安排有两种选择：连续强化和间歇强化。最初应该连续强化，然后是固定间隔强化安排，最后是变化比例强化安排。随着训练期的推移，比例也可以改变。减少强化对不强化的比例，会导致消退速度放慢。

杨老师所教学生都是成年外国留学生，对于他们来说，有效的强化物可能更多地表现为教师对学生的认可，在教学过程中老师对学生的表现不断进行鼓励和夸奖，对学生的鼓励夸奖就是强化物。当学生的表现很好，或者不是那么好但是有了进步或者有一些闪光点的时候，教师都会由衷地夸奖。这体现在学生认读生词、回答问题、造句和复述课文等各个环节。

尽管如此，根据斯金纳的强化理论，我们认为对学生的表扬还有可以改进的地方。对学生的表扬的话应该客观，因为如果夸赞不实事求是，就会强化学生得到强化物之前的表现，就是说如果他表现得不好而老师也给予表扬的话，就会强化他不好的表现。并且要有安排地进行表扬，不能每次都出现。因为如果每次都出现，当强化物不出现的话消退会非常快，所以要合理安排。

老师几乎没有使用批评和责备等负强化与惩罚，即使学生迟到，或者在表达时候的表现不那么尽如人意。这是对的，但是还是应该合理限度地使用，至少让学生知道这样是不对的，或者取消该学生应得的奖励刺激。

3.2 认知主义学习理论的运用

认知心理学家探讨学习的角度与行为主义者相反。他们认为，是个体作用于环境，而不是环境引起人的行为。认知学家试图探讨学习者内部心理结构的性质以及它们是如何变化的（施良方，2001）。

3.2.1 格式塔学习理论

格式塔学习理论认为学习即知觉重组或认知重组（Lindzey, 1975）。代表人物为韦特默、苛勒和考夫卡，他们主张思维是一种整体性的、有意义的知觉，而不是各种映像的组合。如果看不出事物之间的联系，那么他对事物的知觉就还处在无组织未分化的状态，因而也就无所谓学习了。其中顿悟理论贡献最大。顿悟理论强调在学习的时候把握事物的本质，而不是无关的细节。顿悟可以避免多余的试误，同时又有助于迁移，真正的学习是不会遗忘的，顿悟学习本身就具有奖励的性质，真正的学习常常会伴随着一种兴奋感（施良方，2001）。

在生词学习中，杨老师不是让学生死记硬背，简单解释词语意义，而是通过分析构词结构，从构词法的角度使学生能举一反三，还注重词语的使用方式和语境。在课文学习时，教师不是简单地让学生背诵课文，而是采用不同的线索让学生对课文内容进行复述，让学生真正理解课文的内容，和文中不同人物的关系。比如：让学生说出表示卢老爷动作的句子。学生带着具体的任务，从文章中提取特定的信息，并且自己组织语言进行表达，培养学生获取信息和产出表达的能力。另外，从课文的内容延伸出思考的问题，比如：从两个人的行为判断出两人的态度，为什么有这样的态度。这样就要求学生不仅仅理解字面意思，还要在历史大背景下在故事发展的整体中去理解课文。

3.2.2 信息加工模型

Miller（1956）的研究发现人的工作记忆容量是有限的，为7±2个，所以如果一次学习的内容超过这个数量，就不能得到好的效果。为了扩大工作记忆包含的内容，可以通过组块的方式，这样就可以记忆更多的内容。杨老师在生词PPT展示的时候注意到了这个问题，在呈现生词的时候把20多个生词分成了三组，个数分别为8、6、8，每组生词分屏出现，分批学习，这样就可以保证学习的效果。教师还可以通过为学生提供固定短语（语块）的方式使学生能够一次记忆更多的内容。

3.3 建构主义学习理论

建构主义关于学习的基本观点为：（1）学习是一个主动的建构过程，学习者不是被动地接受外在信息，而是根据已有的认知结构对信息进行主动的选择和加工，建构内部心理表征及新知识的意义。（2）学习过程并不简单是信息的输入、存储和提取，而是新旧经验之间的双向的相互作用过程。（3）建构主义认为，人脑中表征的知识结构是围绕关键概念而形成的网络结构。（4）在学习的条件方面，由于建构主义注重学习的主体作用，强调以学生为中心。提出并强调支架式教学，通过支架（教师的帮助）把管理调控学习的任务逐渐由教师转移给学生自己，最后撤去支架；另外，建构主义重视教学中教师与学生以及学生与学生之间的相互交流、讨论和学习，合作学习、交互式教学在建构主义的教学中广为采用（施良方，2001）。

3.3.1 皮亚杰建构主义学习理论

皮亚杰认为知识既不是客观的东西，也不是主观的东西，而是个体在与环境交互作用的过程中逐渐建构的结果（Inhelder，1977）。定义它的是核心概念——图式。图式是指个体对世界的知觉、理解和思考的方式。图式的形成和变化是认知发展的实质。认知发展是受三个基本过程影响的：同化、顺化和平衡。学习的过程就是学习者试图使用图式对学习内容进行同化，如果成功就达到暂时的平衡，如果不能成功，学习者就会修正自己的原有图式或者重建新的图式，来实现新的更高级的平衡。皮亚杰还强调思考对于学习的重要性。他认为只有在学习者仔细思考时才会带来有意义的学习。

教师在上课时候总是先激活学生原有图式，帮助学生通过图式的同化、顺化，达到平衡状态。本文教师在上课时非常注意激活学生原有图式，以便学生把新学的知识和原有图式发生关联、碰撞，帮助学生实现从低级图式到高级图式的发展。在刚开始上课的时候，教师就通过课堂引入的方式告诉学生本节课要学习的是一百年前的中国的情况，"你们了解吗？"的提问促使学生积极思考，激活原有图式。在生词学习时，使用语速教学法、近义词联想等方式使新旧图式发生关联。在课文学习时，教师播放介绍中国100年前的社会状况视频把中国的历史放在了世界历史的环境之下，这样就使学生比较容易建立起当时时代特征的图式。

教师在上课的过程中非常注重学生的思考，不是单纯地告诉学生是什么，大部分课堂环节都是通过提问来实现和串联的，教师的问题大多是"是什么"，紧接着问"为什么"，这样就可以使学生处在一种能动建构的过程中，而不仅仅是死记硬背。

3.3.2 支架式教学在教学中的运用

教师应该根据学生水平和学生已有知识与所学知识之间的差距，为学生提供学习的支架，使学生能够成功地对旧知识和新知识进行建构，这个支架的大小、密度、性质要根据学生的基础、所学内容难度和性质而不同，而且要因人而异。

在生词学习中，在使用生词说句子的练习中，因为是新学内容，杨老师为学生的语言产出提供足够的支架：词语的意义、用法、使用环境场合，造句所用的人物、限定词语等，使学生在支架的帮助下说出合格的句子。并且根据词语使用难度和不同学生水平，提供不同的支架，使学生能够完成"跳一跳就能够得着"的任务。在课文复述的时候，教师通过放录音，让学生快速阅读，讨论、回答问题等教学步骤，使学生对课文内容足够熟悉；然后给出课文内容发展的地点线索，并给出每个地点发生的情节提示或者出现人物，让学生以此为支架复述课文内容。

3.3.3 合作学习、交互学习在教学中的运用

建构主义学习理论提倡合作学习和交互学习，这样可以使学生所学的知识真正地建构。杨老师在课文学习中充分使用了合作学习的方法，对于一些开放性的问题，都是通过学生分组讨论之后选出代表进行回答。而交互学习

更是贯穿课堂教学的始终，教师的课堂串联都是通过提问进行的，通过学生的表现，教师随时了解学生的掌握情况，随时调整教学内容和进度。

3.3.4 奥苏贝尔认知同化学习论

奥苏贝尔（1978）提倡意义学习。他认为学生的学习，如果要有价值的话，应该尽可能有意义。意义学习有两个先决条件：（1）学生表现出一种意义学习的心向，即表现出一种在新学的内容与自己已有的知识之间建立联系的倾向；（2）学习内容对学生具有潜在意义，即能够与学生已有的知识结构联系起来。

杨老师的教学中体现了意义学习针对不同的学习内容，采用了不同的学习方式，同时兼顾课堂教学的时间限制，最大可能创造意义学习的方式。这在生词处理和作业环节都得到了体现，教师使用语素教学，提醒学生根据生词中学过的语素来推测生词的意义，并在预习时同样使用这样的方法。这样就培养了学生在新学内容和已学内容之间建立联系的心向，同时这些学习内容也是具有实质联系的。

3.3.5 加涅学习理论

加涅（1997）把学习分为8个阶段：（1）动机阶段；（2）领会阶段；（3）习得阶段；（4）保持阶段；（5）回忆阶段；（6）概括阶段；（7）作业阶段；（8）反馈阶段。每个阶段对应实现学习的教学事件，如下图1。

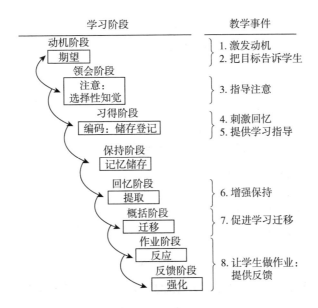

图1　学习阶段与教学事件的关系

资料来源（加涅，1997）

杨老师的教学活动基本符合加涅的学习阶段。通过上课之初的课堂引入来激发学生动机，通过教学组织引导学生注意，通过课堂讲解和教学活动刺激学生保持注意，通过各种形式的练习、复述、测验、反馈增强学生的信息保持。在作业阶段，教师通过要求非常具体的作业安排，使学生可以对各个层面的知识进行强化。对学生书面和口头作业的检查发现问题，及时提供反馈。

在教学环节中也存在一些值得商榷的部分。比如，在激发学生内在动机阶段，没有把本节课学习的目标告诉学生，学生是在顺其自然的学习状态下进行学习，没有在自己期望的引领下更主动地学习。在教学中促进学习迁移的部分不是非常充分，学生熟练掌握本课所学知识和技能，但是这些内容和技能怎么能迁移到其他未学的知识中是最重要的。

3.3.6　班杜拉社会学习理论

该理论认为人们在社会情境中，通过观察和模仿，学到很多行为。他人即榜样，通过这种观察而习得反应，即称为榜样作用 (Bandura, 1986)。杨老师通过领读、领说进行示范，给学生树立观察模仿的榜样，让学生跟随学习。另外，在问题讨论结束后，请学生代表进行发言，这对其他同学也具有榜样作用。

3.5　人本主义学习理论的运用

人本主义认为心理学应该探讨的是完整的人，而不是对人的各个从属方面进行分割地、还原论地分析。

3.5.1　Rogers人本主义学习理论

Rogers（1956）把学习分为两类：无意义学习和意义学习，它们分别位于意义的连续体的两端。这里的有意义是指对学习者自己有意义。他提倡意义学习，在他看来，只有意义学习才是有效果的，不容易遗忘的。

杨老师在教学的过程中贯彻了这样的原则。在生词学习中，不仅讲解生词的意思、搭配，还告诉学生在什么样的场合对什么对象使用该词，使学生把学习的知识和自己联系起来。在语言点学习中教师例句中出现人物就是本班学生，使学生可以置身语言使用的环境中，还请同学自己当演员拍摄演示视频，更提高了学生的参与感。

Rogers（1956）还提出了十个学习原则，其中包括：当外部威胁降到最低限度时，学习就会取得进展。杨老师的课堂氛围非常轻松，师生、生生关系非常融洽友好，即便是有很多老师学生旁听的公开课，也可以看出学生们一点都不紧张，表现自如。学生在认读生词、回答问题、复述课文等环节即便表现不如人意，也不会从教师和同学那里感到压力，学生们在这样一个外在威胁极低的环境下就可以更好地学习。

3.6　学习的原理与策略在教学中的运用

3.6.1　遗忘理论及记忆策略

根据遗忘的消退理论、干扰理论、动机遗忘理论和线索遗忘理论，信息被遗忘可能是由于无用而消退，由于受到其他信息的干扰，由于某种动机方面的原因，或由于没有适当的提取线索所致。因此，教师应该根据遗忘的各种原因进行对症下药。施良方（2001）归纳总结了增进记忆的策略，目的在于使教师掌握有效的教学策略，以帮助学生提高领会和保持信息的能力。以下几个策略都在杨老师的教学活动中得到了充分体现。

1. 复述。复述在学生保持信息的过程中起重要作用。杨老师在教学过程中多次采用了复述的策略进行教学，复述的方式贯穿于包括生词、语法点、重点词汇和课文学习的所有的内容。也运用于课前预习、课堂学习、课后作业等各个环节。

2. 视觉映像。杨老师通过把课文中的一些生词，还有课文中的场景，使用图片或者是视频的方式进行展示，图片和视频中的人物都是本班同学，更能增加学生的印象，那样就会帮助学生进行更好的记忆。除了视觉影像，杨老师还创造性地使用了"嗅觉映像"——在讲解"扑鼻"这个生词的时候，教师拿出一瓶香水，喷向空中，让学生体会"香味扑鼻而来"的感觉。

3. 组织。组织是学习和记忆新信息的重要手段，它涉及把学习材料分成一些小的单元，并把这些单元置于适当的类别之内，这样每项信息都同其他信息联系在一起。学生可以用各类别的标题作为提取信息的线索，从而减少回忆时的记忆负荷。

在生词学习时，杨老师把生词按照词性进行分类，利用语法知识，对不同词性的生词的用法进行学习，帮助学生记忆。

在课文学习的时候，杨老师把课文内容按照地点的顺序进行排列，给学生提供记忆的线索帮助学生进行记忆，这些都可以使学生在提取记忆时，减小记忆负荷。

3.6.2　迁移理论在教学中的运用

迁移理论：学习的目的在于运用，学生把在校学习的内容迁移到新的情境中去，就是迁移，包括正迁移和负迁移，顺向迁移和逆向迁移（施良方，2001）。

杨老师在生词教学的时候，不仅重视本课所学习的生词，而且把生词学习的方法教给学生，让学生通过语素学习法，扩展到其他的生词学习。在课文教学中，指导学生按照地点变化的顺序复述课文内容。另外启发学生在阅读文章时候使用的线索也是自己写作的时候可以采用的写作线索。

3.6.3 动机理论原理与引发动机的策略

施良方（2001）认为："一切学习行为都是由动机引起的，这已成了20世纪教育学家和心理学家们的一个信条。学习动机是认知学习的最重要的必备条件之一。"学习动机理论包括强化理论、需要理论、认知失调理论、归因理论、成就动机理论和期望理论。引发学习的动力的方式包括：

1. 提出明确而又适度的期望和要求；

2. 给予清楚而又及时的反馈；

3. 注意评估反馈和奖励的频率；

4. 了解学生对奖励的估价；

5. 使所有学生都有得到奖励的可能性。

杨老师非常注重培养和激发学生的学习动机。她通过启发式的课堂引入和提问式的课堂活动串联，使学生一直保持在求知的状态。对学生预习和作业完成情况的及时检查，强化了学生课后认真学习的主动性。通过对学生回答问题的及时反馈和口头奖励，使学生充满学习新知识的成就感。每位同学在课堂上都得到了平等的回答问题和展示的机会，保证了学生们关心的公平性。这些课堂教学活动和细节操作使得学生不仅在课上，而且在课下都保持着很强的学习动机。

3.6.4 认知风格

认知风格一般用来描述学生在加工信息时习惯采用的不同方式。认知风格可以分为：场依存与场独立、整体性策略与系列性策略、求异思维与求同思维、冲动型思维和反省型思维、内倾与外倾（施良方，2001）。

尽管课堂教学条件有限，不过杨老师的教学还是体现出了对学生个体差异的关照，特别是对不同认知风格学生的区别对待。所设计的课堂活动和任务兼顾不同认知风格的学生。比如：生词学习阶段既有快速集体认读，也有学生个别认读；提问问题时学生可以即时回答，也会给学生在思考之后再次回答的机会，兼顾冲动性思维和反省性思维的学生；有学生单独完成的任务，也有需要讨论共同完成的任务；问题有"还有哪些词和它的用法一样？"，也有"它们的区别是什么？"，使学生从异同两个方向思考问题；小组讨论结束后让各组推选代表进行表述的人选，满足了外倾倾向的学生表现欲望，也不给内倾倾向的学生太大压力。

四、结论

杨雪梅老师是一名具有丰富教学经验的优秀对外汉语教师，她的这次课参加北京语言大学第八届优秀教学奖评选，获得了一等奖的好成绩。通过对学习理论在杨老师课堂中运用的考察，我们发现了以下几个特点。

1. 充分使用学习理论研究成果。在杨老师的课程中从预习、组织课堂、引入、讲练、小结、总结到布置作业，从生词学习、语言点讲练到课文学习，每个教学环节和内容都体现了学习理论的原理的指导。

2. 灵活使用学习理论研究成果。学习理论是一些规律性的知识，虽然有些教学理论给出了一些教学原则和策略，但是还需要转化为教学理论，教师再根据所教授的课程特点、学生特点灵活加以运用。杨老师根据自己所教学生为成年的外国留学生、课程为中级下的汉语综合课的实际情况，灵活甚至是创造性地使用学习理论的研究成果：在一个教学环节或教学内容中，综合使用不同的学习理论的方法；一个学习理论的方法使用在不同的教学环节或内容上。

3. 不拘泥于一种流派的学习理论。本文主要介绍了四种流派的学习理论，各个流派从不同视角、不同的心理学基础出发对学习规律进行阐述，都在某种程度上反映了学习的规律。从本文的分析我们可以看出，杨老师并没有仅仅拘泥于某种流派的学习理论学说，而是因地制宜根据所教学生、课程特点，根据不同教学环节、教学内容，综合地使用各种学习理论的成果。

本文是以学习理论为基础，对教师上课过程的分析研究，如果要明确知道哪些学习理论的方法在对外汉语教学中最有效的，还需要实证研究的证实。

参考文献

[1] 施良方（2001）《学习论》, 北京：人民教育出版社。

[2] 杨　清（1980）《现代西方心理学主要派别》, 沈阳：辽宁人民出版社。

[3] Ausubel, D. P., Novak, J. D., & Hanesian, H.. （1978）*Educational psychology:a cognitive view. New York*: Holt, Rinehart and Winston.

[4] Bandura, A. (1986) The social foundations of thought and action. *Pearson Schweiz Ag*, 12(1), 169.

[5] Entwistle, N. (1981) *Styles of learning and teaching: An integrated outline of educational psychology for students, teachers, and lecturers*. New York: Wiley.

[6] Gagn é , Robert Mills. (1975) *Essentials of learning for instruction*. New York:Holt, Rinehart and Winston.

[7] Guthrie, E. R.. (1952)*The psychology of learning* . New York: Harper.

[8] Lindzey, G., Hall, C.S., & Thompson, R.F.. (1978) *Psychology* (2nd ed.). New York: Worth.

[9] Miller, G. A.. (1956) The magical number seven plus or minus two: some limits on our capacity for processing information, *Psychological Review*, Vol.63, No.2 P81–97.

[10] Skinner, B. F.. (1968) The technology of teaching. Proceedings of the Royal Society of London. Series B, Containing papers of a Biological character. Royal Society (Great Britain), 162(989), 427–443.

[11] Rogers, C. R.. (1956) On becoming a person. *Pastoral Psychology*, 7(1), 9–13.

[12] Watson, J. B.. (1930) *Behaviorism* (Rev. ed.).. W. W. Norton & Co.

基于FIAS的初级汉语综合课的
课堂分析和教学评价

路　丽[①]

提　要　课堂中的主要教学行为是言语行为，大约三分之二的课堂时间要用来讲话，因此对课堂中言语行为的分析显得尤为重要。弗兰德斯互动分析系统（FIAS）是一种记录和分析课堂上言语行为的互动分析系统，是对课堂教学进行量化分析的重要方法，可以较为真实客观地记录和分析课堂教学中的师生互动行为。本文运用弗兰德斯互动分析系统，对初级汉语综合课课堂进行了分析，研究结果展现了师生互动在课堂结构、风格倾向、情感氛围等方面的特点。

关键词　FIAS；初级汉语综合课；课堂分析；教学评价

一、前言

20世纪80年代，对外汉语教学界把汉语作为第二语言的教学活动概括为四大环节：总体设计、教材编写、课堂教学和测试。其中课堂教学是全部教学活动的中心环节。课堂是学校教育的主要活动场所，课堂教学离不开教师的教和学生的学。课堂教学过程中的师生互动情况既可以反映出学生对课堂的参与情况又可以显示出教师对课堂的掌控力度，因此课堂教学中师生行为分析显得尤为必要。

课堂分析和教学评价对教学的顺利进行大有益处，目前关于这方面的理

---

① 路丽，北京语言大学汉语国际教育专业2018级硕士研究生。研究兴趣与研究方向：对外汉语教学与测试。

论和方法有很多，但大多仍以传统的描述性评价为主，而定量分析的方法较少。弗兰德斯互动分析系统（FISA）自 1988 年传入国内后，就一直广受欢迎，在很多学科已经得到较广泛的应用。但在汉语教学领域，并未将 FLAS 与初级汉语综合课教学特点相结合进行更深入的研究。

二、弗兰德斯互动分析系统

弗兰德斯互动分析系统（Flanders Interaction Analysis system，简称FIAS）是指用于记录和分析课堂中师生言语互动过程及影响的一种观察技术。20世纪60年代为美国明尼苏达大学弗兰德斯及其合作者所发展，是一种有效的定量分析方法。

弗兰德斯互动分析系统的核心是描述课堂师生互动言语行为的编码系统（见表1），该编码系统由数字1-10表示10种言语类型，1—7是教师的言语，8—9是学生的言语，10是无声或困惑。此外每3秒记录一个编码，形成完整的课堂记录表，然后将这些数字组成联对的形式显示在模型表上，进行分析，数据结果主要体现出课堂的课堂结构、风格倾向、情感氛围等。

20世纪80年代，王坦（1988）参考了M.P.萨德克*Teachers Make the Difference* 的内容，首次将弗兰德斯互动分析介绍到国内。该文介绍了 FIAS 的编码系统，观察、记录编码的标准以及矩阵表格的分析方法，首次将弗兰德斯互动分析系统的编码系统、模型表和模型表分析介绍到国内，肯定了弗兰德斯互动分析系统的有效性，认为FIAS可以向我们提供有关课堂教学的一些实用性信息，从而改进教学。

此后FIAS在国内被广泛应用到各阶段的教学研究中。据不完全统计，主要涉及幼儿园、小学各学科，初中的英语、物理、化学、生物、高中地理，高职，盲校等。随着研究的深入和信息技术的发展，也产生了一系列基于弗兰德斯互动分析系统的针对不同学科、不同阶段的改进方法。文章对此不做赘述。

表1　弗兰德斯互动编码系统

教师语言	间接影响	1. 接受学生情感：以平和的方式接受或阐明学生的情感。可能是积极的，也可能是消极的。预测和回忆的情感也包含在内。
		2. 表扬或鼓励：表扬或鼓励学生的行为举止。可以用笑话缓解气氛，但不能取笑他人。可以点头或说"嗯"或者说"继续"。
		3. 接受或采用学生的看法：阐明、构建或发展学生的观点。如果教师过多地表达了自己的见解，归为编码5。
		4. 提问：以让学生回答为目的，问有关内容或程序性的问题。
	直接影响	5. 讲课：讲解课程内容或程序性问题的事实和观点；阐述自己的见解，形式提问不需要回答。
		6. 指示：指示、要求或命令学生做该做的事情。
		7. 批评或证明权威：发表声明以期使学生的不可接受行为转变成可接受行为；训斥学生；阐明教师行为的意义；极端自我主义。
学生语言		8. 学生的应答性言语：学生回答老师的问题。由教师开始询问或请学生陈述。
		9. 学生的主动性言语：由学生主动发起的互动行为。如果说话的学生只是潜在的下一位回答者，观察者需要决定学生是否想回答，如果是，用此编码标记。
		10. 无声或困惑。停顿、短时间的沉寂或观察者无法理解的混乱。

（From Ned H. Flanders, 1970.）

　　根据前期观摩视频试编码的情况，在不违背FIAS的基础上对编码做了以下界定：（1）学生在回答问题或复述时，教师简单引导语记为3；（2）教师领读学生跟读时，教师行为记为5，学生行为记为8；（3）有关语法和课文的小组练习，准备时间内学生言语行为记为9，上台展示时记为8；（4）教师要求学生集体朗读或复述时，教师跟学生一起朗读或复述的行为不记，学生言语为主要言语行为记为8；（5）若一个三秒内发生了多种言语互动行为，记录最主要的言语行为。

三、对外汉语教学中的弗兰德斯互动分析系统及其应用

目前国内并无针对对外汉语教学的改进型弗兰德斯互动分析系统，因而本文仍采用最原始的FIAS进行分析。

本文选取北京语言大学汉语国际教育学部汉语进修学院的一节初级对外汉语综合课示范课作为样本视频。视频教学内容为《孔子与渔夫》，授课教师为汉语进修学院优秀教师，时长大概在100分钟左右。我们从中共获得2000多个编码。通过观看样本视频，运用FLSA理论，收集所选样本数据、进行课堂分析和教学评价。2000多个编码组成联对后得出了下面的矩阵图（见表2）。

表2　初级汉语综合课数据分析矩阵图

类别	1	2	3	4	5	6	7	8	9	10
1	11	5	2	6	8	5	0	9	0	4
2	4	7	6	33	17	12	0	21	2	8
3	0	6	13	16	13	2	0	26	5	0
4	4	6	6	36	17	7	0	119	3	17
5	5	4	0	52	534	31	0	59	3	5
6	2	2	1	4	24	7	0	43	5	4
7	0	0	0	0	0	0	0	0	0	0
8	18	74	44	46	74	21	0	377	2	7
9	3	3	5	6	0	4	0	0	80	3
10	7	3	4	15	6	4	0	8	3	64
总计	54	109	81	214	693	93	0	662	103	112
百分比	2.5%	5.1%	3.8%	10.1%	32.7%	4.4%	0%	31.2%	4.9%	5.3%
百分比	教师间接影响 21.5%				教师直接影响 37.1%			36.1%		5.3%
总和	教师言语							学生言语		无声

Flanders（1970）一文中提供了经过大量数据分析研究后得出的常模。下表是此次个案互动变量部分数据和常模的对比（见表3）。

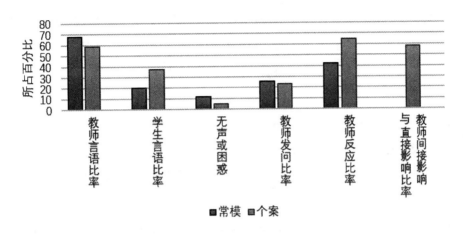

表3　课堂言语互动比率对比

3.1　课堂分析

3.1.1　课堂结构分析

FIAS编码系统中1–7是教师的言语，8、9是学生的言语，10是无声和困惑。这三类行为在课堂行为中所占的比例可以显示出课堂的结构。由表2和表3得出：样本视频中教师言语行为占比为58.6%，低于常模的68%，该课堂虽仍是以传统的课堂讲授为主，但也符合语言教学的特点，教师言语行为减少，给学生提供了更多的课堂时间开口练习；学生言语行为占比为36.1%，远高于常模的20%，可见课堂中学生的开口率很高，符合语言教学的特点；无声和困惑行为占比5.3%，也远低于常模的11%或12%，这一行为还包含正常教学行为中的肢体语言，充分显示出该教师在上课过程中对课堂的把控很到位，充分高效地利用了课堂时间。

3.1.2　风格倾向分析

FIAS把教师言语行为的影响分为直接和间接两种。编码1–4为教师的间接影响，5–7为教师的直接影响。

间接影响（表2中1–4列）的次数：458

直接影响（表2中5–7列）的次数：786

间接影响与直接影响比率：58.2%

从上述数据可以看出，该课堂的间接影响与直接影响比率为58.2%，表明该课堂是以教师的直接影响为主，但间接影响的作用也不容忽视。

教师的言语行为从教学效果看可以分为积极强化和消极强化。

积极强化（表2中1–3列）的次数：244

消极强化（表2中6–7列）的次数：93

积极强化与消极强化比率：262%

在学生回答问题的过程中，该教师也时刻点头致意，以示鼓励，这些并未加入到编码中。

上述数据显示，该教师在教学活动中善于运用表扬、鼓励等积极的方法维持课堂效果。记录的6也多是一些明确的课堂指令，是为了更好的教学。

3.1.3　情感氛围分析

FIAS矩阵图中有些区域可以表现出课堂中的情感氛围。如表2中的1–3行与1–3列相交区（深灰色区域）称为积极整合格，也叫作教师支持。若此区域数据密集，则说明课堂中师生气氛融洽，教师常常鼓励学生、强化学生观点。反之表2中的6–7行与6–7列相交区（浅灰色区域）称为缺陷格，也叫作教师控制。若此区域数据密集，则说明课堂教学出现了问题，课堂师生互动不太融洽，教师控制了学生，并有可能训斥学生。

教师支持（表2中深灰色区域）的次数：53

教师控制（表2中浅灰色区域）的次数：7

教师控制与教师支持的比率：757%

如上述数据所示，该教师在教师支持的频次是53次，教师控制的频次是7次，积极整合格是缺陷格的7.57倍，说明该教师常常强化和鼓励学生的见解，课堂氛围融洽，偏向民主型课堂。此项分析可由观看视频中师生的表情、笑声加以佐证。

3.2　教学评价

综上三项课堂分析结果可以发现，该教师的课堂气氛活跃，学生开口度高，教师的课堂掌控能力强，课堂时间利用率高、效率高，教师能做到及时反馈，鼓励学生。

弗兰德斯发现，在学业成绩比较好，学生学习态度比较积极的课堂上，教师往往倾向于少讲，而且教师的讲话也是比较间接地影响学生。在这一点上，文章所采用的样本视频与此结论似乎不太相符。但课堂上教师的讲授并不是传统意义的"满堂灌"，而是讲授贴近学生，以身边生活举例，在讲授的过程中能引起学生的共鸣。

四、小结

本文运用弗兰德斯互动分析系统，主要从课堂结构、风格倾向、情感分析三方面分析了课堂师生互动行为，得出了优秀汉语教师初级汉语综合课课堂教学的特征，这不仅有利于教师的成长，促进学生的多方位发展，同时也可以对新任汉语教师的课堂教学以及对新任教师职前培训提供参考。

此外，通过实际应用可以看出，FIAS的量化分析结果具有一定的客观真实性，可以在以后进一步的实践与研究中不断改进，从而更便于对汉语课堂教学视频进行分析，这将是下一步深入研究的方向之一。

参考文献

[1] 王　坦、鲍兆宁（1988）弗兰德斯相互作用分析理论及其教学应用,《山东教育科研》第 1 期。

[2] Flanders，N，A（1963）Intent, action and feedback: A preparation for teaching. *Journal of Teacher Education* 14: 250–260.

[3] Flanders，N，A（1970）*Analyzing teaching behavior. Reading*，MA: Addison–Wesley.

汉语语段的特点与语段教学研究

骆健飞[①]　牟世荣[②]

提　要　一般来说，语段被定义为大于复句、小于语篇的语言单位，由两个或两个以上前后连贯并有明晰的中心意思的句子组成。语段的形式简短，但是已经包含了语篇的基本衔接形式和语义关系，是构成语篇的基本单位。语段教学主要指语段内部结构、语义、逻辑等的连贯、衔接方式的训练，学生要获得成段表达的能力就要掌握语段的连贯、衔接手段。学生汉语表达能力的习得是分层次获得的，即从语素到词语、单句、语段，最后到语篇表达能力。其中语素—词语—单句层面的表达一般在初级阶段的第一学期可以完成，语段教学从初级阶段的第二学期开始，中高级教学阶段进行语段到语篇的教学。因此初级阶段第二学期是语段教学的"始发站"，也是向语篇教学过渡的中间环节和必经阶段。作为语法教学的最高阶段，它与语音、词语、句型的教学同等重要，应该引起足够的重视。本文以留学生在语段表达存在的问题为立足点，梳理了初级汉语的语段框架特点，并在此基础上，提出相应的课堂讲练方法，供教员参考使用。

关键词　语段特点；语段框架；语段教学

一、引言

一般来说，语段被定义为大于复句、小于语篇的语言单位，由两个或两

---

①　骆健飞，博士。现为北京语言大学汉语进修学院讲师，硕士生导师，期刊《韵律语法研究》编辑部编辑。主要研究领域为汉语韵律句法、语体语法及对外汉语教学等。

②　牟世荣，北京语言大学汉语国际教育学部副主任，副教授。研究方向为汉语国际教育、虚词教学、语段教学。先后被派赴韩国、美国、英国的大学教授汉语。

个以上前后连贯并有明晰的中心意思的句子组成。语段的形式简短，但是已经包含了语篇的基本衔接形式和语义关系，是构成语篇的基本单位。语段教学主要指语段内部结构、语义、逻辑等的连贯、衔接方式的训练。学生要获得成段表达的能力，就要掌握语段的连贯、衔接手段。学生汉语表达能力的习得是分层次获得的，即从语素到词语、单句、语段，最后到语篇表达能力。其中语素—词语—单句层面的表达一般在初级阶段的第一学期可以完成，语段教学从初级阶段的第二学期开始，中高级教学阶段进行语段到语篇的教学。因此初级阶段第二学期是语段教学的"始发站"，也是向语篇教学过渡的中间环节和必经阶段。作为语法教学的最高阶段，它与语音、词语、句型的教学同等重要，应该引起足够的重视。

在实际教学中，学生输出的语段表达并不令人满意，比如下边的语段框架：

（1）语段提示词：……V着……，……AA的，……V着……，一看就知道……。

语段原文：一天，我下班路过一个香蕉摊儿，摊儿前站着一个人，这个人吸引了我的目光。他的头发又脏又乱，脸黑黑的，手里拎着个破塑料袋子，一看就知道是捡垃圾的。

我们看几位学生写的语段。

（2）学生1：巧克力店前站着一个年轻人，头发鲜亮的，穿着一条牛仔裤，一看就知道是玛丽。

（3）学生2：小卖部的旁边站着一个人，这个人吸引了我的目光。他穿着很漂亮的衣服，手里拿着一束花，一看就知道在等女朋友。

这两位学生都没有使用部分语段提示词，比如"AA的"这种表示描写的方式，而且学生1的语法、逻辑均存在问题，比如"头发鲜亮的"不符合汉语的语法结构，需要修改，另外，"头发鲜亮""穿着一条牛仔裤"也很难推断出一定是玛丽，因此教师面对这样的语段，就要在语法和内容上均进行修改，才可以帮助学生完善语段内容，学会正确的语段表达手法。

（4）学生3：教室外边站着一个老人，他的头发白白的，手里拿着一张报纸，一看就知道不是老师。

（5）学生4：商店前站着一个人，胖胖的，手里拎着很多纸袋子，一看就知道是富人。

这两位学生写作的语段，看起来也符合提示词的要求，比如都有"Place + V + 着 + Somebody"，"AA的"，"Place + V + 着 + Something"，最后是"一看就知道……"表示推断出来的结论，用词、语法也正确，但如果进一步分析，发现他们的逻辑出现了问题。学生3的语段中，"一位老人""头发白白的""拿着一张报纸"，从这些信息，我们很难推断这个人"一定不是老师"，老师也很有可能在课间的时候，拿着报纸看一下，而且一头白发也并不与"老师"这种职业相矛盾；学生4的语段中，一个人站在商店前，"胖胖的""手里拎着很多纸袋子"，通过这些信息，很难判定这个人一定是"富人"，逻辑上说不通。因此对于这两位学生，教师应该提醒他们，虽然词汇、语法都正确，但所表达的内容在逻辑上讲不通，因此应该适当修改。

由此可以看出，学生经过一段时间的学习，虽然能正确使用一些单句，但在语段表达中仍然存在问题。以下我们先梳理一下初级阶段语段训练的不足，并据此提出语段阅读与写作的教学建议。

二、语段教学现状分析

我们以《成功之路·进步篇·读和写》教材为例。该教材专门为初级（下）阶段的留学生编写，适用于在华学习半年或以上的留学生，HSK水平在四级以下。读写课一般都以语段为单位，一篇课文由2～3个语段构成。我们看该书第一课的课文（1）。

（5）《成功之路·进步篇·读和写》第一课课文（1）示例

我是在1997年喜欢上汉语、开始学习汉语的。那年，我刚考上大学，学校里新开了中文系，每个学生都可以学习汉语。虽然我知道汉字对我们外国人来说很难，而且写汉字就像画画儿一样，但我觉得非常有意思，决定先学几个月试试。

中文系有从中国来的老师，也有我们巴基斯坦的老师，中国老师大多来自北京，而我们国家的老师呢，也都是从北京的大学毕业的。不管是在课上，还是课下，他们经常谈到北京。从他们的谈话中，我渐渐了解了北京，知道北京很漂亮，文化很丰富，有很多名胜古迹，等等。我们的课本上也有一些谈到北京的课文，我对那些名胜古迹的照片特别感兴趣。就这样，我喜欢上了北京，爱上了北京。我很希望能到北京去，去看看故宫、长城、颐和园。

这篇课文是围绕"我"来中国以前、来中国以后的学习生活展开，并畅想了学中文以后会做什么。这一内容决定了这些课文都会以"时间序列"展开，在课文中也出现了"我是+时间词+Verb的""那年……""就这样……""我很希望……"等表示时间序列的语段框架，然而在本课的写作训练中，却几乎完全没有体现相应的教学内容，该课的写作任务为：

（6）回答下列问题（有的问题请用上括号内的词语），然后把答案写下来。

A.你是什么时候来中国的？你是什么时候开始学习汉语的？（是……的）

B.你为什么学习汉语？（丰富、希望、对……感兴趣）

C.你去过中国或者别的国家的哪些名胜古迹？你最喜欢哪个地方？为什么？

D.你有中国朋友吗？如果有，他是怎么帮助你学习汉语的？

纵观这些问题，除了第一个问题中"是……的"句，可能使用时间表达以外，其余三个问题都没有体现本课的语段表达框架，这样一来，阅读和写作教学中，语段表达框架的训练就被割裂，难以达到学以致用的目的。

三、语段教学设计方案

3.1　抽取语段框架，由小及大

在课文的教学中，我们建议抽取出与本课密切相关的语段表达框架，并通过替换练习、扩展练习、综合练习等手段，培养学生的语段意识，提高语段表达能力。我们仍然以上文中例（5）为例，展示如何通过阅读课的课文开展语段教学。

3.1.1　Subject+是+时间词+V+的

先给学生展示课文原句：我是在1997年喜欢上汉语、开始学习汉语的。

然后我们据此展开替换练习，老师可以给出一些例子帮助学生理解。比如：

（7）　他是去年开始学太极拳的。

　　　我父亲是7岁跟着爷爷奶奶搬来的。

下一步可以让学生做扩展练习，即教师提问，由学生根据实际情况回答。比如：

（8）　你是什么时候开始学习汉语的？

　　　你是什么时候来中国的？

3.1.2　那年（那时候），Subject+刚……，Sentence。

我们仍采取类似的方式，先给学生展示课文原句：那年，我刚考上大学，学校里新开了中文系，每个学生都可以学习汉语。

然后做替换练习。比如：

（9）那时候，我刚到北京，还不太会说汉语。

那年，这儿刚有电影院，很多人都把去电影院看电影当成一件大事。

下一步让学生做扩展练习，仍然是开放性问题。比如：

（10）你开始学汉语的时候，是怎么学的？

你第一次到这个学校，看到了什么？

3.1.3　我很希望能……

我们仍然先展示课文原句：我很希望能到北京去，去看看故宫、长城、颐和园。

然后做替换练习。比如：

（11）我很希望能快点儿学会太极拳，还能用汉语跟北京人聊天儿。

我父亲也很希望能去看一场电影。

下一步让学生做扩展练习。比如：

（12）你学汉语以后，想做什么？

你毕业以后，想做什么？

3.1.4　本课综合练习

我们分别练习完以上三个语段表达的基本框架后，可以将其组合到一起，组成一个更大、更完整的语段，并给学生如下的结构：

（13）语段结构：Subject+是+时间词+V+的。那年（那时候），Subject+刚……，Sentence。我很希望能……。

此时我们可以给学生一些配套的语段替换内容，带领学生练习。比如：

（14）他是去年开始学太极拳的。那时候，他刚到北京，还不太会说汉语。他很希望能快点儿学会太极拳，还能用汉语跟北京人聊天儿。

（15）我父亲是7岁跟着爷爷奶奶搬来的。那年，这儿刚有电影院，很多人都把去电影院看电影当成一件大事。父亲也很希望能去看一场电影。

在替换练习做完以后，教师可以给学生布置一项写作任务，让学生模仿该语段内容，使用该语段框架，结合自身情况，写出一个较为完整的语段。比如下边的题目：

（16）请写一写你以前学汉语的经历，以及你以后想做什么？

如果学生在开始阶段不太适应这种练习方法，觉得难以完成语段表达练习，教师也可以先给一个例子，帮学生降低难度。比如：

（17）我是2018年3月来北京的。那时候，我刚到中国，我一句汉语也不会说，但是我的老师很好，我每天学习汉语。毕业以后，我很希望能做一名汉语老师。

当然，这个例子只是为了帮助学生撰写自己的语段内容，不允许学生直接抄袭。

3.2 提取整篇文章语段框架

有一些文章，每一段的起始句实际上就是重要的语段框架，如果我们将其梳理清楚，让学生在阅读文章细节的同时，关注到文章是如何谋篇布局的，那么同样可以起到很好的语段训练效果。比如下边的课文：

（18）《成功之路·进步篇·读和写》第一课课文（3）示例

<u>我10岁的时候</u>，父亲对我说："你已经会说西班牙语了，你的英语也还可以，你必须再学习一种语言。"朋友们都说："学习法语或者德语吧。"可是我想，在我们国家会说德语和法语的人不少。我想学一种在世界上有很多人说，但大部分哥伦比亚人又不会说的语言。最后，我决定学习汉语。

但是<u>那时</u>，我对中国的历史、文化等等一无所知。我打开电脑，上了许多关于中国和汉语的网站，发了很多电子邮件，可是几天过去了，我一封回信也没有收到，这让我特别失望。一个星期过去了，我渐渐忘了学习汉语这件事。

<u>一个月后</u>，我收到了一封从中国寄来的信。我连忙打开，发现信是一个中国姑娘写的。她用英文写道："你好！我和你还不认识，但我知道你打算学汉语，相信你会很努力地学习。在信的下面，你可以看到两个汉字（'哭'字和'笑'字），如果你能猜出哪个表示难过，哪个表示高兴，你就一定可以学好汉语。信的背面有这个问题的答案。"我猜了一下，觉得表示难过的字应该是"哭"，因为它有眼睛和泪水。翻到背面，哈！我猜对了。这件事让我爱上了汉语。

<u>到现在</u>，八年过去了。<u>我希望</u>，<u>等我会说一口流利汉语的时候</u>，能见到那位姑娘，并和她成为好朋友。我要告诉她："谢谢，是你改变了我的生活。"

这篇课文的每一段都有一个表示时间序列的词或短语，如果学生能抓住这些关键点，就能很好地掌握叙事体语段的表达框架，在叙述一件事情的时候显得更加自然、流畅。在这类课文中，我们无须像上文那样，对每个关键

句、关键语段做单独练习，而是可以直接提取出这些时间序列标记，让学生讲述相应的故事。比如：

表1：语段训练提示信息

语段训练	时间1	事件1	那时	时间2	事件2	到现在
课文内容	10岁	学汉语	一无所知	一个月后	收到一封信	爱上汉语
替换练习	5岁	学游泳	不会	一个星期	学会了	每天游泳
	7岁	学做饭	不好吃	三天	着火了	做得很美味
	15岁	谈恋爱	不知道怎么谈	两个月	分手了	恋爱高手

四、学生语段表达分析

经过上述训练，学生可以在一定程度上掌握语段表达的基本要素，下文列举了三位留学生在学完本课课文后的写作成果，虽然还存在一定语病，但已经初步具备了语段表达的基本框架，也有了语段表达的基本意识。

（19）来中国以前，我已经在学习汉语。因为我的专业是东亚学，在大学学了三年汉语我觉得中国文化非常有意思，也觉得要了解一种文化，学习它的语言是很重要的。我两周前来到北京，所以我觉得我的汉语水平还没提高。不过，我现在的听力水平比以前的好一点儿。学会汉语以后，我想找一份工作，在这份工作，我不但要用我学过所有的汉语，而且还要学习更多。我觉得如果不是一直学习汉语，所以会忘记所有的。

（20）来中国以前，我没学习汉语，去年我住在成都，在成都，我是志愿者外教，我的组织为我们提供了一些中文课程，但是我尝尝自己学习中文。来中国以后，我的学习有变化了很多，先，在北京语言大学，我每周学习更多的单词，我的老师从来说英语，来北京以前，我很少写汉字，我只能写十个汉字！即使这很难，今年我很高兴我会学到多少。学会汉语以后，我想找一份工作，我想工作在美国政府，我真想帮美国中国的关系提高。回家以后，我要交中国朋友。因为很多中国人住在纽约，所以我希望能更好的交流。

（21）来中国以前，我对中国文化感兴趣。因为我妈会说汉语，所以我经常在家吃中国传统菜了。当进入大学的时候，我马上决定学汉语。来中国以后，我中文不太好。我没有自信了。我努力学习中文交很多朋友。在日本我没有学习。我为了是梦想是用中文工作。用中文的人是世界上最多的。在国外工作的时候会说英语和中文的人都可以顺利工作。

这些学生所写的语段虽然较为生硬，但可以看到他们正在努力使用这些框架结构。因为本课是语段教学实验的第一课，一些学生还存在一些生搬硬套的现象。在后续学习中，随着他们掌握了越来越多的语段表达手段，他们的行文自然会更加流畅、得体。

五、结语

通过本文的讨论，相信我们已经认识到了汉语语段的理论探索与教学研究的诸多意义。前文已经提到，传统的初级阶段汉语教学多强调词、词组、句子等层面的学习，到了高级阶段，又开始让学生进行话语、篇章的表达，实际上，这中间缺少了一个必经阶段——语段教学。本文通过分析教学中的实例，看到了目前语段教学存在的问题，并从课堂教学角度探讨了初级阶段语段教学的实践方案和相关的研究思路。

参考文献

[1] 陈福宝（1998）对外汉语语段写作训练简论，《汉语学习》第6期。

[2] 丁险峰、骆健飞、李　婷（2017）初级汉语叙事体语段的框架探索，《海外华文教育》第12期。

[3] 郭利霞（2009）20世纪80年代以来对外汉语语段教学研究综述，《华北电力大学学报》（社会科学版）第6期。

[4] 李清华（1986）外国留学生中级阶段的写作课教学,《语言教学与研究》第 1 期。

[5] 骆健飞、丁险峰、李　婷（2018）初级水平留学生叙事体语段的教学实验研究,《华文教学与研究》第 4 期。

[6] 吕文华（2012）语段教学内容的选择和分布,《语言教学与研究》第 1 期。

[7] 张宝林（1998）语段教学的回顾与展望,《语言教学与研究》第 2 期。

自适应学习的文献计量分析

于　淼[①]

提　要　随着信息技术的不断发展，教学领域与教育技术的融合日益加深。基于学习分析技术的自适应学习能够提高网络学习效果，是未来网络教育的发展趋势。本文针对国内外自适应学习研究，以Web of Science和CNKI中的会议论文和核心期刊论文为数据源，对清理后的716篇英文文献和267篇中文文献进行计量分析，从发文量、研究热点和研究前沿等角度揭示自适应学习领域的研究情况。结果表明，国内外均已对自适应学习开展了一系列研究，2013年左右取得突破性进展，目前已经步入稳定发展期。基于汉语国际教育的特定领域的自适应学习研究，是自适应学习领域的热点问题，符合研究发展趋势，具有深入研究的必要性。

关键词　自适应学习；文献计量；汉语教学

一、引言

随着科学技术的发展，教育与技术的结合不断扩展、深化，从最初的线下教学逐渐转变为网络辅助下的线上线下混合式教学（徐娟、史艳岚，2013）。2020年初，受新冠病毒影响，世界范围内院校延迟开学，"停课不停学"使教育方式突然转向全面的线上教学。

目前，线上教学主要有两种类型，一种是异步式课堂，教师事先将录制好的教学视频、准备好的教材资料和练习题等上传至网络平台上，学生根据

---

①　于淼，博士，北京语言大学汉语国际教育学部汉语进修学院讲师。研究兴趣与研究方向：数字化汉语教学。

自己的时间自主安排学习；另一种是同步式课堂，教师借助腾讯会议、Zoom、ClassIn等软件，实时对学生进行教学。前者类似于2012年出现的MOOC，后者相当于改变教学地点的传统课堂教学。在汉语国际教育中，由于学习者遍布世界各地，考虑到时差和教学成本等实际问题，异步式课堂更具有优势。然而，这种缺乏教师实时在线指导的教学环境中，容易出现教学顺序固定，教学资源单一等问题，不能根据学习者的需求、水平以及习惯等个性化特征提供与之相适应的支持与服务。为解决这些问题，注重网络学习个性化和精准化的自适应学习系统应运而生，已经广泛应用于数学、化学、计算机编程等理工类的教学中（葛子刚、杨丽华、马焕新，2018），但是鲜有针对汉语国际教育的自适应学习系统的建设与应用研究。

除了目前被普遍接受的"自适应学习系统（Adaptive Learning System）"，"基于Web的适应性学习系统（Web-based Adaptive Learning System）""基于Web的智能学习系统（Web-based Intelligence Learning System）""基于Web的适应性导学系统（Web-based Adaptive Tutoring System）""适应性学习支持系统（Adaptive Learning Support System）"等均指通过一系列学习分析等技术实现个性化教育的网络学习系统，该系统能够根据学习者的知识水平、学习目标、背景经验和兴趣爱好等个性特征为每个学习者构建模型，从而提供个性化的学习内容（Brusilovsky，1996）。自1996年美国匹兹堡大学的Peter Brusilovsky提出自适应超媒体系统（Adaptive Hypermedia System，AHS），自适应技术已有20余年的发展历程，形成了自适应学习这一研究领域，并涌现了许多研究成果。

文献计量学（Bibliometrics）是集数学、统计学、文献学等方法为一体，用数理统计学的方法，定量地分析一切知识载体的交叉科学（庞景安，2002），通过对某类专题文献进行计量统计分析，能够探寻该领域的研究历史、研究现状、研究热点和发展趋势等，为该领域的研究者提供参考。

本文利用文献计量方法，对国内外自适应学习领域的会议论文和期刊论文进行了统计分析，以厘清该领域的研究现状，提炼研究热点，总结研究前沿，并探寻自适应学习与汉语国际教育的契合点，为教学实践和理论研究提供方向和思路。

二、数据获取

综合考虑自适应学习的研究体量、研究内涵以及数据库质量，确定国内外公认的数据库Web of Science为英文文献的数据源，中国知网（CNKI）为中文文献的数据源。

在Web of Science的核心数据合集中，系统最早搜索时间点为2008年1月，因此本文将检索时间设定为2008年1月至2019年12月，使用"adaptive learning"或"adaptive tutoring"或"intelligence learning"进行主题检索，文献类型选择proceedings paper（会议论文）和article（论文），学科范围限定为教育和计算机等相关学科，再根据文章题目和摘要，删去重复以及与自适应学习内容无关的论文，最终得到英文文献716篇。

国内教育技术领域最早介绍自适应学习的文献是2001年周学海等人发表的《自适应超媒体技术及其在智能化CAI中的应用》，该文介绍了自适应超媒体的优势、方法和技术，描述了智能教学系统的组成与结构，讨论了系统核心模块中学习者模型的构建。此后，相关的研究逐渐受到关注。为了解国内的研究情况，本文在CNKI中以"自适应学习"或"适应性学习"或"自适应超媒体"为主题词，在核心期刊数据库中进行文献检索，学科范围限定为计算机和教育，检索年限设定为2001年1月至2019年12月，通过去重以及删减简讯、书评和报告等数据清洗手段，共得到267篇中文文献。

三、国外自适应研究情况

自适应学习使每个学习者都有独特的学习路径和学习内容，能够实现个性化教学，是一项应用前景广阔的教育技术。在关注技术与教育结合的《地平线报告（高等教育版）》（*The New Media Consortium*，2015—2018）中，自适应学习技术一直被视为未来对教育产生深远影响的新兴技术，如表1所示，从2015年被列为长期关键技术，到2016年和2017年被列为短期内关键技术，到2018年又被列为中期关键技术，显示了研究者对该技术从最初的关注和不成熟的设想，到更加符合技术实际发展速度的应用规划。未来几年，随着技术的发展，教育领域对自适应学习的需求将越来越迫切，自适应学习对教育发展的影响也会越来越大。

表1 2015—2018年《地平线报告》中预测的关键教育技术

	2015 年	2016 年	2017 年	2018 年
1 年内采纳的技术	自带设备 翻转课堂	自带设备 学习分析与自适应学习	自适应学习技术 移动学习	分析技术 创客空间
2～3 年内采纳的技术	创客空间 可穿戴技术	增强显示与虚拟现实 创客空间	物联网 下一代学习管理系统	自适应学习技术 人工智能
4～5 年内采纳的技术	自适应学习技术 物联网	情感计算 机器人	自然用户界面 人工智能（5-7 年）	混合现实 机器人

在Web of Science核心数据库筛选出的716篇英文文献中，每年发文量如图1所示。

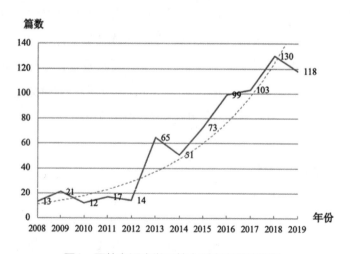

图1 国外自适应学习核心研究文献统计图

整体上看，研究者对自适应学习的关注度呈上升态势，其中2013年是一个转折点，当年论文数量激增，而后逐年稳步增加。这个转折点出现的一个重要原因可能是由于2012年三大MOOC平台上线，其迅速流行的现象和存在的问题引起了广大学者的关注和思考，激发出网络学习领域中相关问题的研究兴趣。

通常文献的关键词能够反映出研究的关键问题和核心思想，将上述716篇文献数据导入到Citespace软件中，选取Keyword节点分析，并进行相关数据处理（去除"Adaptive Learning""Adaptive Tutoring""Intelligence Learning"检索关键词），得到以自适应学习主题相关的研究热点分布图（图2）和高频关键词表（表2）。图谱中每个节点代表一个关键词，节点的大小表示关键词出现频数，圆圈的颜色表示论文发表的年份。其中，关键词频次的高低代表了研究的广泛程度，频次越高，近期的研究越多，即为研究热点；中心度是图论和网络分析的概念，用来发现和衡量文献的重要程度，取值越高表示关键词在整个网络中具有较强的中心地位，一般来说，中心度大于0.1的关键词均具有较大的影响力；关键词的频次、中心度及其联系可以直观地反映某一时期研究者所关注的热点（陈悦、陈超美，2015）。

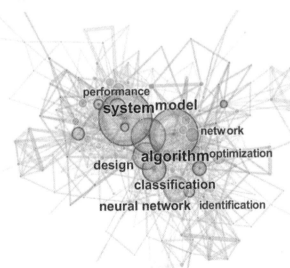

图2　国外自适应学习的研究热点分布图

表2 国外自适应学习研究的高频和高中心性关键词

排名	高频关键词		高中心性指标关键词	
	关键词	频数	关键词	中心度
1	system	71	model	0.18
2	algorithm	64	algorithm	0.18
3	model	47	neural network	0.17
4	classification	38	system	0.17
5	neural network	36	learning style	0.15
6	design	33	identification	0.12
7	network	22	selection	0.11
8	performance	22	e-learning	0.11
9	optimization	20	particle swarm optimization	0.11
10	identification	19	strategy	0.10

表2显示，按频次的高低排在前十位的关键词依次是系统、算法、模型、分类、神经网络、设计、性能评估、优化、识别；按中心度的大小排在前十位的关键词依次是模型、算法、神经网络、系统、学习风格、识别、选择、网络学习、粒子群优化算法和策略。综合考察频次和中心度，自适应学习的研究热点和重点可以归纳为以下四类：第一类是系统建设研究，如网络学习模式、系统模型设计、系统性能评估等；第二类是算法及其优化研究，如神经网络、蚁群算法、遗传算法、粒子群优化算法等；第三类是用户模型研究，如学习者风格、用户特征分类等；第四类是教学规则研究，如教学策略、路径规划、资源选择等。

在下图3所示的关键词聚类时间域图谱中，可以看到国外自适应学习研究热点关键词的迁移过程。

图3　国外自适应学习研究关键词聚类时间域图谱

　　2008—2009年研究热点主要集中在自适应学习的概念、理念、基本理论和框架等基础方面；2010—2012年，研究者的主要关注点在学习者上，包括其学习风格、目标、动机等；2013—2015年，研究成果丰富，研究角度多样，从机器算法、学习速率到语义网、个性化推荐，甚至教学管理、干预措施等方面都有所涉及；2016—2019年，研究者开始关注大数据，研究涉及数据挖掘、学习分析技术和人工智能等。通过分析研究热点，可以发现自适应学习的研究符合一般教育技术学科的发展规律，先是基础性研究，再是关键技术和算法的研究，当该学科的发展进入繁荣期后，研究点变得更广泛、更深入，同时学者也结合当下的先进技术，使研究与时俱进，不断向前发展。

　　研究前沿指某领域的发展趋势和最新主题。从文献结构和内容角度出发，施引文献在一定程度上侧面反映该领域的发展趋势和研究方向。为探索自适应学习相关研究的发展前沿，本文对国外的716篇论文进行了共被引分析，在施引文献的标题中提取聚类标签，得到该领域的研究前沿和趋势，具体情况如图4所示。

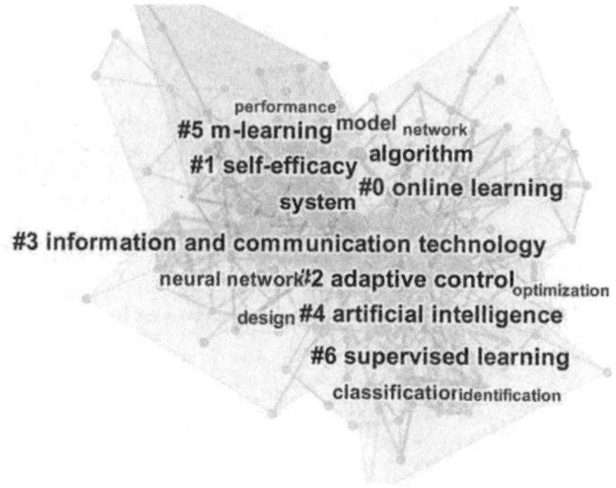

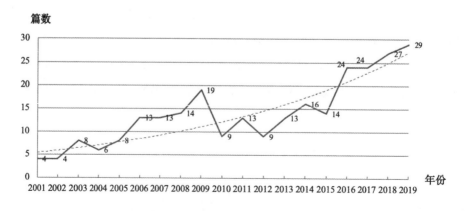

图4　国外自适应学习研究共被引网络聚类图谱

从上图可以看到，国外的研究发展趋势主要是以下七个角度：网络学习、自我效能、自适应控制、信息通信技术、人工智能、移动学习和监督学习。将汉语国际教育与自适应学习系统相结合，探讨平台建设、资源建设、教学模式以及教学效果等方面的研究属于其中的网络学习、自我效能、人工智能和移动学习等未来热点研究领域。

四、国内自适应研究情况

在CNKI核心期刊数据库筛选出的267篇中文文献中，每年的发文量如图5所示。

图5　国内自适应学习核心研究文献统计图

从发文量上看，国内的研究成果比国外少了近三分之二。整体上看，研究热度也呈上升趋势，发文量逐年增多，但发展较为缓慢，2009年出现一个小高潮，发文量达到19篇，涉及研究述评、技术介绍、教学理论和模型设计等各个方面，此后核心文献的数量有所回落，直至2016年以后，论文的数量持续增加，研究进入相对繁荣期。

同样，将上述267篇文章进行了研究热点分析，如图6和表3所示。

图6　国内自适应学习的研究热点分布图

表3　国内自适应学习研究的高频和高中心性关键词

排名	高频关键词		高中心性指标关键词	
	关键词	频数	关键词	中心性指标
1	个性化学习	18	本体	0.22
2	自适应学习系统	16	用户模型	0.21
3	人工智能	11	个性化学习	0.21
4	学习分析	11	学习分析	0.20
5	大数据	10	自主学习	0.17
6	用户模型	7	遗传算法	0.15
7	本体	6	自适应学习系统	0.14
8	学习风格	6	大数据	0.10
9	贝叶斯网络	4	贝叶斯网络	0.09
10	深度学习	4	学习风格	0.09

国内的研究热点和重点既有国际上比较关注的自适应学习系统设计、算法以及用户模型和学习风格等研究，也有国际上比较前沿的人工智能研究，还有一些新的领域，如深度学习、自主学习、知识本体等方面的研究。值得一提的是，构建良好的知识内容是实现个性化学习的前提，但通过阅读文献发现，论文中学者的关注点主要是领域模型的建模标准以及运用具体技术构建知识本体，偏重于技术应用层面，缺少在自适应学习平台上，具体课程内容的设计与开发。

通过对文献的梳理发现，从内容上看，国内的研究主要包括四个方面：自适应学习系统的综述与比较研究；自适应学习系统的整体建模、设计和开发研究；自适应学习系统各个组件的设计与开发研究；先进技术在自适应学习系统中的应用研究。从时间上看，如图7所示，研究者的研究重点呈现出由局部到整体的趋势，先是关注学习风格和用户模型的构建，本体技术和领域模型的构建，然后是网络学习和自适应学习系统的设计，近几年开始研究自适应学习系统与大数据、深度学习、人工智能等前沿技术的结合。

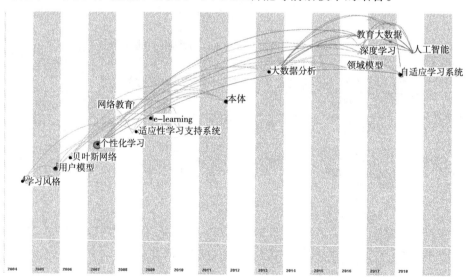

图7　国内自适应学习研究关键词聚类时间域图谱

如图8所示，通过聚类分析发现，今后国内重点研究方向为贝叶斯网络、元认知、领域模型和学习分析等领域，其中贝叶斯网络主要包括用户模型、知识模型、参数学习、遗传算法和决策支持等方面；元认知主要包括个性化学习、学习支持、人工智能、视线追踪和认知范式等方面；领域模型主要包括内容设计、个性化学习和本体技术等方面；学习分析主要包括深度学习、教育大数据、人机协作和精准教学等方面。

图8　国内自适应学习研究网络聚类图谱

五、研究总结与展望

利用文献计量方法对自适应学习领域进行了初步探索，我们发现国内外均已对自适应学习展开了一系列的研究。从时间上看，2013年以前，研究进展比较缓慢，之后该领域受到学界的重点关注，取得了突破性进展，出现了较多重要的研究成果。

从数量上看，国外的核心研究成果要多于国内，在该领域做了比较多的基础性工作，现在仍处于领先水平。从内容上看，国外的研究主要集中在自适应学习与教育结合的理论探讨；自适应学习系统建设的相关研究，包括模型的设计、平台的功能、运行的环境、数据的发掘、运行的算法以及基于神经网络的自适应机制的研究等。国内的研究主要集中在自适应学习系统的比较研究，自适应学习系统的整体建模和组件设计以及基于学习分析技术的学习平台开发等。从发展趋势上看，国外研究包括自适应学习平台的建设，先进技术在自适应学习中的应用，探讨人工智能、信息通信技术下的网络学习和移动学习，自我效能指标的确定，对学业成绩的影响和预测分析，平台和虚拟设备对学生的监控，等等。国内的研究包括数据挖掘、学习分析和机器学习技术，基于学生学习风格、认知、元认知和动机等各项指标的多视角自适应学习系统的设计与开发，贝叶斯理论及其在人工智能领域的应用，等等。国内外研究角度各不相同，有助于学科的多维发展。

然而，综观国内外自适应学习的相关研究，将该理念和技术应用到语言教学领域的并不多，仅有的研究也主要集中在英语语言教学上，包括英语个性化学习系统设计、学习分析、自适应学习顺序的数据挖掘、个性化学习辅导系统建设、自适应人机交互评估等研究，尚未形成语言教学的多语种、系统性研究。将第二语言教学中的汉语国际教育与自适应学习系统结合，研究构建符合汉语学习者特征的用户模型，开发适合自适应学习平台的汉语教学资源，设计适应汉语教学规律的教学模型，既是当前国内外研究的热点问题，符合国内外研究的发展趋势，同时又在一定程度上丰富了自适应学习系统的研究成果，将自适应学习的应用范围深入到语言教学领域。

参考文献

[1] 陈　悦、陈超美（2015）《引文空间分析原理与应用》，北京：科学出版社。

[2] 葛子刚、杨丽华、马焕新（2018）割裂还是融合？自适应学习系统设计对于学习风格和认知风格考量的研究现状述评，《中国远程教育》第 3 期。

[3] 徐　娟、史艳岚（2013）十年来数字化对外汉语教学发展综述，《现代教育技术》第 12 期。

[4] 周学海、周　立、龚育昌、赵振西（2001）自适应超媒体技术及其在智能化 CAI 中的应用，《计算机工程与应用》第 2 期。

[5] Brusilovsky（1996）Methods and techniques of adaptive hypermedia. *User Modeling and User-Adapted Interaction*, 6:87–129.

[6] The New Media Consortium. The Horizon Report 2015–2018 edition. Available at https://www.nmc.org/nmc-horizon/（8 May, 2020）.

汉语国际教育线上教学研究专题

疫情期间初级对外汉语线上教学的探索与思考

——以北京语言大学汉语进修学院初级系为例

吕欣航[①]

提 要 由于新型冠状病毒疫情的暴发，各大高校不能按时开学，线上教学成为新形势下的创新性尝试。本文以北京语言大学汉语进修学院初级汉语线上课程教学为例，介绍了汉语进修学院初级系在线上对外汉语教学中的实践与收获。初级系的线上教学通过探索，建立了以下模式：教学上依托于慕课、腾讯微信群、zoom视频会议和优酷录播课等多种网络平台，学生管理上借助多名助教依托线上工具跟班参与辅助管理，引导和陪伴学生积极参与；在教学效果上，由教学督导组听课提供建议并指导。从而保证线上教学的教学质量。

关键词 对外汉语初级教学；线上教学；新型冠状病毒疫情

一、对外汉语初级教学的特点以及疫情对线上教学的影响

2020年春季学期，按照我国教育部关于疫情防控期间高校开学"停课不停教，停课不停学"[②]的相关要求和精神，北京市各大高校贯彻教育部的决定，师生通过远程教学手段，开始新学期的学习。具有"小联合国"之称的北京语言大学（下文简称北语），一向以学生来源复杂、受国际影响较多而成为我

---

① 吕欣航，北京语言大学汉语国际教育学部汉语进修学院讲师。研究兴趣与研究方向：对外汉语词汇、汉字习得与教学。

② 教育部《关于在疫情防控期间做好普通高等学校在线教学组织与管理工作的指导意见》

国对外汉语教学方面颇有特点的高校。而今，在国际新型冠状病毒肺炎疫情形势严峻的大环境下，对外汉语的线上教学也面临着更为严峻的挑战。

1.1 生源的国际性使得线上教学的准备更为复杂

不同于以国内生源为主的其他学院，北语汉语国际教育学部汉语进修学院的学生来自多个国家，一个20人左右的班中会有来自十几个国家的学生。这种情况，在正常的现场课堂教学中并不会带来什么问题；但是，在新冠疫情全球爆发的今天，当学生们在自己国家参加线上课堂时，各国"时差"问题就成了不得不解决的问题。为此，不得不调整线上教学的班级学员数以及学员组成，并针对每个班的学员情况，尽量选择合适的上课时间。

由于线上教学依托于互联网平台，不同的国家对互联网的建设及各种网络视频软件的许可使用亦有所不同，因此必须筛选出可以满足绝大多数学生所在国家要求的线上教学平台。

1.2 初级汉语教学的线上教学对于教学方式的影响

由于初级汉语的教学对象，不同于中高级汉语教学的学生，他们一般是零起点或者只具有初级汉语水平的学生。这部分学生在学院参加现场课堂教学的时候，可以得到汉语的浸润式语境的帮助，在参与课堂学习时也更容易通过教师的课堂教学互动以及同学之间的互相交流达到加深学习印象、强化学习效果的目的；但线上教学由于受到网络传输速度、视频采集能力的影响，很难达到现场教学的效果。如：零起点的学生在进入学校办理入学手续的过程中，就可以听到各种简单的汉语日常用语；在实际课堂上，老师说到"请打开课本"或"下面我们来进行某某练习"的时候，即使学生第一时间无法理解，也可以通过观察周围同学或老师的动作来体会出老师所表达的意思，并在潜移默化中得到相关语言概念的进一步强化。但是，目前的线上教学基本上都是学生自己在终端上单独连线老师，通过视频会议等方式进行课堂互动，还无法模拟实际课堂的情景。由此，初级汉语线上教学要想保证教学质量，就需要对教学内容进行更为精细的选择，并探寻更多的教学方法上的创新。

1.3 线上教学对学生的管理提出更高要求

众所周知，学习效果本身是"教"与"学"两方面共同作用的结果，尤其是对于初级汉语的学习者来说，如果在学习过程中有同学共同学习的氛围，更容易帮助他们应对初次接触一门新语言的陌生感和畏难情绪，从而提高学习兴趣；同班同学的共同努力也更容易形成学习的合力，帮助很多自我管控能力不强、缺乏毅力的学生进行更好的自我激励，坚持学习。而目前线上教学的课堂仍然只能以视频会议的形式为主，以录播课程及社交群平台讨论的学习形式为促进，因此很难形成全方位立体的学习氛围，同班级学生的讨论方式受限，互动效果很难尽如人意。不得不说，这些问题也会对初级汉语线上教学的教学质量造成不小的影响。

二、对初级汉语线上教学的初步探索

在对外汉语教学方面，北语虽然具有所用教材系统性强、课堂教学紧凑高效、教师专业素养高等现场课堂教学的优势基础，但在线上教学的新情景模式下，并没有经过实践检验的现成的教材，线上课堂也与现场课堂的教学环境有很大的差异；于是在多名有丰富教学经验的教师反复研讨后，汉语进修学院初级系立足自身实际情况充分利用已有资源，逐步启动完善了线上教学的运行模式。

2.1 课程设置兼顾了影音优势和师生互动

线上课程依据学生为初学者的特点，按照语言学习"听、说、读、写"的特性进行课程设置，将此前的"听和说"课程进行细分，把听力部分重新编辑整合，做成录播视频，便于学生自由观看，而口语练习部分在每周进行一次直播练习课，以弥补师生互动的不足。针对综合课的课程特点，除了定时发布录播视频讲解以外，每周设置了三次直播教学，便于及时了解学生自学中的问题，及时掌握学生学习情况。在此基础上，根据学生实际需求，同时设置有"HSK4级"及"中国概况"等选修课程。这一划分既充分借鉴了网络传输对"文字"和"影音"的不同传输特点，也在很大程度上降低学生对学习新语言的畏难情绪。

线上教授课程以zoom视频会议为平台进行，这样可以满足世界上大多数国家的网络视频播放条件，方便更多国家的学生参与；并同时推出多时段在线直播教学，尽量减小因各国时差不同而带来的不利影响。

2.2 充分发挥线上工具优势：课前通知预习—线上课堂学习—课后复习练习

学院线上教学的每一节课在优酷平台都有内容相同的录播课程，在开课前一天由助教通过腾讯微信以群公告的形式通知全班同学观看录播课进行预习，以帮助学生先行熟悉线上教学的课程内容，充分准备需要与教师沟通的问题和难点。次日，由专职教师以zoom视频会议的形式进行线上课堂教学，在教授课程的同时解答学生的疑问，强化本课的重点和难点。在线上课程完成后，还有针对同一内容的复练作业，以多种形式帮助学生加深记忆。

2.3 利用线上工具辅助管理保障教学质量辅助管理保障教学质量

每个线上教学班级，除与现场教学时一样配备一名班主任外，增配一名教学助理和一名教务管理员，班主任及助理都与本班学生在同一个微信群中，方便及时沟通，统筹协调，帮助学生及时解决选课、作业、个别辅导、参加考试等相关问题。

学院中的教学督导组，通过参与zoom视频会议的方式对代课教师进行线上督导，分析汇总不同教师的教学状况，发现好的教学方法及时总结，以网络沟通的方法帮助代课教师及时改进教学方法，从而保证线上教学的教学质量。

三、对初级对外汉语线上教学发展及完善的思考

3.1 将更多的"互联网＋"高科技元素引入线上教学的教学实践中来

伴随着5G时代的来临，相信"深度智能（AI）""虚拟现实（VR）"等高新科技在线上教学中的应用都将能得到发展的空间。在我国国内的K12教辅行业中，"AI"数据技术已经投入教学实践，国内一些英语教辅课程通过收集建立中国学习者的发音、常犯语法错误等数据库，实现了针对不同英语学习者的特点，组合个性化训练和教学内容，从而提高学习效果。笔者不禁设想，能否将这一技术应用于初级对外汉语的线上教学实践中，增强对外汉语线上教学的个性化特点，以弥补线上教学不能及时针对具有不同学习习惯的学生及时进行课堂激励的缺憾。

希望在今后的对外汉语教学中，可以用科技提供更符合学生个性需求的教学内容、带给师生更有效的教学体验。

3.2 通过对语言学习小程序的开发和捆绑，建立全面立体的对外汉语线上教学系统

随着智能手机的普及，各种语言学习的小程序如雨后春笋般层出不穷，我们可以通过开发捆绑各种教学小程序，增加学生的练习方式，如：通过汉语语音练习小程序，帮助汉语发音学习较困难的学生有针对性地突破语音难关；通过词汇记忆小程序，帮助学生完成每课课后生词的记忆；通过建立带翻译辅助功能的初学者讨论平台，让各国新生可以更快地组成班级学习合力。

3.3 引入考勤管理、课程评价小程序，强化学生学习纪律管理

目前，我们的线上教学，只是单方面地由教学助理以通知公告的形式督促学生预习，而学生是否预习，在线上课堂中有没有认真听讲，都无法切实评估。线上教学中，老师也无法像在现场课堂中一样及时发现学生的各种学习状态的变化，并通过提问，重复等方式进行调整。笔者相信如果能通过听录播课打卡，引入课程中评价提问等程序性线上教学的功能，来加强对学生

的课堂激励机制，强化学生的学习纪律，也会对线上教学的教学质量进一步提高有所助益。

四、结语

2020年上半年由于受到全球新型冠状病毒疫情的影响，我系的对外汉语教学转换成了以网上教学为主，虽然稍显仓促，幸而有多年的对外汉语教学研究做基础，老师们通过多次网上会议教研，在已录制慕课的基础上，不断修改教学课件，调整授课细节，终于建立了较为系统的线上教学模式。虽然该模式还需要进一步完善，但至少为现阶段新冠疫情影响下的对外汉语教学，提供了有效的助力。

参考文献

[1] 何己派（2018）好未来的 AI 未来，《21 世纪商业评论》第 8 期。

[2] 侯德亭、柳青峰等（2020）抗疫期间提高大学物理线上教学效果的探索实践，《物理与工程》第 2 期。

[3] 韦家正、韦　端（2020）疫情期间高职院校线上教学的探索与实践，《通讯世界》第 4 期。

[4] 谢良梁（2018）当在线教育遇上 AI，《上海信息化》第 3 期。

[5] 袁耀峰、林　凌等（2020）疫情防控期间线上教学的初步探索，《大学化学》第 5 期。

[6] 喻　晓、赵冰华（2020）高校线上教学方式探索，《福建茶业》第 4 期。

[7] 张培培、和继威（2020）关于思政课线上教学的实践与探索，《政工学刊》第 5 期。

[8] 张　莉、刘健等（2020）新型冠状病毒疫情下生理学线上教学模式的探索与思考，《医学教育研究与实践》第 2 期。

从语言能力理论和对外汉语教学性质
看对外汉语线上教学的构建

韩　阳[①]

提　要　本文拟通过对梳理语言、语言能力以及对外汉语教学性质相关研究成果的分析和整理，为对外汉语线上教学框架的搭建，提供一定的理论和事实依据。

关键词　语言；语言能力；对外汉语教学；线上教学；理论构建

一、引言

2020年的疫情，让对外汉语线上教学走到了台前，这也让一直以课堂教学为主的传统对外汉语教学模式一时间显得有些局促和不知所措。究竟怎样开展对外汉语线上教学？如何合理构建对外汉语线上教学模式？怎样更好地实现对外汉语线上教学效果？这一系列问题困扰着学界。

目前有关对外汉语线上教学的研究成果相对有限，已有研究多集中在对外汉语线上教学平台的对比研究上，有关对外汉语线上教学的教学模式、教学方法等与教学本身的系统研究还比较有限，而构建科学、合理的对外汉语线上教学框架的前提是对对外汉语教学的本质和特点有一个明确、清楚的认识。由于对外汉语教学是第二语言教学，因此，在探讨对外汉语教学的本质之前，有必要明确语言和语言能力的内涵和外延。基于此，本文主要从语言、语言能力、对外汉语教学的性质和特点这三个方面，梳理相关研究成果，展

---

①　韩阳，博士，北京语言大学汉语国际教育学部汉语进修学院讲师。研究兴趣与研究方向：语言能力、对外汉语教学、第二语言测试。

开初步讨论，以期为对外汉语线上教学的展开提供一定的理论基础和科学依据。

二、关于语言

对于什么是语言，语言有哪些特点，学界早已给出了答案。语言是一套符号系统，而且是自然界最重要、最复杂的一套符号系统。语言符号系统有两个基本特性：任意性和强制性。任意性是指符号及其所代表的事物完全是两个独立的个体，相互之间没有必然的联系；它的音与义的结合也是任意的，是由社会约定俗成的。强制性是指语言符号系统一旦进入交际，它对使用的人来说就有强制性，不能随意更改，也就是使用者为了开展有效交际，一定要学习、适应和掌握这套符号系统才行。

语言符号系统的两个特点告诉我们：无论是第一语言学习者还是第二语言学习者，人们对某种特定语言符号系统都是不熟悉的，也是无迹可寻的，只能通过不断强化，才能识记某种语言符号系统。这意味着，语言学习者必须要通过大量的操练和不断的实践才能掌握好一门语言，脱离了具体语言使用环境或者长时间不使用某种语言，脑海中原有的语言符号印记会渐渐淡化，语言技能会慢慢丧失。

三、关于语言能力

由于"语言能力（language competence）"一词是由Chomsky在1965年首次提出并加以科学界定的，因此，本节主要选择了Chomsky（1965）及其后的代表性"语言能力"理论作为研究对象，这里主要包括Hymes（1971）、Canale & Swain（1980）、Canale（1983）和Bachman（1990、1996）的研究。其中，Hymes（1971）首次针对Chomsky的语言能力理论，系统提出了"交际能力（communicative competence）"的概念；Canale & Swain（1980）及Canale（1983）则主要是从第二语言教学和测验的现实需求出发，进一步发展了

Hymes（1971）的交际能力理论；Bachman（1990、1996）被认为是交际能力理论的集大成者，提出了目前应用最广泛的语言能力模型。此外，为了更加全面地了解语言能力理论的发展脉络，本文对结构主义语言能力观也会做简要介绍。

由于理论基础不同，上述四个语言能力模型主要分为两类，一类是以Chomsky（1965）为代表的唯理主义语言能力观，一类是以Hymes（1971）为代表的功能主义语言能力观。其中，唯理主义语言能力观以"唯理主义"哲学思想为基础，更多地强调"语言能力"的心理属性和自然属性，认为"说话"是人类的本能，它不具有个体差异；功能主义语言能力观则更加关注语言的实际使用，更多地强调"语言能力"的社会属性，多从语言功能①的角度探讨语言能力的本质，认为语言最重要的价值就在于能够表达说话人的想法，实现人和人之间的交流，其代表性理论是交际语言能力理论，Canale & Swain（1980）、Canale（1983）以及Bachman（1990、1996）都属于这种语言能力理论。

3.1　结构主义语言能力观

20世纪40年代的语言学界，结构主义盛行。以美国语言学家Bloomfield（1933）、Fries（1945）等为代表的结构主义语言学派（structural linguistics）认为：语言是一套形式结构，一套符号系统。同时，受心理学的行为主义（psychological behaviorism）影响，他们认为学语言就是要获得操作这套符号系统的技能，用行为主义心理学的术语说，就是训练对刺激做出正确反应的一套语言习惯。

结构主义时期有关"语言能力"的认识，主要是对"语言"表层现象的分析和探讨，比如他们所谈到的语音、词汇、语法等语言要素以及听、说、读、写等语言技能，这些都是能够直接观察到的语言的表层形式，对于"语言能力"的内在运作机制和实质，结构主义语言能力观解释得还不够充分，这也是后人批评结构主义语言能力观的主要问题所在。他们认为，结构行为

①　也就是语言是如何表情达意的。

主义对语言能力的有关认识相对机械、刻板，无法解释人类语言的能产性和创造性等问题，Chomsky便是批评者中的代表人物之一。

3.2　唯理主义语言能力观

1965年，Chomsky首次提出了"语言能力"的科学概念。他将"语言能力"和"语言行为（language performance）"区别开来，"语言能力"是指理想状态下的听话人—说话人所具有的语言知识，"语言行为"是指具体环境中对语言的实际使用。

Chomsky对"语言能力"本质的认识深受Descartes（笛卡尔）和Humboldt（洪堡特）唯理主义语言观的影响，他们认为，语言能力是人类天生就具有的一种内在机制，这种机制是人类共有的，不因人而异的。因此，Chomsky所提出的"语言能力"是指人脑中的一种内在机制，它具有"能产性"和"创造性"，"能用有限的规则产生无限的句子"①。同时，由于受到传统语言学的影响，Chomsky（1965）认为，语法就是对语言能力的描述②，因此，他用"语言知识"来界定他所提出的"语言能力"的概念，而这种"语言知识"就是他所提出的"转换生成语法"，可以说，转换生成语法的研究目标就是要解释人类"语言能力"的本质。但是，Chomsky似乎忽略了这样一个事实，那就是人类语言是非常复杂的，单纯一个"语法"又如何能解释人类语言的全部呢？这也是后人质疑Chomsky语言能力理论的主要原因之一。

3.3　功能主义语言能力观

3.3.1　Hymes的交际能力理论

Hymes（1971）认为，Chomsky忽视了语言行为的研究价值，使得其语言能力理论非常狭隘，而且片面化，因此，他结合相关社会文化学研究成果，从语言运用的角度，首次系统提出了"交际能力（communicative

---

① ［美］诺姆·乔姆斯基：《句法理论的若干问题》，黄长著、林书武、沈家煊译，中国社会科学出版社1986年版，序言第1页。

② 同上。

competence）"的概念。Hymes（1971）的"交际能力"由语言学、心理语言学、社会语言学以及语言的现实性四个部分组成，具体表述为以下四个方面：（1）是否（或在多大程度上）达到了形式上的可能性，这种可能性不仅是指语法，也指文化或者是交际层面；（2）是否（或在多大程度上）是可行的，这一点不限于心理语言学上的一些因素，比如记忆限制、认知机制等等，也包括其他影响交际的因素；（3）是否（或在多大程度上）是得体的，这里主要是指语境因素；（4）语言发生的现实性。Hymes认为言语行为的发生必须要具有一定的现实性。他指出，语言结构不能简单理解为发生的概率，而且结构性的变化是依赖于语言事实的发生的，因此不能忽视言语行为的现实性。

Hymes的交际能力思想并不是因为Chomsky的语言能力理论才突然形成的，但是，其交际能力理论确实是在批评Chomsky语言能力理论的基础上系统提出的。

首先，针对Chomsky的研究对象，Hymes提出了尖锐的批评。他指出，Chomsky讨论的不是社会群体中的人，而是一个抽象的、与世隔绝的、几乎毫无动机的认知机器。①他认为，只掌握Chomsky所说的语言能力是不够的，比如，一个儿童如果只具备Chomsky所说的语言能力，那么他的表达将是程式化的、任意的和不可预测的；而对于一个成年人来说，只说完全符合语法的句子，看起来也有点儿奇怪。因此，他认为，一个正常儿童所掌握的语言知识，不仅要合乎语法，还要恰当、得体，而且他还需要知道什么时候说话、说什么、怎么说、对谁说、在哪里说、以何种方式说。这种能力与态度、价值观以及动机密切相关，也与其他交际形式的互动密切相关。②

其次，作为社会语言学家，Hymes认为Chomsky严重低估了语言行为的研究价值。Chomsky（1965）认为语言行为不可能直接反映语言能力，只有在理想的情况下才是对语言能力的直接反映；并指出，只有作为生成语法研究的副产品的，才是对语言行为的研究。这在Hymes看来，是极不恰当的。Hymes

---

① 参见D. H. Hymes, "On Communicative Competence", in J. Pride and J. Homels(eds.), *Sociolinguistics*, Harmondsworth, Penguin Books, 1972, p.272.

② 参见D. H. Hymes, "On Communicative Competence", p.277.

非常重视语言行为（language performance）的研究，他认为，"行为"不是单纯的言语记录，或者是个体语言能力的不完美展现，它考虑到了说话人与他人的交际能力，以及行为本身一些可控或突发属性之间的互动，具有不能简单简化至个体或标准化语言能力的属性。他更进一步指出，语言学理论研究的问题不在于其抽象的一面，而主要在于它把语言结构视为其解释人类语言的终点和全部。因此，Hymes首次提出了交际能力理论，其研究目标就是解释实际发生的言语行为。

3.3.2 Canale & Swain的交际能力理论

由于前人有关语言能力的研究主要是针对母语者语言能力的，很少有关于第二语言学习者语言能力的系统研究和分析，为此，Canale & Swain（1980）针对第二语言教学、学习和测试的现实需求，在综合分析已有相关理论和实践的基础上，再一次提出了交际能力理论及其构成。1983年，Canale又进一步完善了这一交际能力模型。Canale（1983）的交际能力包含四个部分：语法能力（grammatical competence）、社会语言学能力（sociolinguistic competence）、语篇能力（discourse competence）和策略能力（strategic competence）。其中，语法能力是指词汇、句法、形态、语义以及语音等方面的知识和规则；社会语言学能力主要是指在不同社会情境下恰当选择表达方式的能力；语篇能力是指灵活运用语法和语义形成不同风格语篇的能力；策略能力主要是指为弥补语言能力不足或提高交际效果而采用一定策略的能力。

由于Canale & Swain（1980）理论的提出是以实践需求为出发点，因此，他们主要从第二语言教学实践的角度来探讨交际能力的构成。

他们认为以往研究对语言能力本质的揭示还不够，它们忽视了语篇能力和策略能力的研究。以Hymes和Halliday为代表的相关理论研究，关注的是语言知识和社会情境之间的关系，他们都没有考虑单个的句子是如何发展成一段话、一段篇章的，以及在语言能力有限的情况下，人们是如何实现交际目标等方面的问题的。因此，Canale & Swain（1980）基于对第二语言教学和测试现实需求的考虑，从语法能力、社会语言学能力和策略能力三个方面构建了交际能力模型。

Canale（1983）又明确指出，其交际能力模型包括四个方面的知识和技能（skill）[①]，他将"技能"一词包括进来，同时，假设其交际能力理论与其他行为理论以及知识技能系统以非特定的方式相互作用。他还指出，这一交际能力理论包括语言运用，但不只是交际。[②]

3.3.3 小结

通过上述对不同时期语言能力理论的梳理不难发现，其实，学者们对人类运用语言能力的看法实际是一致的：即语言能力由语言知识和语言行为两部分构成。只是不同时期的学者对语言能力各组成部分内涵和外延的界定和认识不同，但整体来说，对于人类语言能力构成的看法是一致的。

四、关于对外汉语教学

本节主要从对外汉语教学的教学定位和教学原则两方面展开论述。

4.1 对外汉语教学的教学定位

吕叔湘先生（1983）指出："学习语言不是学一套知识，而是学一种技能。"[③]所以，教语言也不是教一套知识，而是教一门技能。在对外汉语教学过程中，即便是到了中高级阶段，"仍然应当以培养交际能力为目的，以技能训练为中心"（李杨，1991）[④]。如何把教材中那些没有生命力的文字符号和语言知识变成学生的言语能力和言语交际能力，内化为学习者生命体的有机组成部分[⑤]，一直是对外汉语教学一线教师努力思考并要解决的主要问题。因此，

---

① 参见Michael Canale，"From communicative competence to communicative language pedagogy"，in J.Richards and J.Schmidt(eds.)，*Language and communication*，London：Longman，1983，pp.5-6.

② 参见Michael Canale，p.6.

③ 参见王钟华：《课程规范与相关问题》，p.448.

④ 同上。

⑤ 同上，p.449.

从本质上来说，对外汉语教学是技能教学，不是知识教学。

那么技能教学和知识教学的差别在哪儿？知识教学注重知识的传授和吸收，而技能教学注重由知识到技能的转化。知识到技能的转化，需要大量的时间和实践练习，以便形成扎实的思维记忆和肌肉记忆。据马蒂估计，学习第一语言，一个人一年大约能花5000个小时，一般需要15年才能达到成年人的水平，由此可见，语言学习是一件多么困难的事情，学习者需要付出大量的时间，参与大量的实践练习，才有可能掌握一门语言。这对于学习时间、练习数量均有限的第二语言学习者来说，想要学好一门语言就更难了。因此，王钟华（1999：450）指出，在第二语言学习过程中，技能培训丝毫都不能放松，技能教学的重要性怎么强调也不过分。

上述研究表明，在对外汉语教学过程中，大量的学习时间和充分的交际性练习，是第二语言学习者有效开展学习的基本前提和保障。

4.2　对外汉语教学的教学原则

随着第二语言教学的不断发展，新的教学理念和教学方式不断冲击着传统的教学观念和认知。然而，对外汉语教学的本质并没有随时间的变化而发生根本性的改变，半个世纪以前提出的教学原则和教学理念，依然适用于当前。

下面主要从精讲多练以及实践性和交际性原则两个方面，做一简要说明和论述。

4.2.1　精讲多练的原则

"精讲多练"是检验对外汉语课堂教学质量的黄金准则。评价教师课堂教学好不好，就看课堂上"讲""练"关系的处理如何。"理论规则要讲得精，用的时间要少；练习要多，用的时间要多。'讲'与'练'的比例一般不低于1：5"（盛炎，1990），是对每一位对外汉语教师正式开始执教前提出的基本要求。

4.2.2 实践性和交际性原则

学习者学习语言的最终目的，是为了在特定的语言环境中，实现一定的交际目的。因此，"实践性和交际性是贯穿于对外汉语课堂教学始终的总的教学原则，它既强调在语言教学中应着眼于组织学生进行积极的实践，又强调在课堂实践中必须带有明确的交际目的"（朱庆明，1999）。对外汉语教学交际性原则的核心在于，尽量在教学过程中为学生设计并提供真实可信的交际情景，以便让学生进行内容比较接近真实的模拟性交际，从而学会"在什么时候、什么地点、用什么方式表达最合适"。

朱庆明（1999：390）还进一步指出："对外汉语教学发展到今天，课堂教学必须跳出传统教学中所存在的重视知识教学而忽视技能训练，强调言语技能而忽视言语交际技能的片面性的圈子，必须充分重视学生交际能力的培养。"

虽然二十多年过去了，但这些基本的教学原则和理念，依然是设计任何形式的对外汉语教学框架时必不可少的考量条件。

五、关于对外汉语线上教学构建的思考

5.1 对外汉语线上教学理论建构模型

通过对语言、语言能力和对外汉语教学性质的剖析和思考，本文认为，无论哪种形式对外汉语教学的展开，都要兼顾语言知识和语言行为两方面因素。即在教学过程中，既要传授语言知识，比如语音、语法、词汇、语篇等基本的语言要素知识；也要设计大量的实践性和交际性练习，以促进语言行为的发生及形成，使语言知识成功内化为学习者生命的有机组成部分。基于此，本文大胆提出对外汉语线上教学的理论建构模型，如图1。

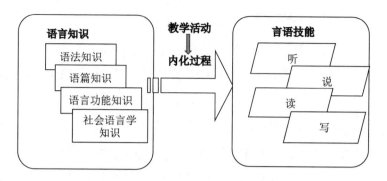

图1　对外汉语线上教学理论建构模型

该模型左边是语言知识模块，代表语言知识的讲解和传授；右边是言语技能模块，言语技能的外在表现即具体的语言行为。语言知识模块和言语技能模块通过大量、有意义的实践性练习和交际性练习获得有效转换，成功实现语言知识内化的教学目的和教学效果。

5.2　对外汉语线上教学的教学方式

目前线上教学主要有直播和录播两种方式。直播采用面对面的线上教学方式，因此在实践性练习和形成性评价方面都具有一定的优势；录播课因为无法实现师生面对面的交流，在交际性练习和形成性评价方面，均存在一定的不足。两种方式在该理论框架下，与课堂教学在教学内容和方法上的差异，见表1。

表1　直播和录播在教学内容和方法上的不同

教学内容和方法	教学方式		
	课堂教学	直播	录播
语言知识的传授	√	√	√
实践性练习	√	√	√
交际性练习	√		
反馈、形成评价	√	√	

因篇幅有限，本文仅简单展示了不同教学模式在教学内容和教学方法上的差异，仍有很多问题有待进一步的思考和研究。直播和录播作为线上教学广为采用的两种教学方式，各有其长处和不足，它们是否适合对外汉语教学，是否能很好地满足对外汉语线上教学所提出的理论需求和学习者的学习需求，都仍有待进一步的研究和论证。

参考文献

[1] 盛　炎（1990）《语言教学原理》，重庆：重庆出版社。

[2] 王钟华（1999）课程规范与相关问题，王钟华主编《对外汉语教学初级阶段课程规范》，北京：北京语言文化大学出版社。

[3] 朱庆明（1999）试论初级阶段综合课教学规范化，王钟华主编《对外汉语教学初级阶段课程规范》，北京：北京语言文化大学出版社。

[4] Bachman L. F.（1990）*Fundamental considerations in language testing*. Oxford：Oxford University Press.

[5] Canale M., Swain M.（1980）Theoretical bases of communicative approaches to second language teaching and testing. *Applied Linguistics*, 1（1）：1–47.

[6] Canale M.（1983）From communicative competence to communicative language pedagogy//Richards J., Schmidt J.. *Language and communication*. London：Longman：2–27.

[7] Chomsky N（1966）*Cartesian linguistics*. Cambridge：Cambridge University Press.

[8] Hymes D,（1972）On communicative competence//Pride J B, Homels J. Sociolinguistics. Harmondsworth：Penguin Books：269–293.

线上汉语教学模式的挑战和应对

——兼谈"线上"汉语教学的转型与汉语教师的"转化能力"

李东芳①

提 要 汉语教学无论是线下还是线上，都应该遵循教学规律。在汉语课堂教学中，应关注学生的需求和认知方式，重视学生的感觉和体验。如何吸引学生反复观看课件录屏，如何加强"师生"和"生生"之间的互动，让学生能够在语言运用中表达思想，成为线上教学在课堂教学设计上的重点关注之处。这对于汉语教师的要求是高于或者不同于线下教学的。万变不离其宗，一切教学行为都来自教师心灵的整合，唯有关注到自身以及学生的认知需求、情感需求和探究性等多种需求的"教学"动机，才能够产生有意义的教学行为，从而实现教学管理部门、教师个体、学生（客户群体）教学相长，互动受益的多方"共赢"格局，抓住这个核心，也是应对任何变局的不变之机。

关键词 线上汉语教学；课堂教学设计；教师行为；动机

一、前言

线上教学，对于习惯于线下课堂教学的教师而言无疑是一个挑战。但是无论如何，殊途同归，线上和线下教学都应该符合教学规律，尤其应该符合

---

① 李东芳，北京语言大学汉语国际教育学部汉语进修学院副教授。研究兴趣与研究方向：中国现当代文学、跨文化传播和跨文化交际研究等。

学生的学习心理。所以教师在教学设计中，要关注到学生的感受、体验和需求。

当然，线上教学要对教学计划和语言技能训练方式进行有针对性的调整。此外，线上教学使得汉语教师面临着更加深入的"转型"，通过建构良性的"教学自我"，在其深层次的心灵愉悦中完成教学效能的最大化和最优化。

二、线上汉语教学模式的挑战和应对

1.1 课堂教学设计的尝试：关注学生的体验和需求

20世纪初美国最著名的教育心理学家爱德华·桑戴克——联结主义学习理论的提出者，于1903年出版的《教育心理学》中所描述了几个学生的情况：有的自述理想是获得小品文文学奖，有的自述理想是成为一名法律工作者。这本书是教育心理学独立的标志。他在100多年前对当时美国青少年进行了一个调查，他发现："（学生们）对403道问题的回答涉及家。153～253个男生、100个女生希望离开家，独立闯荡新路，或是发现家缺少吸引力。"[①]他认为"这个调查给我们呈现一幅真实的画面，那就是年轻人在这段时期对待家、学校和权威的感受"，并提醒教育工作者们"一个从12岁到18岁的男生或女生有完整的个人意识和个人认知的权利。"[②]

所有的教育，之所以称为"教育"，就一定具有某种目的，即希望被教育者通过教育的手段和方法，从而达到教育的"目的"。

汉语国际教育的目的是什么？培养目标是什么？如果这个问题认识不清晰的话，那么所有的教育活动，包括课堂教学、考试、教材编写等等，可能都是"盲目的"。或者单纯地只留下些许的"商业"目的——吸纳多少生源，来"量身定做"，吸引住学生。

但即便是"吸引住学生"这个目的，也需要回到教育规律中来进行：即

---

① 爱德华·桑戴克：《教育心理学》，192页，商务印书馆，2015年。
② 爱德华·桑戴克：《教育心理学》，193页，商务印书馆，2015年。

要研究学生有什么样的需求，他们在学习过程中的心理和生理感觉是什么样的。无论多么深奥的理论实施在课堂教学中，也还是要面对活生生的、具体的"人"！

如果我们忽略学生的需求和认知方式，而一厢情愿地使用教师或者教育管理者自己认为的合适的方式，就可能犯错误。

毕竟，东西方的教学文化有很大不同。当然，我们也不必削足适履，去迎合和满足每个学生的需求，这对于由来自十多个甚至更多国家的20多位学生组成的汉语课堂来说，也是不太现实的。

虽然学生来自不同的教育文化背景，但是他们有共性——都是年轻人。20多岁的年轻人有一些共同特点，比如：喜欢挑战权威，喜欢被尊重，喜欢被关注，喜欢被夸奖，喜欢课堂富有趣味性、教学富有节奏感，喜欢有"趣"有特点的老师，等等。

因此在课堂教学中，应该是在"感觉"上下足功夫。感觉和体验从来都是人类吸收知识、学习技能首要的重要媒介，然后才是大脑的理解和"加工"。如果我们忽视前两者，那等于把学生设定为千人一面的"机器"——假定他们都是带着不走神的脑子，不断记笔记的"手"，和随时可以说出汉语句子的"嘴"来到课堂上，而忽视了教学设计完全可以真正"下功夫"的地方。

比如：他的眼睛需要"看见"，看见老师的板书、看见教室环境、看见教师的神态；他的耳朵需要"听见"，听见老师播放的歌、听见同学的发言，听见老师的讲解（包括语气）；他的身体需要舒适的温度和适当的光线，需要感受到班级的氛围，甚至肢体需要在"坐着"和"站着"乃至"走步"之间进行调节；他需要把自己的个人思想通过口头表达出来，而获得正反馈——心理满足感以及成就感，从而缓解"汉语难学"的焦虑，以及避免以"句子"表达为导向的"枯燥"感。

在这样重视学生的生物性"体验"的课堂上，学生的语言学习可以充分调动他的"感觉"器官，同时又调动大脑的思维活动，使得他能够进行真实的语言交流，语言思考和语言表达。

除了对于学生作为"人"的体验的重视，在教育学家库玛眼里，"教学还应该关注人的情感变化"①。也就是说，教学应该关注包括自身在内的"人"的情感部分。

（1）基于此教学理念，我曾将综合课的教学活动设计围绕学生的多种体验进行。笔者曾在《提高篇》的综合课上一度设计的一个语法点习练环节：角色扮演。操作流程如下：

讲解语法点的意义、用法和语用情况——让分成小组的学生进行编导——用汉语合作沟通——其间可以使用体态语（比如可以走动，比画）和汉语口语——进行"情境化表演"——让学生将运用语法点的句子写在黑板上——全班同学集体改正。

由于有4~5个小组进行角色扮演，同一个语法点进行了强化理解和强化使用，多次重复后，印象深刻。包括"听说读写"在内的多种技能得到习练。

此教学设计在2019年9月—2020年1月的学段中，非常受欢迎。

（2）增加体验式学习，在语言学习中补充审美等文化体验学习，对于课堂教学任务的完成有着意想不到的效果。

比如：笔者曾经在《提高篇》课堂上设计过一个课前静心小环节：

品茶听古琴。操作流程如下：

每次邀请四位学生（一般是当月过生日的学生）。教师将茶具和茶席、茶叶准备好。同时打开准备好的一首古琴音乐——请学生一边欣赏古琴，一边观赏教师洗茶、倒茶、闻香、分茶等。——四位同学饮茶、品茶。

经过此体验活动，前后约5分钟，全班学生们鸦雀无声，沉浸在教师营造的中华文化"审美境界"之中得到"美"的享受。这加深了学生对班级的归属感和凝聚力，加深了教师和学生的情感交流，加深了学生对中华文化的深度体验。很多学生课下开始关注中国茶叶的种类和"喝法"，并且以"懂得"喝中国茶为荣，说明此小小教学环节，唤起了外国留学生内心对中华文化的好奇心。

（3）重视师生和学生之间"交流"。我在课上、课间以及课下的微信群

---

① 库玛：《超越教学法——语言教学的宏观策略》，陶健敏译，北京大学出版社,2013年，第8-9页

里，尝试创造学生们用汉语交流的"空间"。一方面增强了班级凝聚力，另一方面不限于汉语学习，将班级营建为一个跨文化交流、互相尊重、共享异己文化之"友谊"的平台。

1.2　线上课堂教学方式的应对

由于新冠肺炎疫情影响，线上教学方式与传统的线下教学有所不同。主要有两种方式。

第一种是线上录播。由于时差原因，教师将课件录屏放在网上，请学生们自行观看。第二种是在线直播。线上教学的好处在于学生可以反复回听回看，超越了线下教学时空"当下性"的限制；线上直播可以在线互动，缺点是信息交流有限。

两种线上汉语教学方式的共同优点是不限时空，给予学生自由度。特点是：

——符合成人线上学习的心理规律，自我确定学习时间。这种线上学习的方式对学生自主学习的要求较高：学生要能够读懂汉语课件，并且具有自主学习的积极性和自我管理意识，而对于作业等任务能够在没有"监督"和"督促""鼓励"等教学手段的支持下依然完成。

——激发学生的积极性，要通过异于线上教学的方式进行。比如有的学生有丰富的思想，思辨性很强，想要拥有使用第二语言进行思想表达的成就感，就应该得到教师的重视。

——课件的教学目的应该避免将语法点的掌握和造句作为重点，而应该将思想表达和内容的理解作为重点。后者的教学目的会包含前者的教学任务，而避免线上教学带来的"枯燥感"。

——所有的技术手段和ppt技巧都应该围绕着提供趣味性和便利感，甚至从视觉的审美上、听觉素材的丰富上、视频信息的有趣上去吸引学生的注意力。

——作业要避免单一的语法练习，可以引入口语表达、阅读和理解，以及"限定性写作"（比如限定语法点和词汇，让学生能够在自由思想的表达中检验语法点的运用)。

——授课后应有反馈和交流，应该借助学生的微信群或者网络社交群，可以通过语音和视频，进行汉语"线上社交"。为避免增加教师的工作量，建议定期进行授课教师与学生的限定时段的交流。这样"教"与"学"，就形成了闭环。

如何吸引学生反复观看课件录屏，并且如何让学生通过"书写"和"语音"加强互动，让学生能够在语言运用中表达思想，就成为线上教学的授课教师在设计上重点把握之处。这对于汉语教师的要求是高于或者不同于线下教学的。

线下教学，是师生共处于一个时空，有着眼神、听觉等的信息交流，信息丰富，对于学生掌握汉语以及跨文化交际能力都有重要作用。而线上教学，彼此隔着"屏幕"，唯一的中介就是"电脑"，学生能够得到的所有关于汉语和汉文化的认知，都来自有限的"ppt"。不过，线上教学可以反复回放，学生可以多次学习，这就要求教师在线上教学设计上下更大的工夫。

1.3 新形势下汉语教学的应对：培养汉语教师的"转化能力"

线上教育技术的广泛应用，使得汉语教学中教师的转型成为重点问题。一般高等教育中教师的主体地位体现为其阐释和演绎的独特性，学生在浩如烟海的学科专业书籍中跟随教师的引领，熟悉学科发展的历史脉络和发展前沿，从而寻找自身的兴趣和学科发展的结合点；而汉语教师的主体性体现却大异其趣，其基本的教学能力不是"阐释和演绎"，而是"教学方法"（technique and approach），也就是说，语言知识是确定的，关键是如何介绍给学生。

为此，教学管理基本上是围绕着提升汉语教师的"教学方法"而设置教学讲座、教学交流和基本功比赛，以提升教学能力。毋庸置疑，这些教学活动对于汉语教师个体而言，在相当大的程度上开拓了学术视野，了解了最为前沿的教学动态，明晰了个人不足和努力方向，但是这些活动基本上都在围绕一个关键词——"方法"，似乎有了好的教学方法，教学效果就可以最优化。

为了教学效果的最优化，学界主要强调教学方法的研究，对于汉语教师的教学素质提升也主要围绕这一关键词，比如上述系列教学讲座和交流等等活动的开展。与此同时，也一直在讨论汉语教师应该具有怎样的知识结构和能力结构。这种讨论的思维逻辑是：汉语教师具备合理的知识结构，掌握了恰切的教学方法，就可以创造出最好的教学效果。

但是近来第二语言教学界已经开始质疑对"方法"的倚重和强调，其中代表性的意见为对方法论的质疑："一些质疑方法本质和范畴的批判性思维，以及帮助正确理解方法的想法正在慢慢地出现，近十年来发展尤为迅速。""人们认识到教学方法只是不断重复着一个生老病死、永不停歇的生命循环，在语言教学专业中逐渐发展出一种超越方法的意识。"[1]这就是力图超越方法的"魔网"，另辟蹊径的"后方法"理念的开启，我认为这意味着汉语教学学界开始突破过分强调"教学方法"的思维定式和研究模式。

这势必引出对外汉语教师的能力突围：从线下教学转为线上教学的重要挑战不仅仅在于对各种网络录播软件技术的熟练，而更在于丰富的"转化能力"。

美国语言教育家库玛总结了当前教育界对于教师的三种认识：（1）教师是被动型的技术工人；（2）教师是反思型的实践者；（3）教师是转换型的知识分子。[2]我认为这三个分类中，汉语教师正在"被动型的技术工人"，必然向"反思型的实践者"和"转换型的知识分子"转化。

关于"被动型的技术工人"的认识源自于"重视经验性实证研究的行为主义心理学派"。"在行为主义传统中，那些由'已证'并且是'可证的事实'以及那些界定清晰的'规则'所组成的'内容知识'，是教学和教师教育关注的重心"。基于此，"教师和他们的教学方法并不受到重视，因为他们的有效

---

① 库玛:《超越教学法——语言教学的宏观策略》，陶健敏译，北京大学出版社，2013年，第22页。

② 库玛:《超越教学法——语言教学的宏观策略》，陶健敏译，北京大学出版社，2013年，第3页。

性无法得到确切的验证"。①这种技术主义观点，最大的失误就是它不关注教师的创造性和个人风格。

这样便将教学链条上的教师群体一分为二，一类是创建专业知识的专家型教师，他们负责建构一整套专业学科知识；而另一类则是负责掌握前者创建的知识内容，传授给学生，他们就仿佛"管道"一般，只负责传送知识，而"无权对信息内容做重大的调整。"教学行为就变成了"机械地执行那些代代相传、固定不变的"②知识和信息。

可以想象，这对于教学能力有限，特别是不注重自主教学研究能力和创新思想的教师来说，这种教师定位使得他们如鱼得水，最为保险。

但同时这种技术主义为核心的观点导致的后果却是严重的，那就是：由于教师并不负责设计和建构教学知识，而是理解和实践已经规定好的教学理念，这样就导致教师失去创新能力，他们在课堂上的教学行为很大程度上会"被拘囿于被动接受的知识上，而无法灵活运用生动活泼的教学经验"，使得教学变得被动、单调、缺乏挑战性，久而久之，教师会对如何教学失去新奇感和兴奋感，那么课堂效果也就可想而知。

再来看第二种对教师的定位：教师是反思型的实践者。这种理念主要来源于美国教育家杜威的反思型教学理论。杜威认为，教师不应该只是现成知识的被动型传播者，还应该被视为问题的解决者，教师应该具有"对过去进行批判性、想象性思索，展开因果联想，发掘探索性原则，进行任务分析的能力，也应具备展望未来，进行前瞻性规划的能力"，③因此，这种认知强调教师的创造性和艺术性，强调教师的批判性思维。

它的最大贡献在于提出教师要习惯于自身的自我观察、自我评价和反思自身的课堂教学，摆脱教师对教学理论权威的依赖。

---

① 库玛:《超越教学法——语言教学的宏观策略》，陶健敏译，北京大学出版社,2013年，第4页。

② 库玛:《超越教学法——语言教学的宏观策略》，陶健敏译，北京大学出版社,2013年，第4页。

③ 库玛:《超越教学法——语言教学的宏观策略》，陶健敏译，北京大学出版社,2013年，第5页。

还有第三种角色类型是所谓"转换型的知识分子",库玛对其教学特点进行了详细描述：

"教学应该以探索为导向——教师培养并发展研究型技能，在课堂内外帮助自己以及学生去探索所提出的各种有关生活的问题；教学应该强调社会情景——教师意识到社会政治的背景以及形成这一背景的权力维度；教学应该立足塑造世界——教师们认识到恰当的知识是特定环境中师生互动的产物，他们积极发展这种知识；教学应该重视课堂即时发挥的艺术——教师们认识到课堂教学具有不确定性和独特性，因此能够也愿意临时性调整课堂教学计划以及相关的教学步骤；教学应该致力于培养学生的情景参与热情——教师们懂得根据学生们的言谈，爱好以及经验来定位每一堂课，鼓励学生更多地参与课堂讨论；教学应该通过批判性的自我反思和社会反思以获得进一步发展；教学应该重视民主化的自主教育——教师们思考如何帮助自身及学生们获得自主教育的权力；教学应强化对于多元化社会形态意识的敏感性；教学应该强调行动；教学应该关爱人的情感变化。"[①]

也就是说，转换型知识分子意味着具有吸收和加工知识信息以及探索新技术新知识的能力，重视课堂发挥的灵活性，重视与学生的互动，重视可行性和包括自身在内的人的"情感"部分。（最近几年汉教学界开始出现关于汉语教学中"情感"因素的研究。）

综合其上，库玛的教师分类法，给予我们很多积极的启示。结合汉语作为第二语言教学这一学科的特点，以及线上教学的势在必行，汉语教师势必会向"反思型教师"和"转换型知识分子"靠拢，开掘汉语教师自身的反思能力与探索性研究、教学能力。

具体地说，就是汉语教师不只是"管道中介"，还是"学习的促进者"。汉语教师的知识来源不只是专业知识和教学专家的经验性研究，而是还有教师自行主导的行动研究和自我探索性研究；教学的主要目标不只是通过规定性活动使得学科内容知识最大化，还要通过问题解决型活动使得学习潜力最

---

① 库玛著：《超越教学法——语言教学的宏观策略》，陶健敏译，北京大学出版社，2013年，第8—9页

大化。

对于语言学习的新理念，意味着汉语教师必须迎接和面对学生的需求：认知需求、情感需求和心灵需求，同时还不能忽视全球化经济信息化带来的挑战，那种仍然将语言学习视为关在房间里"操练"的观念无疑有些陈旧单一。

这意味着必须"释放"和"开启"汉语教师作为教学主导者的创新性与积极性，回归并建构教师本人的教学心灵，使得汉语教学成为教师心灵与语言的连接处，课堂活泼生动，在教师与学生的互动式学习、学生之间的交互式学习中建构最大化的学习效能。汉语教学的课堂（尤其线上教学）成为一个开放式空间，教师和学生通过汉语不仅进行语音的正音和词汇、语法点的操练，而且还进行思考、交流、研究，乃至线上的探究式实践，教师在获得深层愉悦的同时，学生也会深受其益。建构并培植出良性的"教学自我"的汉语教师一定是一个优秀的教师，他一定会在职业中获得深层次的愉悦，而在教学中以教师和学生彼此思想的激荡与交流来滋养彼此教与学的心灵，我认为这才是汉语教学成功的深层动力。

通过各种形式和功能性活动，汉语教师在"使命"和"天职"的层面获得心灵归属，而非谋生糊口饭碗的层面去面对教学与自我提升，从而在职业中获得深层次的身份认同。唤醒并激发汉语教师的职业动机——使命感而非仅仅是工作的自我认同，从而保持教学心灵的创新性与愉悦感，从而建构良性的"教学自我"，在其深层次的心灵愉悦中完成教学效能的最大化和最优化。

这种"转化型知识分子"的定位对于汉语教师来说，才能够以不变应万变，应对未来线上和线下融合教学模式的需求和挑战。因为一切教学行为都来自教师心灵的整合，唯有关注到自身以及学生的认知需求、情感需求和探究性需求等多种需求的"教学"动机，才能够产生有意义的教学行为，从而实现教学管理部门、教师个体、学生（客户群体）教学相长，互动受益的多方"共赢"格局。

因为"就像任何真实的人类活动一样，教学不论好坏都发自内心世界。"

美国教育家帕克·帕尔默在《教学勇气》中对学界进行了提醒：似乎在匆忙的教育改革中，"我们忘记了一个简单的事实：如果我们继续让称职的教师所如此依赖的意义和心灵缺失，仅仅依靠增加拨额款，重组学校结构，重新编制课程以及修改教科书，改革永远不能够成功"。[①]其原因在于，如果"我们不能珍惜以及激励作为优秀教学之源泉的人的心灵"，仅仅靠提供"赋予其学术管理方面的职责""提供好的方法与材料"，都不能改变教育。

正如帕尔默所说，教学不外乎是人生中的心灵工作。在教学方法和教学技巧的背后，最重要的是教师的自身认同和自身完整。就像任何真实的人类活动一样，教学不论好坏都发自内心世界，优秀教师的特质是具有能够将他们个人的自身认同融入工作的强烈意识。当一个教师内心世界的冲突投射到外部世界时，他的教学就变成了战争。当一个教师的自我在教学工作中得到发展时，他的教学就变成了快乐。方法论、课程设置和制度的重建都是外部因素，而如何启动教师的教学心灵，才是教学成败的关键。在此意义上，只有保护每个教师寻找并发展契合自己本性的教学方式，使得他的教学方式和他自身之间找到了一致性，才可以使教学保持活力。

三、小结

万变不离其宗，不管汉语教学遇到线上和线下怎样的"形式"与"形势"的变化，核心问题就是：一是要遵循教育规律，根据学生的学习心理进行教学设计；二是线上教学要有相应的教学调整；三是汉语教师的"转化"能力面临着提升与培养。只有遵循教学规律，才能够收获令人满意的教学效果，而这也是任何一个教学管理机构所迫切看到和认知上需要的改变。

参考文献

[1] 爱德华·桑戴克（2015）《教育心理学》，北京：商务印书馆。

---

① 帕克 帕尔默：《教学勇气——漫步教师心灵》，华东师范大学出版社，2005年，第4页。

[2]　库玛（2013）《超越教学法——语言教学的宏观策略》，陶健敏译，北京：北京大学出版社。

[3]　帕克·帕尔默（2005）《教学勇气——漫步教师心灵》，上海：华东师范大学出版社。

情感因素影响学生线上口语交际意愿的调查研究

王　磊[①]

提　要　本文从线上口语教学实际问题出发，以交际意愿模型理论为框架，调查了学生线上口语交际意愿，并分析了学习动机、交际焦虑和自我感知交际能力等个体情感因素对交际意愿的影响。在此基础上，对线上口语教学提出了几点教学建议，以提升学生线上口语交际意愿，进而提高线上口语教学效率。

关键词　学习动机；交际焦虑；自我感知交际能力；交际意愿；线上口语教学

一、引言

网络信息时代催生了基于互联网的汉语第二语言教学（陆俭明，2010）。2019年末以来，新冠肺炎疫情的全球蔓延促使线上汉语教学飞速发展，成为当下主流的教学实现形式。在线上汉语教学突然大范围开展的情况下，新媒介、新理念和新模式等全新体验给汉语教学带来了巨大冲击，新问题不断涌现。其中，我们在线上口语教学中发现，尽管教师设计了很多使用汉语进行表达的练习，但是学生面对表达机会时，并未积极配合。换言之，教师单方面提供交流机会并不一定能保证学生的开口率。不管用什么方法，如果最终学生还是不愿主动发起或参与交际活动，方法想得再好也没有用（章吟，2010）。因此，我们需要了解学生线上口语交际意愿，并有针对性地对此加以

---

①　王磊，北京语言大学汉语国际教育学部汉语进修学院讲师。研究兴趣与研究方向：对外汉语教学法、汉语作为第二语言的习得研究。

强化，才能激发学生主动参与线上活动，保证有效、充分的口语输出。

学习者交际意愿的高低与二语学习效果有着紧密联系（于晓日，2013），而影响交际意愿的因素纷繁复杂，其中学习者的情感因素是学界关注的重点（陈莹，2007；彭剑娥，2007；石运章，2008；章吟，2010；于晓日，2013）。因此，针对汉语学习者情感因素与线上口语交际意愿的关系开展调查研究，具有重要作用和现实意义：（1）有助于了解学生线上口语交际意愿现状，为分析线上教学与课堂教学差异提供参考信息；（2）有助于探讨学习者情感因素对线上口语交际意愿的影响，为破解线上口语教学困境，从"学"的角度进行教学设计，提供数据支持；（3）有助于指导教师运用科学的教学策略，构建以学生为中心的线上口语教学模式，提供重要依据。

二、前人研究概况

交际意愿最早被用来描述第一语言交流中人与人之间有规律的语言行为差异。McCroskey & Baer（1985）将交际意愿定义为发起交际活动可能性的意愿，并且强调交际意愿在本质上具有稳定性，是一种基于性格、类似特征的倾向。

随着交际意愿研究范围的扩大和研究案例的增加，二语习得领域开始关注二语学习者的交际意愿。McCroskey & Richmond（1991）将二语交际意愿定义为人们在一定条件下可以自由选择交谈时主动进行交流的意愿，也就是选择交际抑或回避。McIntyre（1994）提出了最初的交际意愿模式，认为自我感知交际能力越高，交际恐惧越低，交际频率越高。McIntyre & Charos（1996）把社会教育模式与母语交际意愿模式结合起来，修正了二语交际意愿模式，探究二语交际意愿相关变量之间的关系。McIntyre等（1998）构建了一个六层金字塔状的二语交际意愿模式，对影响二语交际意愿的各种变量进行了层级排列。在这一模式中，学习者个性、交际氛围、交际态度与动机、二语自信心、交际能力等众多因素相互关联，并影响二语交际意愿。由此可见，二语交际意愿并不是母语交际意愿的简单迁移，相对母语而言，二语使用中影响交际意愿的有关变量之间的关系更加复杂。基于这一模式，相关学者进行了大量实证研究，研究发现，二语交际意愿与自我感知交际能力有正相关关系、与二语焦虑有负相关关系，二语水平通过学习者的交际信心对交际意愿产生间接影响（Yashima，2002），同时二语交际意愿与学习动机存在正相关关系（Hashimoto，2002）。

在国外相关研究的影响下，国内外语教学界关于中国学生英语交际意愿的研究虽然起步较晚，但是大多采用了定量与定性研究相结合的方法，研究结果有数据支撑，信度较高。刘圣明（2002）在众多动机理论研究的基础上，结合中国文化特征，探讨了影响中国大学生英语交际意愿的多种因素；余卫华、林明红（2004）调查并对比了穗港两地大学生的英语交际意愿，指出广州学生的英语交际意愿高于香港学生；巴迪迪、王林（2007）分析了大学生英语交际意愿与"哑巴英语"之间的关系；陈莹（2007）研究了交际意愿、社会支持和语言学习取向三者之间的关系，发现工作、旅游、友谊、知识和学习成绩这五种语言学习取向及社会支持均与交际意愿无重要相关，外部因素对交际意愿影响不大，而个体因素在很大程度上影响其交际意愿；钟小立（2015）运用翻转课堂理念进行英语教学实验，发现与传统课堂相比，翻转课堂模式能够有效提升学习者课堂内外的交际意愿；韦晓保（2020）探究了二语自我、歧义容忍度和交际意愿之间的相互关系，发现二语自我系统中理想二语自我和学习经历对交际意愿有着正向的预测力，应该二语自我对交际意愿有着负向的预测力，歧义容忍度在二语自我与交际意愿之间起着重要的中介作用。

目前，国内对外汉语教学界关于交际意愿方面的研究较少。章吟（2010）以二语学习的社会模式和交际意愿模式为理论框架，结合二语使用频率的作用，探讨了美国大学生在京留学期间的中文交际意愿，研究发现，学习者在课内的交际意愿高于课外，课内的自我感知交际能力高于课外，课内的交际恐惧低于课外。另外，研究指出，学习动机与课内外交际意愿和课内交际恐惧并无关联，而它们与课内外的自我感知交际能力和课外交际恐惧分别呈现正相关与负相关。于晓日（2013）调查了沪宁两地留学生汉语交际意愿的现状、特点，并分析了影响交际意愿的因素，研究发现，留学生的汉语交际意愿值比较高；客观背景变量是影响留学生汉语交际意愿的外在因素，其中性别、国籍、专业、学历对交际意愿无显著影响，年级对交际意愿具有显著影响；情感变量是影响留学生汉语交际意愿的内在因素，动机、交际能力的自我评价、焦虑、语言态度和汉语口语水平的自我评价等变量与交际意愿显著相关，其中动机、语言态度和汉语水平的自我评价均与交际意愿存在正相关的关系。

综上所述，交际意愿对二语者口语输出具有重要影响，而二语者个体情感因素与交际意愿关系密切，情感因素会通过影响二语者的交际意愿，对二语习得效果和输出情况产生影响。不过，交际意愿的概念根植于北美环境，前人研究大多以欧美学生为研究对象，并且主要考查课堂内外真实情境中的交际意愿，很少针对汉语二语者在线上教学环境中的交际意愿进行研究。因此，本研究基于二语交际意愿模式，通过统计问卷调查结果和构建多元回归模型，描述汉语二语者线上口语交际意愿，分析学习者个体情感因素对线上口语交际意愿的影响。

三、研究方法

3.1 研究设计

我们将学生线上口语交际意愿作为因变量，将汉语学习动机、自我感知交际能力和交际焦虑作为自变量，通过建立多元回归模型，并进行强制性回归分析，深入探讨汉语二语者个体情感因素对线上口语交际意愿的影响。

3.2 被试

本研究的被试共64名，均为北京两所高校2020年春季学期线上口语课程的学习者。被试国籍背景较为多样，来自俄罗斯、法国、波兰、乌克兰、比利时、西班牙、韩国、日本、越南、印尼、泰国、厄瓜多尔、墨西哥和委内瑞拉等14个国家；被试包括男性27名，女性37名，年龄在20～28岁之间

（M=22.34；SD=2.105）；被试均为中高级汉语学习者，HSK考试成绩均达到四级（含）以上。

3.3 调查量表

（1）交际意愿量表。我们使用的交际意愿量表基于McIntyre等（1998）"Willingness to Communicate inside the Classroom"调查问卷，并参考石运章（2008）测量中国学生英语口语交际意愿的《课内英语交际意愿量表》和于晓日（2013）测量留学生汉语交际意愿的《课堂内汉语交际意愿调查表》，同时结合线上口语教学的特点，以测量留学生线上口语交际意愿。量表包括两部分，第一部分为背景信息调查，主要了解性别、国籍、年龄、所在学校、HSK等级、学习汉语时长、来华经历和线上课程学习情况等，第二部分为线上口语交际意愿调查，问卷列举了各项线上口语表达任务，每项设置"1=肯定不愿意；2=可能不愿意；3=可能愿意；4=肯定愿意"选项，学生根据自身情况选择一个最符合实际的答案。口语表达任务包括：用汉语自我介绍、回答问题、重复例句、朗读对话、角色扮演、提出问题、谈论课文主题、发表观点和介绍个人经验等，共计25题。自制量表的信度较高，通过Cronbach内部一致性检验，信度系数为0.71。

（2）汉语学习动机测量表。我们使用的是Gardner & McIntyre（1993）使用的态度/动机调查量表（Mini AMTB），包括11个测量项，每项采用李克特量表形式，得分从1到7。量表涵盖融入性动机、对教学环境的态度、汉语学习动机、工具型动机和语言焦虑。

（3）交际恐惧量表。我们使用的是Yashima（2002）使用的量表，每项用0～100数字测量，学生根据实际情况填写合适的数字，以表明其在每种情况下使用汉语时的交际恐惧。量表共有12个测量项，涵盖不同的交谈对象和交际场合。

（4）自我感知交际能力量表。我们使用的是McIntyre & Charos（1996）使用的量表，每项用0～100数字测量。学生根据实际情况填写合适的数字，以表明其使用汉语时的自我感知交际能力。量表共有12个测量项，涵盖不同的交谈对象和交际场合。

四、调查结果

4.1 学生线上口语交际意愿

线上口语交际意愿的计算方法为将学生对25个题目所做选择的每个选项对应的数字相加。比如，一位学生完成的问卷25个选项对应的数字为：2、3、3、4、3、2、2、2、3、3、4、2、4、2、3、2、2、1、1、1、1、2、2，其线上口语交际意愿得分为58。那么，该生的线上口语交际意愿处于平均值50~75之间，也就是说，其交际意愿介于"可能不愿意"和"可能愿意"之间，并且更接近于"可能不愿意"，表明其线上口语交际意愿较弱。最终，通过计算每名被试的交际意愿得分，发现学生线上口语交际意愿均值为54.6，介于"可能不愿意"和"可能愿意"之间，而且非常接近于"可能不愿意"。这说明学生在参与线上口语教学过程中，交际意愿很弱，不会主动使用汉语进行表达训练。

4.2 情感因素与线上口语交际意愿的相关性

我们将调查数据进行pearson相关分析。总体来说，学习动机、焦虑和自我感知交际能力等情感因素与线上口语交际意愿之间存在较强的相关性。具体数据见表1。

表1 情感因素与线上口语交际意愿的相关性检验

	交际意愿	学习动机	交际焦虑	自我感知交际能力
交际意愿	1			
学习动机	0.314＊＊	1		
交际焦虑	−0.292＊	−0.051	1	
自我感知交际能力	0.418＊＊	0.351＊＊	−0.276＊	1

注：＊＊表示相关显著水平在0.01，＊表示相关显著水平在0.05。

如表1所示，汉语学习动机和自我感知交际能力与线上口语交际意愿之间存在正相关，使用汉语时的交际焦虑与线上口语交际意愿之间存在负相关，而学习动机、自我感知交际能力与线上口语交际意愿的相关程度高于交际焦虑。

4.3　情感因素影响线上口语交际意愿的多元回归分析

我们把留学生的课内外汉语交际意愿作为因变量，汉语学习动机、交际焦虑、自我感知交际能力作为自变量，使用多元线性回归分析后，统计结果如表2所示。

表2　情感因素与线上口语交际意愿的多元回归分析结果

	非标准化系数		标准系数	t	Sig.
	B	标准误差			
常量	49.063	3.972		9.620	0.000
学习动机	2.011 ＊	0.882	0.213	3.014	0.022
交际焦虑	−0.302 ＊	0.936	−0.109	−2.915	0.048
自我感知交际能力	1.768 ＊	1.937	1.036	2.153	0.036
R 方	0.489				
调整 R 方	0.485				

注：＊表示相关显著水平在 0.05。

回归分析结果显示：以 t 检验在 .05 水平作为显著水平，学习动机、自我感知交际能力与线上口语交际意愿正相关，相关系数分别为2.011和1.768。相反，交际焦虑与线上口语交际意愿负相关，相关系数为−0.302。回归分析有助于发现实质性的影响因素以及它们对结果的解释力，也可以通过强制性回归，根据B值的绝对值大小确定各因素的影响强度。根据以上结果，学习者个体情感因素影响线上口语交际意愿的强度排序为：学习动机>自我感知交际能力>交际焦虑。

五、本研究对线上口语教学的启示

调查发现，学生线上口语交际意愿不强，他们在面对口语练习时"可能不愿意"使用汉语进行表达，而情感因素是影响学生线上口语交际意愿的重要因素。学习动机、自我感知交际能力和交际焦虑均与交际意愿存在显著相关性。具体来说，学习动机和自我感知交际能力对线上口语交际意愿具有正预测力，即积极的学习动机和自信的交际能力认知能够使学生在线上口语学习过程中主动表达、勇于参与、大量输出；交际焦虑对线上口语交际意愿具有负预测力，即高度恐惧的交际心态和紧张焦虑的心理情绪会导致学生在线上学习过程中避免交际、羞于开口，影响口语输出的质量和效率。在这种情况下，如何强化学习动机，培养学生对自身汉语交际能力的信心，降低口语表达时的焦虑程度，是提高线上口语交际意愿的关键所在，而交际意愿的增强将有助于线上口语教学效果的提升。因此，线上口语教学设计应注意以下三点：

（1）营造轻松的线上交际氛围。目前，受线上教学特点的影响，口语教学活动大多以师生问答、学生朗读和单独表达为主，这样的练习方式容易将表达焦点集中于某一位同学，导致其心理压力增加，进而影响口语输出的准确性、复杂性和流畅度。另一方面，调查结果显示，在有关单独表达的问题中，绝大多数学生都倾向于选择"肯定不愿意"主动参与交际。因此，线上口语教学应对小组活动、双人练习和分角色表演等多加关注，同时，教师要为学生提供更多的语言指导和心理支持，从而营造轻松、愉悦的线上口语互动环境，减轻学生的交际焦虑，增强其对自身汉语交际能力的自信心，激发其交际意愿。

（2）创设线上线下相关联的教学模式。如果将课堂口语教学的环节全部照搬到线上教学中，不但会拉长线上学习时间，而且会降低学生口语输出频率，造成学生精力分散、教学节奏拖沓和课型特点削弱等问题。因此，线上口语教学应顺应网络远程教学要求，突出精短、集中和高效的特点。我们认为可以将生词讲解、表达式讲练、课文朗读和理解等环节安排在线下，要求学生自学完成，线上教学由解决学生线下自学中遇到的问题开启，重点在于口语交际活动，教师可以设计并安排课文内容续说、与课文主题相关的话题讨论，甚至正反观点的辩论等。线上线下相结合的教学模式有助于降低线上口语学习的负担，使线上教学类似于沉浸式自由表达练习，而学生通过线下的课文学习，对相关话题的内容与角度以及表达格式和所用词语较为熟悉，有利于提高学生对自身交际能力的信心，从而提升交际意愿。

（3）开拓口语话题范围，提高话题的可说性。据我们对现有中高级口语教材的考察，课文话题具有较强的时代感，基本涵盖了当今中国社会的热点问题。不过，热点问题不一定是学生想谈、爱谈的话题，而兴趣能够有效刺激学生的学习动机和表达意愿，只有学生感兴趣的话题才能引导学生想说、多说。因此，我们认为线上口语教学设计时应主动调查学生的兴趣点，以学生需求为基础，结合课文内容，拓宽线上口语交际活动的话题范围，平衡共同话题和学生个性化话题之间的关系，切实提高话题的可说性，以此增强学生参与口语活动的交际动机，从而提高开口率。

六、结语

本研究从线上口语教学实际问题出发，以交际意愿模型理论为框架，调查了学生线上口语交际意愿，并分析了学习动机、交际焦虑和自我感知交际能力等个体情感因素对交际意愿的影响。在此基础上，对线上口语教学提出了几点教学建议，以提升学生线上口语交际意愿，进而提高线上口语教学效率。

因为本研究的被试数量有限，研究结果具有一定的局限性，后续我们将扩大被试数量，进行更多、更深入的探索：（1）线上口语交际意愿与课堂教学口语交际意愿是否存在差异，我们将做对比分析，从而获得影响线上口语交际意愿的突出因素；（2）线上口语交际意愿对学生口语测试成绩是否存在影响，我们将进一步研究，从而探讨交际意愿与口语水平间的关系；（3）线上口语交际意愿是否随线上教学时间的延长而有所发展，我们将做纵向研究，从而了解交际意愿的发展对口语习得效果的影响。

参考文献

[1] 巴迪迪、王　林（2007）中国大学生英语交际意愿调查及分析，《科技信息》第 26 期。

[2] 陈　莹（2007）交际意愿、社会支持以及语言学习取向调查，《忻州师范学院学报》第 6 期。

[3] 陈子骄（2003）对外汉语阅读教学的新探索，《牡丹江师范学院学报》第 5 期。

[4] 刘圣明（2002）中国学生的英语交际意愿，《零陵学院学报》第 3 期。

[5] 陆俭明、苏丹洁（2010）汉语网络教学本体研究之管见，张普、宋继华、徐娟主编《数字化对外汉语教学实践与反思》，北京：清华大学出版社。

[6] 彭剑娥（2007）大学生英语交际意愿的多元变量研究，《外国语言文学》第 4 期。

[7] 石运章（2008）中国外语学习者课堂内外英语交际意愿研究，山东大学博士学位论文。

[8] 韦晓保（2020）大学生二语动机自我、歧义容忍度和交际意愿的关系研究，《外语与外语教学》第 1 期。

[9] 于晓日（2013）留学生汉语交际意愿及其影响因素研究，南京大学博士学位论文。

[10] 余卫华、林明红（2004）穗港高校学生英语交际意愿对比研究，《外语教学与研究》第 3 期。

[11] 章　吟（2010）学习者差异：留学背景下的中文交际，李坤珊主编《留学生在华汉语教育初探》，北京：北京大学出版社。

[12] 钟小立（2015）翻转课堂对二语学习者交际意愿影响的实证研究，《当代外语研究》第 4 期。

[13] Gardner & MacIntyre（1993）On the Measurement of Affective Variables in Second Language Learning. *Language Learning*, 43:157–194.

[14] Hashimoto（2002）Motivation and Willingness to Communicate as Predictors of Reported L2 Use: the Japanese ESL Context. *Second Language Studies*, 20:29–70.

[15] MacIntyre（1994）Variables Underlying Willingness to Communicate: A Casual Analysis. *Communication Research Reports*, 11:135–142.

[16] MacIntyre & Charos（1996）Personality, Attitudes, and Affect as Predictors of Second Language Communication. *Journal of Language and Social Psychology*, 15:3–26.

[17] MacIntyre, Clement, Dornyei & Noels（1998）Conceptualizing Willingness to Communicate in a L2: A Situational Model of L2 Confidence and Affiliation. *Modern Language Journal*, 82:545–562.

[18] McCroskey & Baer（1985）Willingness to Communicate: The Construct and Its Measurement. Paper presented at the Annual Meeting of the Speech Communication Association. November 7–10, 1985. Denver, Colorado.

[19] McCroskey & Richmond（1991）Willingness to Communicate: A Cognitive View. *Journal of Social Behavior and Personality*, 5:29–37.

[20] Yashima（2002）Willingness to Communicate in a Second Language: the Japanese EFL Context. *Modern Language Journal*, 86:54–66.

产品思维视角下的国际中文线上教学

王　瑞[①]

提　要　国际中文线上教学不仅是应对全球突发事件的应急举措，也是当前教学模式创新和发展的方向。本文梳理了国际中文线上教学的发展过程和现状，发现中文线上教学缺少成功的实践范例。本文跨出语言教学的研究范畴，从互联网产品的本质出发，在产品思维的框架下思考国际中文线上教学，从用户分析、需求场景、用户体验、产品迭代等方面分析了国际中文线上教学的设计思路和建设方案。

关键词　国际中文；线上教学；互联网；产品思维

一、引言

国际中文线上教学并非由突发新冠疫情而生发的新事物。国际中文教学领域的网络教学、远程教学以及数字化教学的实践和研究已经历了几十年的发展。此次疫情突发让国际中文线上教学跳出原有研发领域和实践圈层，以"休克式改革"的方式推广和普及开来，这虽然是应对全球突发事件的应急举措，也是对目前教育信息化发展成果的一次综合考验，同时更是充分利用信息技术创新教学模式的一次机遇。

二、国际中文线上教学发展概述

计算机应用于语言教学开始于20世纪60年代。"国际中文教学的多媒体课

[①]　王瑞，北京语言大学汉语国际教育学部汉语进修学院讲师。研究兴趣与研究方向：国际中文教学、语音学。

件研究始于20世纪80年代末、90年代初。第一次成批出成果则是到了20世纪90年代后半期。"（崔永华，2005）21世纪初，一些国际中文教学网站建立起来，但真正投入使用的多媒体和网络课件并不多。

自2008年网络视频营销年以来，国际中文教学领域也逐步引入网络视频形式。网络视频教学可分为同步教学、异步教学两类，另外还有异步自学、同步辅导的结合模式。其中，微视频学习是微学习的一个新的学习形态。所谓"微学习"，是指基于微型内容和微型媒体的数字化的学习形态（祝智庭等，2008）。魏智慧（2014）分析了微视频国际中文教学的优势：短小精悍、主题明确、内容原创新颖、播放流畅无阻；同时指出了发展现状中的不足：微视频汉语教学尚在初期，还没有商品化，须开发更多的盈利模式促进其发展，其原创性和质量标准也有待提高。

慕课（MOOC）是近年来涌现出的在线课程开发模式。目前国内一些慕课平台，如"孔子学院慕课平台""中国大学MOOC""北语慕课平台"等纷纷建设起国际中文网络课程，发展迅速。然而由于发展时间较短，目前的国际中文慕课也存在一些不足：如课程体系不够完整，课程缺乏互动，学习者参与度低，课程测试功能不齐全，任课教师水平参差不齐等。（俞馨莹，2018；李晓飞，2019；郭璞，2019）

"云"课堂作为我国教育传播系统中的新型教育媒介，为学习者打造网络化学习新生态的同时，也推进了我国高校教学改革进程。段鹏（2020）提出，通过对已有"智能媒体传播"课程教学设计的解构剖析，总结教学资源与教育技术的融合经验，为"云"课堂的教学实践提供借鉴意义，以解决受传统教学模式影响而导致的观念与方法上的一些误区，突破目前实践中的形式与内容"两张皮"的局面。

随着汉语国际传播事业的快速发展，国际中文教学信息化发展呈现出新的趋势（徐娟等，2013；徐娟，2019）：教育理念从"通用型"向"国别化""个性化"转变；教学模式由"传统课堂学习"发展到"数字化学习"，再发展到"混合学习"；教学资源从"展示型"走向"交互型"；学习方式从"集约式"走向"泛在式"；教学评价与过程管理从"经验型"走向"智能化""可视化"。

综上，目前国际中文线上教学具备了一定的理论基础和硬件条件。然而，从研究者的分析以及教学实践的经验中可以发现，在国内的留学生中文教学领域，还没有发展出能与线下教学水平相匹配的，理论完善、体系完整、功能完备，被教师和学习者普遍认可的线上教学实例。也可以说，还没有出现真正面向用户的、具有一定市场影响力的国际中文线上教学产品。

究其原因，第一，语言教学对面授和互动方式的依赖性更强，对教学双方的网络环境和教学平台的交互性要求更高；第二，国际中文教学面向外籍人士，教学产品的研发、宣传和用户维护的难度均较大；第三，国际中文教学的研究者和实践者一般是教师，与开发产品的技术人员以及市场推广的商业人员之间缺乏有效合作。前两个因素中的问题随着网络技术的发展和国别化教学研究的发展将逐步得到解决和改进。第三个因素则是目前需要重点思考和解决的关键问题。一方面，需要技术和商业人员尽可能多了解国际中文教学行业中的基本理念和基础知识；另一方面，更需要设计教学的专业教研人员具备一定的互联网思维[1]能力，以产品的视角，多一个维度去思考整体教学方案和具体教学设计，从而达到做出成熟教学产品的目标。

三、产品思维的思考框架

如前文所述，国际中文线上教学缺少成功的实践范例。线上教学需要依托互联网平台，无论从形式还是从本质上看，一套完整的直接面向学习者的国际中文教学课程体系，就是一个标准的互联网内容产品。从互联网思维的角度来说，现状是产品原料（教学理论和教学内容）、互联网技术（信息化教学技术）、市场需求（学汉语的需求）都分别具备，缺少的是能统筹各要素、整合各方资源的产品经理。这里所说的"产品经理"的概念是泛指的[2]，"泛

---

[1] 互联网思维，就是在（移动）互联网+、大数据、云计算等科技不断发展的背景下，对市场、用户、产品、企业价值链乃至对整个商业生态进行重新审视的思考方式。

[2] "现在，已经从'产品经理'时代，进入了'泛产品经理'时代，即人人都可能做一些产品经理的任务，人人都需要具备一点产品经理的能力。"（苏杰，2017：4）

产品经理"的核心能力就是以产品思维来完成工作任务和目标。

所谓"产品思维",是互联网经济背景下产生的一种思考框架,是互联网时代完成目标的一种思考方式。概括地说,产品思维的思考框架中最核心的内容有以下几个部分:(苏杰,2017;梁宁,2018;加勒特,2019;刘飞,2019)

第一,用户分析。用户分析分微观和宏观两个层面。微观层面需要了解用户是什么样的人,性别、年龄、地域、文化程度等;宏观层面需要对用户群体进行拆解分层。通过这两个层面的调查和拆分,可以判断哪些用户是核心用户。

第二,需求场景。需求场景是对产品所在环境的描述。场景分析包含很多方面,最主要的是要考虑到以下三个因素:一是产品载体的物理环境;二是用户作为社会人所身处的社会环境;三是用户心理状态的变化。场景是需求的限制条件,决定了需求的适用范围。只有结合场景才能判断出用户的真实需求。

第三,用户体验。用户体验,即用户在使用一个产品或系统之前、使用期间和使用之后的全部感受。简单说,就是用户在使用产品和服务时的主观感受。对用户体验的衡量可以分解为三个层面:可用性、易用性、稳定性。

第四,产品迭代。任何一个复杂项目的任务和目标都不是一步达成的,需要分解成小目标逐步推进。同理,任何一个成功的产品都不是一步做到位的,而是经过不断迭代,一步步完善起来的。在当今互联网时代,我们面对着信息量繁杂、市场快速变化的局面,需要不断地用较少的时间和成本获取反馈,不断修正,不断升级。

四、用产品思维框架分析国际中文线上教学的教学设计

首先,我们需要对国际中文线上教学做一个产品定位。产品是"解决某个问题的东西"(苏杰,2017:43),那么,国际中文线上教学要解决的问题是什么?不是外国人学汉语的问题,而是外国人需要在线上学汉语的问题。

以这个定位为前提，我们展开如下分析。

4.1 分析国际中文线上教学的核心用户

我们需要通过用户分析，找出国际中文线上教学的核心教学对象。哪些人需要或愿意参加线上汉语学习，其中哪些用户是刚性需求，这些用户有什么共性，可以分为哪些群体。

截至2020年秋，参加线上中文学习的生源中，绝大部分都是原计划来华参加线下学习的学习者，因为受当年疫情影响而不能入校上课才参加了线上学习。这部分群体的预期学习方式是线下学习，主观上对线上学习方式接受度不高，客观上相当一部分学生缺乏线上学习的硬件条件，如没有稳定的网络环境或所在地区不能使用中国开发的软件等。目前线上教学工作基本上都是围绕着这部分原线下群体展开的。在授课模式、教学时间安排、教学要求等方面，教学设计者们往往考虑如何尽可能地模拟和还原线下学习的模式，认为这样才符合学习者的预期和偏好。

然而在今后疫情结束的情况下，线上中文课程的用户群体会发生很大改变，大部分因为疫情而参加线上学习的学生很可能转为线下学习，而需要开发的用户应该是那些因为其他主、客观原因更适合在线上学习的学生。这部分用户群体与以往我们线下教学的招生对象群体可能差别较大，甚至可以说是在以往生源范围之外的群体。因此，我们不是要让以往的招生群体参加线上学习，而是要在以往生源的范围之外寻找用户。那些想学汉语、但是不能来中国、没有完整时间脱产学习，以至于以往不能成为我们线下课堂生源的人群，如今可能恰恰是我们线上教学的核心用户。

那么，今后我们就需要对这样的用户群体进行用户画像。首先要调查了解学习者的年龄、地域、文化背景、学习动机等。其次要调查、分析这些用户选择线上学习的原因，比如：有些人因为家庭、健康等原因而不能来华，有些人因为要兼顾工作和其他学业没有固定时间参加课堂学习，有些人偏好自主学习，有些人偏好线上沟通，等等。最后，教学设计者要根据调查结果找出这些生源与以往生源的不同特点，重新调整教学设计的思路。比如：今后的线上核心用户是否可以在固定时间参加长时段的直播课程？对线上用户来说，教师参与度是否越高越好？教学进度较线下应做何调整？如何建设和选择线上学习资源，发挥线上的技术优势？这些问题都需要教学设计者在用户分析的环节根据细致的调查分析做出决策。

4.2 分析线上教学的需求场景

需求场景分析，首先要分析产品载体的物理环境。线上教学的载体是电脑或手机。在设计教学时就需要考虑哪些内容和形式是适合在相对固定的场所学习，哪些内容和形式是需要适应移动的场景。此外也需要考虑电脑和手机所在环境的光线、操作便利性、是否有良好的网络环境以及其他一些环境因素。例如，线上教学的教材一般是电子书的形式，学习汉语的留学生在看课本时的阅读速度很慢，常常需要边看边做标记、不停回读、逐词查词典。因此，国际中文电子教材就需要设计能够便捷地做标记、书写笔记以及点击查词义等功能，以适应用户的学习场景。另外，目前的在线视频课程和电子课本是在不同平台呈现的，学习者往往需要两种电子设备，才能实现一边看视频一边对照课本，这样的场景不便于学习。这些需求场景中的不适配就是需求痛点，充分地分析需求场景才能优化产品设计，满足用户需求。

其次，要分析用户所在的社会环境。前文中提到，线上教学的发展趋势正在从"通用型"向"国别化"转变。分析用户的社会环境正是顺应了这一趋势。在目前国内的线下教学中，不同国籍的学生一般都在同一学校同一教室里学习，这个环境是确定的统一的，因此国内国际中文的教学设计没有针对国别化，而是通用型的。而线上教学的学生很可能不在中国，也可能从来没有来过中国。因此，在设计线上教学时，就需要考察分析学习者当地的社会环境，教学内容和教学形式都需要充分考虑地域文化等因素。要想在一个地区开发教学市场，"国别化"调研是至关重要的一环。

再次，要考虑用户心理状态。这里要考虑的不仅是学习者的认知风格、学习动机等因素，还要考虑学习者在特定心理场景下的状态。比如：课程的发布时段、频度、每节课程的时长、选课方式等，都会对学习者的心理产生影响，如何设置和配置才能够更好地激发和维持学习动力，更多地吸引生源，这是设计教学时需要重点关注的问题。

4.3 认知和提升线上教学的学习体验

教学需要收集学习者的反馈，作为检验和改进教学质量的参照。学习者的感受对于设计和改进教学来说非常重要。我们在线下教学中总是定期做学生反馈和学生评价，用来作为考察教学水平的依据。然而，学生反馈并不能直接指导我们解决教学的问题。实际上，我们需要的不是学生反馈，而是学习者的真实体验。以真实的用户体验为导向才是解决实际问题的直接途径。学生反馈是随机现象，反馈能反映出来的可能只是一种情绪，反馈的信息没有主次的区分；另一方面，有不少体验问题是学生不会反馈出来的。如果把所有的学生反馈都当作用户体验，不做区分，事无巨细地关注所有学生的触点，最终教学改进工作往往要么疲于奔命，要么流于形式。

我们可以借鉴产品思维中关于用户体验的三个要素的解析，用来分析线上教学中如何认知和提升学习者的学习感受。

首先是可用性。所有用户最普遍的需求就是需要可以用的产品。对于线上教学来说，首先要保证学习者是可以通过所提供的平台参加线上学习的。如果我们要对一个学习群体推广一个课程，就要确保这个课程在这些学习者的使用环境中是可以接收、观看或者参与互动的。这一点虽然是最基本的要求，但是在线上教学建设初期却是相当困难的事。

除了硬件条件以外，在教学中，软件条件也影响可用性。比如教授的内容是否适合学习者的水平和状态。即使是使用同一册教材，因为教学者对教材的不同处理和教学要求，也可能使教学内容产生较大的难度差异。如果课程的教学内容明显超出学习者的语言水平、学习能力或者能承受的学习强度，那么线上教学的可用性就很低，也就是说学生不能达成在线学习到知识或技能的目标。在任何场景中，都要先确保可用性，这是用户体验的基础。今后的线上教学建设中，我们也要务必记住这一点，首要任务是保证教学能顺利进行下去。

第二是易用性。易用性是用户达成目标的成本。易用性不会影响用户达成目标，只影响用户达成目标的成本和对成本的感受。在线上教学中，如果学生能够便捷地注册、下载、登录课程，能够方便地接收和提交作业，并及时便利地得到作业反馈，那么教学产品的易用性就强。这就要求我们建立和优化专门的国际中文教学平台。目前留学生对中国国内的在线课程接受度不高，很大一方面的原因就在于中文教学平台的易用性较低，我们的平台还停留在"通用型"阶段，甚至往往是与中国学生通用，平台界面的语言和设计没有考虑国别化需求，更没有经过面对海外学生的使用测试，平台服务器也不足够支持大规模用户的使用。这些都是国际中文在线教学亟待解决和建设的问题。

从教学内容来看，我们的教学视频、教学课件、在线练习和课后作业等等，都需要充分考虑学习者的易用性来设计和制作。一些在线下很简单自然的操作，到了线上往往就会带来麻烦，增加学习的时间成本。最简单的例子是接收和提交作业。线下教学时，老师发给学生一份练习题，学生拿起笔就可以写，写完只要用"递"的动作就可以完成交作业的任务。但到了线上，如果要求学生用手写方式完成练习题，学生就要经过"查找接收练习文件——下载——打印——手写——拍照——上传"这6个步骤才能完成一次作业的书写和提交。这样大大增加了学习的时间成本。如何解决这样的问题，需要教学产品的设计者仔细研究。因此，线上教学的设计者必须转换思路，以在线上的易用性作为目标来设计教学。

第三是稳定性。稳定性主要是指用户在各种场景下，是否能无异常地达成目标。在线上教学中，首先是要保证教学平台、教学资源可以稳定地、无故障地运行和获得。线上教学建设初期，教学平台的稳定性是令人担心的问题；此外，由于教学资源也处于开发阶段，赶录视频、赶制课件的过程也常常"惊心动魄"。但是，提高稳定性是必须达到的目标。其次，教学质量的稳定性是需要教研人员来把关的。这就涉及课程的标准化和规范化的问题。同一门课程在不同时段、由不同老师完成，但是课程的水准要保持一致。否则，学习者的学习体验就会下降。这就要求教学设计者和管理者从稳定性的角度思考，采取集体备课、研讨、团队开发教学资源、定期督导等一系列措施，对教学规范、教学质量严格把关。稳定性对于用户体验意义重大。标准化的教学模式、稳定的教学质量、运行良好的教学平台是打造优质教学品牌的保障。

4.4 用迭代思维开发教学产品

从疫情伊始至今只经历了数月，对于从零开始设计和打造国际中文线上教学产品来说，时间十分短暂。如何规划这项突如其来又迫在眉睫的任务，如何继续发展，迎接未来挑战，这些问题需要清晰的思路作为行动指导。

我们可以借鉴产品迭代思维中的几条操作性原则，来规划线上教学产品的开发和拓展。

第一，判断产品的核心价值和用户的核心体验。在线上教学建设初期，我们需要抓住线上教学产品的核心价值，即让无法在线下学习汉语的学生能够继续学习汉语。用户的核心体验是产品的可用性，即学习者能够实现在线上学习到汉语课程。第一代线上教学产品使用的技术可能不先进、不完备，教学体系可能不完整，用户量可能不多，用户体验不够良好，但是，只要解决了上述核心价值和核心体验的问题，线上教学就可以开展起来。

第二，用最低成本去试验新方法是否真的可以解决问题。在第一批线上教学课程的基础上，如果要尝试新的教学形式或方法，先在小范围内做一轮试验，切实可行且能解决实际问题再推广。

第三，用数据观察结果，做分析识别正误。在教学产品发展更新的过程中，需要观察的结果有用户反馈和行为数据。例如：在线上教学开展以后，需要对学生做问卷、访谈等形式的反馈调研，还需要统计和观察线上课程的点击量、学生提交作业的数量和正确率等实时数据。通过反馈意见和统计数据分析出学习者是否在参加线上学习、学习兴趣如何、学习效果如何；通过横向和纵向的对比，判断出哪些方法做对了，哪些路走不通。

第四，坚持对的，放弃错的。这条原则看似容易理解、容易执行，但实际上，容易执行的只是前一半"坚持对的"，而执行后一半"放弃错的"则需要克服人性的弱点。如果教学团队辛苦做出的课程视频经过反馈和数据证明效果不好，那么我们是放弃原来的方案重新制作，还是不愿否定对方或自我否定，在原有基础上做小的修改。这是到了当下的处境中很难抉择的问题。这就需要我们采取一些措施，比如在试验前设定明确的预期标准，如果没有达到预期标准就暂停尝试；创造无压力的试错环境，在线上教学的试验和探索中谁都有可能决策失误，要给决策者足够大的试错空间。

第五，速度是关键。互联网时代的特征之一就是"快"。互联网产品要想抢占市场，必须步步赶在前面，不进则退，互联网的"头部效应"在国际中文线上教学领域同样奏效。在快速变化的环境下，不断地用最少的时间、最低的成本去修正前进的方向，这是迭代思维的本质和精髓，也是我们国际中文线上教学的发展思路。

五、总结

国际中文线上教学既属于国际中文教学、网络教学、数字化教学的研究范畴，同时也是互联网产品中的一个产品类别。如果我们只停留在教学研究领域思考如何发展线上教学，而忽略了国际中文线上教学的产品本质和互联网属性，在短时间内恐较难突破线下教学的思维模式，从而无法实现打造出面向学习者、具有市场影响力的线上教学品牌的目标。本文借鉴了互联网产品思维的一些基本的思考框架和原则，尝试从新的维度分析国际中文线上教学的设计思路，期望能够为国际中文线上教学的大规模开发和推广工作提供一些启发和参考。由于线上教学实践时间短暂，关于线上教学未来发展的具体动向笔者将做进一步研究。

参考文献

[1] 崔永华（2005）二十年来国际中文教学研究热点回顾，《语言文字应用》第 1 期。

[2] 段 鹏（2020）"云"课堂：数字化学习时代教育传播的新路径，《北京教育（高

教)》第 4 期。

[3] 郭　璞（2019）国际中文口语网络直播教学探析,《大众文艺》第 19 期。

[4] 后显慧（2015）《产品的视角：从热闹到门道》,北京：机械工业出版社。

[5] （美）加勒特,杰西·詹姆斯（2019）《用户体验要素（原书第 2 版）》,范晓燕译,
北京：机械工业出版社。

[6] 李晓飞（2019）汉语作为第二语言教学慕课课程现状研究及思考——以"全球孔
子学院慕课平台"和"中国大学 MOOC"为例,北京外国语大学硕士论文。

[7] 梁　宁（2018）《产品思维 30 讲》,"得到 App"在线课程。

[8] 刘　飞（2019）《产品思维——从新手到资深产品人》,北京：中信出版社。

[9] （美）沙·罗恩著（2014）《互联网思维》,钱峰译,北京：中国人民大学出版社。

[10] 苏　杰（2017）《人人都是产品经理 2.0》,北京：电子工业出版社。

[11] 魏智慧（2014）汉语微视频网络教学现状及对策——以 6 个国际中文教学网站为
例,《语文学刊》第 11 期。

[12] 徐　娟、史艳岚（2013）十年来数字化国际中文教学发展综述,《现代教育技术》
第 12 期。

[13] 徐　娟（2019）从计算机辅助汉语学习到智慧汉语国际教育,《国际汉语教学研
究》第 4 期。

[14] 俞馨莹（2018）国际中文网络教学平台的分析研究,苏州大学硕士论文。

[15] 祝智庭、张　浩、顾小清（2008）微型学习——非正式学习的实用模式,《中国电
化教育》第 2 期。

人工智能在汉语线上教学中的应用

刘逸云[①]

提　要　随着一场突如其来的疫情席卷全球，线上教学由于其不受时空限制的特殊优异性，迅速成为暂时取代传统课堂教学的教学模式，通过互联网及时有效地实现教育共享。但由于线上教学缺乏教学实景、缺少课堂氛围、监督反馈不足等问题，还存在很大的进步空间，亟待使用现代科技手段作为辅助。因此人工智能在教学中的使用就变得势在必行。本文试通过汉字、词汇、语法三方面来分析AI在线上汉语课堂中对起到的辅助作用。

关键词　人工智能；线上教学

一、线上教学的形式及特点

1.1　线上教学的形式

为配合健康问题之下个体隔离的需要，线上教学迅速成为暂时取代传统课堂教学的教学模式。线上教学，顾名思义，就是通过互联网的连接，教师使用多媒体平台进行授课，学生通过家用终端进行观看学习的过程。与传统课堂教学相比，线上教学具有不受空间限制的特殊属性，一根网线，两台客户端，就能跨越万水千山，无惧病毒威慑，将课堂安全及时地送到千万学生的家里。线上教学的主流模式目前主要分为录播课和直播课两种。

---

①　刘逸云，女，北京语言大学汉语国际教育学部汉语进修学院讲师。研究兴趣与研究方向：课程与教学论。

1.1.1 录播课

录播课是以事先录好的视频进行教学。教师根据教学内容的教学目标，提前录制好教学视频，放在网上，学生随时可以收看，并且可以反复多次观看，进行学习。它的特点是学习内容固定，而学习时间不固定。学生学习不受时间限制，可以自主选择学习时间，并针对自己不懂的地方有重点地反复观看，学生的自主性较强。但这种教学模式全靠学生自觉学习，对学生的学习积极主动性和纪律性要求较高。同时由于没有教师的现场指导和实时互动，缺乏有效的监督指导和反馈，学生学习起来较为困难，适合用于课后的练习以及具备一定知识储备量的学生。

图1　大型公开在线录播课程 Coursera

1.1.2 直播课

直播课则是通过网络直播平台实时在线教学。教师与学生同步在线，实时互动，边讲边练，随时给予学生监督指导和反馈。与录播课相比，直播课不但教学内容固定，教学时间也固定，学生必须在固定时间登录网上直播平台参与直播。师生互动紧密，教师及时对学习者进行反馈，学习者之间也能互相练习，极大地弥补了视频教学缺乏师生互动，缺少教师的实时指导与反馈等缺陷，有效解决了课堂氛围缺失，学生之间无法互动等问题，拉近了学生与教师的距离，在很大程度上消除了学生自主学习时产生的散漫心理。但是直播课对学生上课的时间要求严格，教师按照出勤情况严格记录考勤，由于全球存在不同区域的时差问题，因此在全球直播课堂中，要充分考虑到时间差异，尽可能选择适合不同时区的时间进行集中教学。

　　我院目前采取的是这两种线上教学形式互相搭配的形式，学生通过直播课学习新课，及时与教师进行互动，在教师的实时指导下完成新课的学习；再通过录播课的形式，进行课后有针对性地查漏补缺和练习，并完成老师布置的作业。

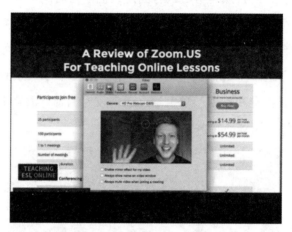

图2　在线直播平台：Zoom

1.2　线上教学的困境和问题

　　线上教学具有不受时间和空间限制等特殊优异性，能够极大地降低教育成本，共享教育资源。它不需要传统课堂环境，只要在WiFi覆盖的区域，学习者经由终端设备就可以观看或者参与课堂。但是线上教学由于没有教室和公共学习场地，存在着缺乏教学实景，缺少课堂氛围，教师监督反馈严重不足等问题。尤其是录播课，教师与学生不是同时在线，学生只能通过观看自行理解和消化教学内容，脱离了老师的监督指导和反馈，也没有师生互动练习，更没有学生之间的练习，教学效果存在很大争议。即便是在师生实时在线的直播课中，由于时间有限，教师也很难针对每一位学生进行答疑解惑，能够为每一位学生提供的指导与反馈也很有限。特别是在营造课堂氛围上，由于没有真实的课堂教学环境，学生很难融入学习之中，尤其是语言文化的学习。因此人工智能在线上教学中的辅助功能就成为了解决目前困境的方法。

二、汉语线上教学中人工智能的使用

2.1 人工智能在线上汉字教学中的使用

线上汉语课堂中最大的问题就是没有板书模式，学生看不到老师的汉字书写过程。对于语言课堂来说，汉字是汉语教学必不可少的要素之一。"听、说、读、写"四部分缺一不可。由于缺少教室和黑板，而电脑也不是触屏的，教师无法在PPT上面进行板书，尤其是无法进行汉字书写，学生看到的只是教师打出的汉字，而不能看到教师的汉字书写过程。这就给学生的汉字学习造成很大的障碍。这些障碍主要体现在几个方面：

2.1.1 笔画的区别

有些汉字笔画由于长相十分类似，比如"点"和"捺"，"撇"和"提"，如果没有老师展示并强调书写顺序与区别，学生很难仅通过自己的观察发现其中的微小区别。

2.1.2 手写体与打印体的区别

由于电脑打出的汉字是打印体，与手写体有所不同，对于很多从未接触过汉字的学生而言，这些细微差别都会给学生学习造成障碍。

2.1.3 笔顺的教学

汉字书写有自己独特的顺序，从上到下，从左到右，都有自己的规律。教师手写汉字的过程，也是向学生展示汉字正确书写顺序的过程。

目前有老师采取在直播间放置黑板的办法来进行板书，这种方式具有成本低，使用简便易操作等优点，能够在一定程度上解决板书和汉字展示问题。但是黑板也存在诸多弊端：体积太大，不方便携带，对使用空间要求高；离屏幕较远，学生经常反映有看不清楚的情况；而且黑板无法与PPT结合，无法直接在PPT上标注和书写，并且黑板面积有限，无法进行大面积的书写，更无法复现。

因此使用人工智能来进行汉字的辅助教学，就是非常必要的了。将事先存储在keynote里面的PPT通过直播平台屏幕共享给学生，用iPad自带的手写笔直接在iPad的显示屏上进行书写，教师书写过程直接反映在共享屏幕中，所有学生都能清晰直观地看到书写汉字过程。如图3所示：

图3　汉字书写过程

同时，在扩展生词的时候，手写笔可以直接在PPT的生词上面进行书写和标注，比PPT的传统动画模式增添了手写的过程，在扩展词语的过程中学生也能巩固加深汉字的学习，一举数得。同时由于是直接在PPT上进行书写，书写内容会保存在PPT页面中，可以通过回看来复现书写内容，供随时查阅，随时练习。如图4所示。

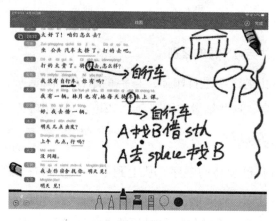

图4　复现书写内容

2.2　人工智能在语法教学中的使用

在汉语课堂语法教学时，传统的方法是演示法，即教师通过简单的语言及肢体语言，配合教具，给学生营造出语法氛围，引入新语法。这种方法对于简单语法很有效，但是由于受到场地时间空间的限制，教具和肢体语言也有限，很难展示比较复杂和抽象的语法。

在人工智能的辅助下，教师可以通过事先制作好的动画或者PPT来营造更为复杂的语法环境和语义背景，展示更为复杂的语法结构。尤其是较为抽象的语法，比如结果补语"吃完了""洗干净了""摔坏了"，趋向补语"上来""下去"等，可以通过动画的形式让学生更加直观地感受到"完了""干净了""坏了"等结果的含义，以及"来"和"去"所表示的方向含义。

人工智能进行语法教学可以突破场地限制和时间的限制，为学生提供各种各样的教学范例和生活中的语义使用场景。我们无法带领学生走出教室去体验向左拐向右拐，第一个路口第二个路口，但是我们可以通过人工智能提供的3D地图在屏幕上向学生展示方位和道路，通过3D动画给学生演示"向左拐""向右拐"。人工智能还可以通过动画将时间压缩，突破时间限制，让学生们感受到"秋天来了，叶子红了"，"下雪了"这样的动态过程，以及"害怕"、"担心"这样抽象的心理活动过程。

2.3　人工智能在课堂练习中的使用

直播课的一个最大特点就是它保留了大量的师生互动和学生之间的互动。课堂教学离不开大量的练习，练习不但是教师检查教学成果的手段，也是学生通过教师的反馈来巩固学习成果、纠正错误的必要措施。

线上练习分为教师与学生之间的练习、学生之间互相的练习。很多线上教学平台不但有大会议室模式，而且可以通过设置小会议室模式让学生们分组进行讨论，这样在某一组学生进行练习的时候，其他学生不必停下来观摩，而是也可以同时进行多组练习，教师随机进入各个不同会议室观察学生练习讨论的情况并给予指导，极大地丰富了课堂练习的多样性。

与课堂上分组讨论不太相同的地方是，在课堂上学生分小组进行练习，即便老师每次只在各个不同的小组进行重点观察，也可以用余光观察到全班的练习情况，仍然拥有对整个教室的监控权；不过在直播平台的小会议室模式中，教师一旦进入其中一个小会议室观察某一组学生的分组练习，其余组对教师来说就是完全屏蔽状态，教师无法得知其与小组是否也在正常练习。这就需要通过学生的积极配合和主动遵守课堂纪律来实现。

2.4 人工智能在制定个性化学习方案中的使用

线上教学中，由于缺少真实的校园学习环境，学生与老师缺乏了解，教师更难对学生的性格特点、语言学能等有一个清晰的认识，因此只能通过从学生的课堂语言输出以及作业练习中获得的大数据来推测出学生的学习特点。

学习者是个性化的，语言习得者由于母语背景、认知水平、学能、学习动机等强弱不同，会对学习习惯以及学习效果产生重大的差异。教师很难做到针对每一个学生的个体差异给予其有针对性的指导。即便是能够一对一的指导，也要花费大量的时间和精力，教学效果较低，教育资源无法得到最优化的配置。学习的个性化与教师资源有限之间的矛盾在日益加深。

为了解决这一难题，近年来，一些人工智能企业近年来不断设计和开发适合学生自主学习的软件。基于人工智能自适应学习系统，通过收集和分析学生的学习数据，用人工智能逐渐勾勒出每个学生的学习方式和学习特点，自动调整教学内容、方式和节奏，不断设立难度逐层递加的学习任务，使每位学习者都能根据自己的水平和能力获得最为适合的教育。随着时间的推移，获取的数据越来越丰富，人工智能也会变得越来越聪明，对学生学习的适应性就变得越来越精准。克拉申的就近学习理论认为："语言信息的输入既不能等同于现有学习水平，也不能远远超过学习者的学习水平。"而人工智能正是通过这一理论，通过不断对学习者学习数据的采集和分析，搭建出一个适应学习个体的就近学习区域，持续构建基于旧知识上的新知识区，让学生通过原有认识学习新知识，以达到认知水平不断提高的目的。随着学生的学习效率越来越高，效果越来越好，学生的信心和兴趣也会随之增强。

尤其是对于年龄偏低的学习者，这种仿佛任务型游戏一般的智能学习软件，会使学习者在学习中体验到游戏的乐趣和完成任务的满足感，完成相应的任务就会获得相应的奖励，一步步逐渐提高的任务难度及越来越丰富的奖励让枯燥的学习变得生动有趣，极大地提高了学生的学习积极性和主动性。

人工智能不但在数据收集上具有人脑无法比拟的能力，在数据分析上更是具备人类大脑无法企及的巨大算力。在教学活动中，教师需要记住每一位学生在作业和练习中出现的错误，进行总结分析，按照错误的多寡和严重程度逐一反馈和讲解。而人工智能通过数据存储将这些错误和偏误有效地归纳总结，并能按照错误出现的频率和频次排出高低顺序，为教师确定重点难点、有效地分析讲解提供了翔实的数据支持。同时人工智能还可以通过记录每一位学生在学习中出现的错误和错误的频率，记录学生学习轨迹，为教师制定出针对每一位学生的个性化的反馈和纠错方案，让教师不但可以制定出针对全班的重难点教学计划，还能对每一位学生的个性化偏误了如指掌，使教师深入了解每一位学生，极大地缩短了备课时间，提高了教学效率，使教育资源利用率得到了有效提升。

三、人工智能在线上教学中对教师的要求

目前在全球教育资源整合的大潮流下，人工智能已经开始在很多国家的课堂中出现，不仅可以应用于线上教学，在普通课堂教学中也可以使用，即用平板电脑代替普通台式机来存储PPT，在上课期间通过投影仪展示PPT的时候，可以直接通过在iPad上面书写来进行板书，那么学生看到的板书形式就是直接打在PPT上面的，非常清晰直观，与PPT结合更为紧密。

为了方便和提高效率，用笔手写对绝大部分老师而言是最为高效的方法。线上教学的发展，背后是人工智能技术的迅猛发展，以及对教师掌握人工智能技术的提升。线上教学极大地降低了教育所需要的人力成本，也降低了学生享受教育资源的门槛，极大提高了教育资源的利用率，扩大了受教育的人口总数，将真正实现教育的普及从不可能变成了可能。而人工智能，正是实现这一伟大目标必不可少的工具。

参考文献

[1] Krashen, Stephen（1977）"Some Issues Relating to the Monitor Model". Brown H., Yorio Carlos, Crymes Ruth（eds.）. Teaching and learning English as a Second Language:

Trends in Research and Practice: On TESOL '77: Selected Papers from the Eleventh Annual Convention of Teachers of English to Speakers of Other Languages, Miami, Florida, April 26–May 1, 1977. Washington, DC: Teachers of English to Speakers of Other Languages. pp. 144–158.

公共危机环境下高校教师教学
应变策略及影响因素初探

田　靓[①]

提　要　全球范围内的新型冠状肺炎病毒的疫情改变了各行各业人员的工作和生活状态。大学教育也面临同样的困境。在本研究中，我们考察了某高校15位不同学科背景的优秀教师所撰写的"线上教学"文本材料，尝试了解这一群体在面临社会公共危机时对待教学的态度、思路与策略，理解教师在不同环境下的知行表现，为深入探讨教师教育与认知发展提供更多的参考。

关键词　公共危机；教师教育；应变策略

一、研究背景

2020年春季，全球范围内发生的新型冠状肺炎病毒的疫情改变了各行各业人员的工作和生活状态。学校教育以及开展必要的教学活动都无法避免让教师和学生聚集在同一空间环境工作和学习，人员密集度高，学校成为新冠病毒传播高危场所，因此全国各级各类学校自新年始便全面封闭，传统"教室—面授"的教学模式受到了极大的冲击。

这种冲击和改变主要表现为：教学时间不精确固定于某时某刻；教学地点不局限于相对封闭、安静的教室或者实验室；教学参与者之间的交流只能借助手机、电脑，通过网络完成，并时常受制于设备的稳定性与兼容性；免费的电子教材是出版社在疫情期间支持教学的主要手段，然而也不得不面对

---

①　田靓，博士，北京语言大学汉语国际教育学部汉语进修学院副教授。主要研究方向为汉语作为第二语言教学的语法词汇教学研究、第二语言习得、第二语言教师认知与教师教育。

版权保护的问题……而最终的教学目标是否能达成以及教学效果和反馈情况都不可预知。

不过，在经历了疫情突发时短暂的停滞之后，实际的教育教学活动，尤其是高校基础性教学研究与课程学习迅速重启，不断调整并平稳发展，逐步进入接近常态化的教学运行状态，这种回归效率确实不容忽略。

基于对不同教学网络平台互动信息内容的考察，对教学工作开展情况和教学活动推送信息的分析，以及对教师具体教学工作的了解，我们观察到，除了教育政策和管理层面的激励与支持以外，作为教学活动主导者，教师在整个公共危机延续期间所做的应变策略，他们在调整教学以及自我学习等方面的行为措施对教学系统快速重启和稳定运转，在一定程度上起到了关键作用。

探究教学应变策略是教师教育和认知研究领域的重要内容。有教师教育研究者提出，危机或突发事件是促进教师职业发展和专业进步的保障机制，是不容忽视的非连续性教师教育形式，对提升教师专业意识和职业能力有不可替代的功效（徐飞、徐雪福，2020）。而教师对教学意外或危机的控制与反应水平也是探求其知识经验与行动力之间匹配水平的重要指标。换句话说，教师如何应对工作中出现的意外或紧急状况，在一定程度上可以表明其认知与行动之间的一致程度，从而进一步反映出教师知识经验、认知能力对教师行动的影响。

目前，针对教学应变水平与策略的研究大多集中于教师对课堂突发情况的反应和处理上，即教师在课堂上处理与预期不相符的情况时所做出的行动与决策。（陈雷，2007；肖正德，2008），而对于在社会公共危机情况下，教师教学应变能力的研究探讨较少。

当下，我们正处于新型冠状肺炎病毒造成了全社会性公共危机之中，教育环境的突发性改变"迫使"教师和学生离开传统确定的教学模式，置身于以网络化的环境和数字化的资源为主要特征的"在线教学"。那么，在这样的特殊环境中，教师是如何适应突然而来新的教学环境？他们对网络或远程教育认同或接受度如何？他们是如何开展"线上教学"，又是如何采用不同的策略应对教学中出现的困难的呢？对这些问题的探索和分析不仅有助于了解教师在不同教学环境下呈现出的知行表现，为理论上深入讨论提供充实的实践材料，更重要的是，对这些问题的讨论让我们有机会考察并梳理在特殊条件下教师开展教学实践时的所思所想，所作所为，为现在的教师职业发展，也为未来的教师教育提供更多务实可靠的内容。正如德国教育人类学家博尔诺夫所言，突然中断生活连续性、危及生存的遭遇对人的自我成长有决定性意义（博尔诺夫，1999）。对于教师教育和职业进步而言，遭遇危机或许也是成长的决定性要素之一。

基于上述背景，本研究将主要讨论面对突发性社会公共危机，教师教学应对策略和具体表现，尝试简要寻求其中的影响因素，并为未来教师发展与教育提供分析案例。

二、研究问题

综合上述背景，在面对社会危机和突发事件时，我们的具体研究问题如下：

1. 教师如何认识这种状况对教学工作的影响？
2. 教师如何调整教学工作状态与思路？
3. 教学应变策略主要表现在什么方面？
4. 教师教学应变能力主要受到哪些环境因素的影响？

三、研究数据来源及分析方法

3.1 数据来源

本研究数据来源于B校15份关于"线上教学"采访或自撰文本材料。材料撰写时间段为2月25日至3月30日。这期间B校和所有高校一样，教学工作并未全面启动，但是教师的线上教学工作已经逐步开始。综合来看，文本材料满足下面一些条件：

1. 文本撰写者的学科背景不重复，避免了同一学科背景可能带来的专业优势，或者是专业局限性。

2. 撰写者被要求回答相同的开放性的问题：面对疫情，你是如何开展（线上）教学工作的？请详细描述一下您的工作过程和感受。

3. 文本撰写者作为在线教学工作的优秀教师，受邀回答上述问题并撰写成文，开展教学交流。

4. 文本材料为公开发表的内容，内容不涉及隐私和研究争议。

3.2 数据分析方法

15篇文本材料共24340字，整理完成后采用计算机辅助质性分析软件Nvivo12对文本材料建库分析。本研究采用"模板式"质性分析范式，具体分析程序如下：

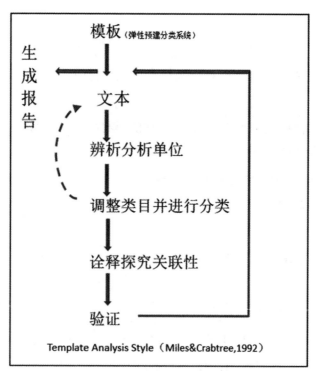

四、数据分类与层级结构

4.1 数据分类结构图

根据上述研究范式，我们将15份文本材料导入Nvivo12程序，对每一篇文本中的具体内容进行标注，自下而上，不断调整预建系统的内容，最终建立三级节点，共28个类目。一级节点共四类，具体情况如下。

4.1.1 个体情绪

一级平行节点：个人情绪的调整与适应

二级平行节点：焦虑、第一次、怎么办、求助

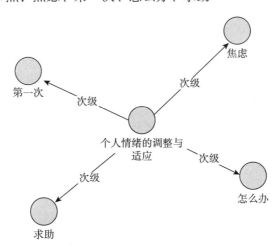

图1 个人情绪的调整与适应

4.1.2 教学前

一级平行节点：教学准备工作中的困难与解决方案

二级平行节点：对平台的了解、对平台熟悉程度、掌握教育技术的情况、教学资源的准备、对教学资料的评估与使用

三级平行节点：熟悉、经常使用平台，通过学习掌握，设备条件，课程材料

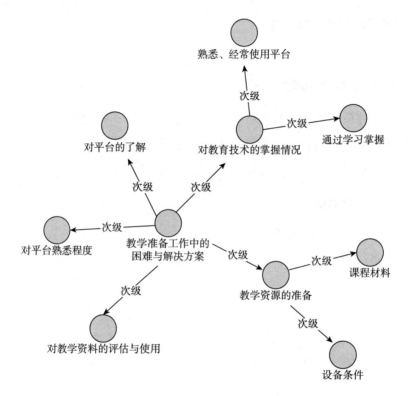

图2 教学准备工作中的困难与解决方案的制定

4.1.3 实践中

一级平行节点：线上和线下教学的比较

二级平行节点：对线上教学的态度、对线下教学的态度、对目前教学状态的评估

三级平行节点：优势、问题；怀念、期盼；调整、信心

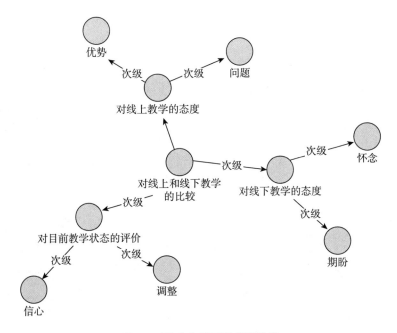

图3 对线上和线下教学的比较

4.1.4 教学后

一级节点：教学心得与教学反思应急教学中的经验

二级节点：对今后教学的思考、应急教学中的经验。

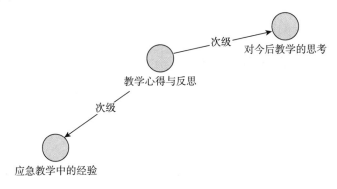

图4 教学心得与反思

4.2 数据层次结构图

为了识别出数据结构中突出的主题，我们利用Nvivo12针对全部节点材料生成数据层次图表，见图5。该图表示出一些节点比其他节点有更多的编码参考信息，编码越多，所占面积越大，子代码嵌套在父代码内。

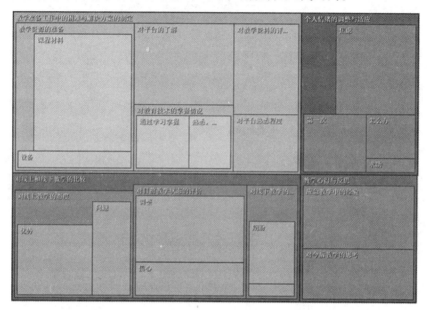

图5　数据层次结构图

4.2.1　一级节点内容覆盖情况

简单分析图5，可以得出，教学准备工作中的困难与解决方案的制定≈[①]对线上和线下教学的比较>[②]个人情绪的调整与适应≈教学心得与教学反思。

4.2.2　二级节点内容覆盖情况

1."教学准备工作中的困难与解决方案的制定"的次级节点覆盖情况：教学资源的准备>对平台的了解>掌握教育技术的情况≈对教学资料的评估与使用>对平台熟悉程度。

2."对线上和线下教学的比较"的次级节点覆盖情况：对目前教学状态的评估>对线上教学的态度>对线下教学的态度。

3."个人情绪的调整与适应"的次级节点覆盖情况：焦虑>第一次>怎么

---

① "≈"表明两部分信息覆盖水平几乎相等。下同。

② ">"表明左边的信息比右边的信息覆盖的内容在量上更多。下同。

办>求助。

4. "教学心得与反思"的次级节点覆盖情况：对今后教学的思考>应急教学中的经验。

4.2.3 三级节点内容覆盖情况

1. "教学资源准备"的次级节点覆盖情况：课程材料>设备。

2. "对教育技术的掌握情况"的次级节点覆盖情况：通过学习掌握>熟悉，经常使用。

3. "对线上教学的态度"的次级节点覆盖情况：优势>问题。

4. "对目前教学状态的评价"的次级节点覆盖情况：调整>信心。

5. "对线下教学的态度"期盼>怀念。

五、分析讨论及结论

正如我们在引言中所陈述的那样，突发社会危机改变了教育环境，而教育环境的改变对传统意义上的教学方式产生深刻影响，同时也改变了我们对教学存在的一贯认识和理解。

本研究综合了15位优秀教师对自己的"线上教学工作"进行小结分析的文本材料，采用质性分析的研究范式，利用计算机辅助分析软件Nvivo12，对两万多字的文本材料进行逐句标注与分析，概括、提取文本信息传递的具体意义，逐步抽象形成了上述分类框架和具体内容。

基于上面的数据分析，我们尝试进一步深入概括并得到如下一些认识：

1. 面对社会危机，教师作为普通的社会成员，不可避免地存在个体焦虑。但是面对这些负面的影响、教学工作环境的变动，面对教学工作中的"第一次"和"怎么办"，即使是优秀教师和专家型教师也都表现出不安的情绪。然而，对文本内容分析显示，研究考察的教师应对焦虑具有一些共同特征：

第一，他们都尝试采用"求助"的方式，努力获取工作团队的协助和支持。

第二，从图5的文本数据可以看出，针对个人情绪的调整和适应的相关陈述在文本中所占比率并不大，据此推断，面对公共危机，虽然这些优秀的、有经验的教师不可避免地存有个体焦虑，但是他们能够比较迅速地控制自己的个体焦虑，而将更多的精力放在如何面对并解决教学工作中的困难，通过比较不同的教学方式的优劣之处，不断解决工作中出现的挑战。

面对教学危机，比起对以往工作环境及状态的回顾、不舍和叹息，优秀的、有经验的教师更多的是对未来工作的期待。在文本分析的高频词语中也有所体现，比如，他们对线下教学的态度，很大程度是在"期待"未来，而不是"怀念"已往的生活。

2. 教学环境的突然改变展现了教师应变策略和水平。在特定的环境下，从15位优秀的、有经验教师的文本分析中，我们提取到以下三个方面较为显著的应变策略：

首先是经验比较。对线上和线下教学经验进行比较，通过比较寻找到教学环境改变后出现的难点和问题。

其次是寻求教学资源。虽然不同学科背景的教师对教学准备工作中所遇的困难有不同的陈述，但从文本上看，对于教学资源和教学材料的谈论较多，讨论主要集中在课程材料的获取和适用性等项目上，还有一些内容涉及教学设备的更新与完善。

第三是提高学习能力。我们在文本分析中探测到大量的关于如何比较和选择教学平台，如何使用教学软件以及提高自己对教育技术的掌握情况。

3. 随着教师认知研究的发展，环境因素对教师教学和专业发展影响逐步受到重视。有研究者认为，如果不考虑教师所处的环境对其认知和实践展开研究，不可避免地会做出片面的分析和判断（Borg，2003）。在研究中，我们尝试通过文本高频词语搜索寻求体现教师教学的应变能力与外在环境因素之间可能关系的词语。

但从目前的分析来看并没有能够提取到有效的内容，也没有能够清晰地找到与外在环境有关的因素。考虑到我们的资料内容受限于"面对疫情"这样的社会大环境，因此撰写者主要对这一环境下的教学应变工作展开叙述，确实影响了对更多丰富的外在环境问题的讨论。

不过，就教学工作的小环境而言，文本分析突出呈现三方面环境内容：平台环境、技术支持环境以及教学设备。这些都是与线上教学工作密切相关的外在环境支持，也是教师在线上教学中直接面对的变化和挑战，因此在文本中谈及较多，覆盖水平高。教师在材料中强调适应这些环境，学习相关技能，从另一个侧面反映出危机环境对教师教育的推动和促进作用。

综合上述分析，当下的疫情作为一种社会突发事件，客观上挑战了教育工作常态与传统教学模式，也使得我们能够看到在环境突然改变的情况下，教师教学调整和改变，他们所呈现出的思考与努力，都为未来的教师教育和认知研究提供了深入探究的基础材料。借助计算机辅助质性研究对有限文本做出的分析和讨论，本研究从某个角度观察到，优秀的、有经验的教师在教学环境突变时的反应与调整，其所想与所行之间相互关照，既呈现出教师个体应急策略，也反映出在特殊环境下教师职业发展的调整情况。

受文本材料采样方式的限制，本研究在细节探讨和语料的深度挖掘上，还有进一步探索的空间，而这也是我们后续研究方向。

参考文献

[1] 刘梦婷、周　钧、韩海英（2019）西方关于教师改变研究的述评,《当代教育科学》第 12 期。

[2] O. F. 博尔诺夫（1999）《教育人类学》, 李其龙译, 上海：华东师大出版社。

[3] 徐　飞、徐学福（2020）论课堂突发事件对教师专业发展的促进作用,《教师教育学报》第 3 期。

[4] Borg. S. (2003) Teaching Cognition in Grammar Teaching: A literature Review. *Language Awareness*, 12, 96–108.

汉语国际教育文学文化研究

简论《庄子》中的"心物合一"及其文化关联

吴竞红①

提　要　《庄子》中"心物合一"之"物",一种是"道"的"虚无"境界,精神与之合一产生的心境是《庄子》中主要的"道心"形式;另一种是美好外在的自然景物,若将心灵与美好大自然相和的现象视作另一种"道心"形式,这种心境就不是"虚无"的"气象",而是融合着"美"的意象和审美情愫的艺术境界。本文分两部分分别探讨了两种"道心"的建构。

关键词　庄子;心物合一;道;美

一、"虚静"心境和通往这一境界的途径

《庄子·知北游》中写东郭子问庄子说:"所谓道,究竟在什么地方?"庄子回答说"道无处不在",并进一步说"不要只是在一种事物中寻找道,世上所有的东西都逃脱不了道。至道是这样,伟大的言论也是这样。遍及整个宇宙不外是这三者:道、物、言。这三者虽然名称不同,其实所指的内容是一个",建议游处在什么都没有的地方,把宇宙当成一个整体来论说,奉行无为而享恬淡和清静(王世舜,1983:420–422)。

从庄子的回答可见,庄子认为万物虽有差别,但归根到底是齐一的,主张通过"无为"追求"虚静"的理想心境。虚静的心态一直是道家所主张的"道心"。作为人之本然之心(先天之心)的"道心",象征着真、善、美,这是儒、道都认同的概念。不同于儒家依靠"礼"、"乐"的教化来保持"道心",

---

①　吴竞红,北京语言大学汉语国际教育学部汉语进修学院副教授。研究兴趣与研究方向:中国现当代文学和中国文化。

道家主张"道法自然",依靠"顺其自然地生活"方式追求澄明的心境(参见郭继民,2013)。《庄子》中也提到使心游处在"虚无"之境的方法是老聃混同于天地那样的物化生活,但这是描写"至人"的"神话"(参见王世舜,1983:393-397),"道心"终归是个体生命在对"道"有所认知的前提下所选择的精神目标。我们下面就探讨一下这个目标的内涵以及通往这一目标的方法。

首先我们看《庄子·天地》中关于无形之"道"的想象性描述:

道,看起来幽暗渺茫,听起来寂无声响。但正是在幽暗中独能见到一线光明,在阒寂中独能听到一丝和谐的声音。所以,那深而又深的地方正是万物产生的所在,那玄而又玄的地方正是精神产生的所在;因此,当它和万物交接的时候,自己一无所欲而能供应万物的需求。这儿是纵放万物的自由驰骋的出发点,也是容纳、荟萃万物的自然归宿地,它极大而又极小,极长而又极短,无边无际,以至于无限。

从这一段描述,我们能体会到:道是"无限",是从"无"到"有",从"有"到"无"的"虚无",同时也"看到"道"中和"的"玄德"面目(王世舜,1983:208-217)。

再看庄子"乘物游心"的处世思想。"乘物游心"意为"顺应外界事物而使自己的心志遨游于虚无的境界"(王世舜,1983:74-79),其实就是心物合一的精神现象。当精神处于虚无的境界,就忘掉了包括自己在内的万物,从而能顺应万物,让心听任外物自由自在地成长,但自身在天天和万物一起变化的同时,却能保持精神的寂然不动。这寂然不动的精神处在事物都没有其对立面的大道枢纽上,掌握着大道枢纽的中间(中空)环节,以此可以应付无穷的变化(王世舜,1983:36-496)。

与"中空之道"合一的精神(道心),是人心恢复到了本心,有着和气的生机,如《庄子》中所说:人心本具中和之气,象月光一般清明(王世舜,1983:516)。本心的"虚无",也是以"无心"的生机达到对万有的包容。达到这种心态，在《庄子》中也被表述为：使心游处在至美无美、至乐无乐的地方。这个地方是"物之初"——虚静的"宇宙的开始"，是超越事物对立面之分的"物"的最高境界，也是"无待"（无所凭借，没有束缚）的逍遥自由的境界。

庄子说："至人无己。"强调只有忘掉自己，消除物我界线才能达到上述这种境界。"无己"既是通往虚静逍遥心境的途径，也是和这一最高境界同一的心象。《庄子·人间世》中提到"心斋"这一"忘掉自己"的方法："要使心志高度集中，屏除一切杂念，不要用耳朵去听，要用心灵去听；再进一步，不要用心灵去听，而要用气去听，耳朵的功能仅只是听而已，心灵的功能仅只是自己和外物吻合而已；气，它以空虚来对待万物，只有道才可以把空虚集中起来，这种空虚，就是内心的斋戒"。并认为：把心室空虚起来，吉祥就一定会停留在这里，说明通过"心斋"进入的境界是一种道德境界。（王世舜，1983：1–512）这样看来，"道心"就并非只是"心斋"时的心态了，也应该是整体人生的道德观（参见郭继民，2013），是以对道德的认知为前提的。庄子认为"恬惔寂漠，虚无无为"是天地得以均衡的根由，也是道德的本质（王世舜，1983：283–285）。"道心"的前提应该是辨别之心，只有当"心"有了辨别能力，有了自觉意识和自由的意志，才会使顺应自然的生存模式同动物有本质区别（参见郭继民，2013）。对于庄子哲学来说，辨别心和"万物齐一"思想是一个思维整体，"齐物"思维既是启发道德认知的理性思维，也是一种混同于自然的意念境界——如庄子以"庄周梦为蝴蝶"的寓言描绘出齐物齐论的最高境界——与物俱化，物我不分（王世舜，1983：22–51），这同时也是虚静逍遥的境界。

进入"逍遥"境界的途径终归是以辨别心接受了齐物思想中的道德含义，进而把合于道"德"作为最高的精神境界去追求，也包括采纳"心斋"的方法，凭"齐物"的意念进入逍遥之境。庄子"万物齐一"的哲学思想，是建立在老子"有无相生"辩证思想的基础上的，庄子认为：万物并无主宰，都是自己创造自己的，一切事物都是从虚无中来，还要回归到虚无中去；无限之道囊括的万物相对相生，万事万物都在向自己的反面变化，都是对立统一的。故而所谓物之差别，只是人们常说的具体事物之间的差别，其实是没有差别的差别，体道之人能和万物冥合为一而没有分别（王世舜，1983：20-423）。可见"万物齐一"的思想是与道合一的思想，庄子对"道心"的言说正如老子所言："致虚极，守静笃。万物并作，吾以观复。""万物齐一"表面上看是老子"'道'常无为而无不为"的反向思维，在人生意义层面或许易被误解为消极的，其实是处于"有无相生"这个双向的充满生机的思维整体之中的。

二、审美心境和以"美"为手段通往理性

《庄子》中的"心物合一"总体来说是中国博物学视域下人与物的关系：人与"自然而然之自然"，"物"包括人、自然物、人造物，社会是人的第二"自然"，其中心灵与美好外在的自然景物相和的现象可称作"心境合一"。单讲"心境合一"，似是与"中空之道"精神有所不同的一种外求，似更像是西方博物学视域下人与物的关系：人与"大自然之自然"（参见张冀峰，2019）。若将心灵与美好大自然相和的现象视作另一种"道心"形式，这种心境就不是"虚无"的"气象"，而是融合着"美"的意象和审美情愫的艺术境界。让我们以《庄子·秋水》中的一则寓言来说明：

庄子和惠子在濠水的桥上游玩。庄子说："儵鱼从容自在地游水，这是鱼儿的快乐啊。"惠子说："你不是鱼，怎么知道鱼快乐呢？"庄子说："你不是我，怎么知道我不知道鱼快乐呢？"惠子说："我不是你，诚然不知道你；你本来不是鱼，那么，你不知道鱼快乐，这完全可以肯定了。"庄子说："请让我从根本上说起。你说'你怎么知道鱼快乐'的时候，是已经知道我知道鱼的快乐之后问我的。我是在濠水之滨因而才知道鱼的快乐。'"（王世舜，1983：326-327）

惠子所言自然是有道理的，庄子和他都不能知道鱼是否快乐。那么庄子

所说的鱼快乐，其实是指庄子的"认识论"和庄子自身的体验。就前者来说，庄子认为从容自在游水的鱼儿是快乐的，是因为照其"道法自然"的思想，鱼儿游水，是其自然本性，鱼儿的状态象征着至美无美，至乐无乐的道的境界。而无论对于主体（庄子）还是对于客体（游鱼）来说，"道"的"快乐"都是"虚"的。就后者来说，真实的快乐其实是增添到"道"的精神中的"感情"，其实来自主体的审美意识——桥下的游鱼是大自然中的美好之物，"快乐"实为庄子作为一个审美的"人"的快乐。综合来说，这则寓言阐明了"通情以知物"（王世舜，1983：296）。

"通情"是达到"审美"的精神境界。关于这一境界，张世英先生论述说，"审美"把对象融入自我之中，从而达到一种情与景交融的境界，主与客合二为一，这时"心不是认识、思维，而是一种感情、情绪、情调或体验"，并介绍了德国美学家席勒的观点："审美直观"把感性形象的东西与有思想性、理性的东西结合起来，超越了人因单纯性的"感性冲动"所受的感性物欲的限制以及因单纯的"理性冲动"所受的理性法则的限制，从而实现人性的完满，达到"无限"（张世英，2018）。"知物"意为庄子通过对游鱼的自然本性的审美来说明其"自然无为"的思想。单就"审美"心境本身来说，美是"目的"，而"说明思想"的思维和语言的过程，又使"美"成为通往理性的手段。

我们对读一下席勒的《美育书简》，这本书就表述了美既是目的又是手段的辩证关系：一方面，把审美自由作为人的精神解放和力量和谐的最高状态，把美的王国作为最高境界；另一方面，把美看作德育的手段，把审美的人作为达到理性、道德的人的中间阶段。席勒猜测美的根源在人与自然的统一中（席勒，1984：9-29）。譬如他在论美的一封书简中说：任何一种（基于自然景象）的构图，"如果对其各个部分的限制同时就是它的自由的结果，也就是说是由自身规定的这一界线，那么这种构图就是美的。美是由它自己征服本身的力量，是由自身的力所产生的限制"（席勒，1984：149-171）。席勒意在说明：整体之所以美，是因为各个组成部分在相互作用中表现着"善意的自由"。

如果说庄子的"心境合一"（包括审美体验和道德实现）是在大自然或社会中与"美"自然或偶然地相遇而实现的，席勒的美育心理建构则更偏重"人格"的力量，除了"自然而然"的美，还强调主体应具有"从生活中创造美和善"的意志。

参考文献

[1] 郭继民（2013）"道心"、"人心"漫谈，《中华读书报》，2013 年 2 月 27 日。

[2] 王世舜主编，王世舜、史晓平、周　民、李庆珍译注（1983）《庄子译注》，济南：山东教育出版社。

[3] [德]席勒（1984）《美育书简》，徐恒醇译，中国社会科学院哲学所美学室编，北京：中国文联出版公司。

[4] 张冀峰（2019）物与自然：中西博物学的两个面向，《中华读书报》，2019 年 7 月 31 日。

[5] 张世英（2018）做一个有诗意的自由人，（2018–08–19）http://m.aisixiang.com。

欧游经历促发的跨文化视野

——浅谈老舍的跨文化意识

李东芳①

提 要 老舍的跨文化视角，是站在人类文化共通性的立场上，而非从狭隘的民族主义出发，带着偏见看问题；它首先是一种比较后的理性思考，只有对本民族文化与其他文化利弊皆有审视与反思的人，才能够具有这样的视野与胸怀。而这种理性思考离不开老舍早年的欧游经历，离不开老舍早年的宗教活动参与——包括加入基督教会和参与佛教的慈善活动。老舍的跨文化意识就是对20世纪上半期处于"挑战—应战"模式中的中国文化的审视与反思。

关键词 跨文化意识；民族文化；视野

老舍在20世纪上半叶，丰厚的传统文化教育体验与英国任教的异国经历使得老舍的思想、创作打上了"跨文化"的烙印。他以一贯平和的文化精神来看待中国与西方，他认识到了东西方文化的优缺点，以积极的创作态度和丰厚的创作实绩，肩负起中国传统文化的改造、转化和创新的文化使命。老舍从《二马》的创作开始，不断在其作品中对东西方文化进行比较、思考。而《二马》的创作时间，正是"比较文化学"在英国方兴未艾之际，这一时代的潮流势必影响着老舍的创作运思。所以，老舍在英国期间的跨文化体验使得老舍艺术风格和思想风格在其作品中均有呈现。

---

① 李东芳，北京语言大学汉语国际教育学部汉语进修学院副教授。研究兴趣与研究方向：中国现当代文学、跨文化传播和跨文化交际研究等。

老舍的跨文化视角，是站在人类文化共通性的立场上，而非从狭隘的民族主义出发，带着偏见看问题；它首先是一种比较后的理性思考，只有对本民族文化与其他文化利弊皆有审视与反思的人，才能够具有这样的视野与胸怀。

而这种理性思考除了欧游经历之外，也离不开老舍早年的母亲和刘善人的影响、满族身份影响、早期接受师范教育以及从教的影响，乃至宗教活动的参与经历——包括加入基督教会和参与佛教的慈善活动。这些人生经历的影响，形成了老舍看待东西方文化的基本视点：既不因热爱本国文化而护短；也不因盲目崇拜他国文化而自卑。正如《四世同堂》中所说的："生在某一种文化中的人，未必知道那个文化是什么，像水中的鱼似的，他不能跳出水外去看清楚那是什么水。假若他自己不能完全客观地去了解自己的文化，那能够客观地来观察的旁人，又因为生活在这种文化以外，就极难咂摸到它的滋味，而往往因一点儿胭脂，断定他美，或几个麻斑而断定他丑。"①

老舍创作中的跨文化视野主要表现为以下三个方面：

跨文化视野之一：与世界文化的对话意识

老舍走上文学之路的真正原因是什么？众所周知，老舍先是在国内受到了五四新文化运动的思想，获得了一双看世界的"新"的眼睛，内心燃起了本来就酝酿中的反帝爱国情怀（老舍是满族人，父亲在八国联军侵入北京时，英勇殉国，这在老舍内心埋下了反帝爱国的情绪记忆。）旅英期间，在教书之余阅读了大量西方文学后（尤其是狄更斯），从模仿开始进行了最初的文学创作，由此正式登上文坛，从而开启了以文学创作与世界文学对话的意识。

老舍说："设若我始终在国内，我不会成了个小说家——虽说是第120等的小说家。"②老舍的创作区别于其他作家的一个关键点是：欧游经历，在英国伦敦教书时登上文坛，其英国期间的早期作品在某种意义上可以说属于"海外华文文学"的一部分，即在本土以外从事汉语写作，当时的青年老舍是处在旅居国（英国）主流文化之边缘的"他者"，直接体验到两种文化的接触

---

① 老舍：《四世同堂》，《老舍全集》第4卷，人民文学出版社2013年版，第98页。

② 老舍：《我的创作经验》，《老舍文集》第17卷，人民文学出版社2013年版，第68页。

与碰撞，既有自身文化的反思，也有希望与旅居国的文化乃至世界文化交流的平等对话意图。

当时在英期间开设的讲座《唐代的爱情小说》中，老舍已经流露出跨文化对话的意识，比如针对英国人对中国人包办婚姻的疑问，老舍的回答是："当一个中国男人发现他的婚姻是不美满的时候，他决不会向命运挑战，他以为，生命之水都必须归顺主宰生命的大河，享乐的最高形式便是简单地将他自己交付给这条大河。因此，他便忘掉了自己的痛苦。"

另外，回答"为什么中国的情人们不像欧洲小说或者美国电影描绘得那样，在困难的时候挺身而出，而是总等着别人来救他们？"老舍说："这不是因为他们怯懦，而是他们受的教育不同。中国的教育是将青年训练成上等人，拥有高雅的态度和崇高的心，他们是哲学家，是绅士，优雅而亲切，绝不能去打架！打架是勇敢的将军们的事，而将军们只不过是优雅亲切的绅士们豢养的狗。所以，当中国情人们处于困境时，他们并不为自己而战斗，总是旁的人把他们解救出来，有时甚至是靠想象出来的英雄。"①

老舍曾经多次在文中流露出，要创作出世界一流文学，狄更斯、但丁和托尔斯泰等就是榜样。英国人集体无意识中的种族优越感和殖民主义心态，以及英国人重视工商和法理的精神以及公民意识，促使他想要运用文艺提升中国的世界形象，唤醒民众，进行启蒙的文化自觉。这也促成了他至高的文学创作理想："我们必须教世界上从文艺中知道，并且敬重中国的灵魂，也必须把我们心灵发展，提高到与世界上最高伟明哲的心灵同一水准。"②

由于初登文坛，身在异国的他是在双重文化背景中进行写作，常常具有东西方文化的对话叙事，这是其作品中一条隐含又贯穿始终的叙事主线。

跨文化视野之二：抵抗基于欧洲中心主义的殖民主义话语

针对当时的英国人之于中国的想象，老舍的创作是一种抵抗话语。当时英国流行把中国人写成"一种奇怪可笑的动物"，没钱到东方旅行的德国人、法国人、美国人到伦敦中国城找写小说、日记和新闻的材料，这些作品中的

① 舒乙：《我的思念》，中国广播电视出版社，1999年版，第198页

② 老舍：《敬悼许地山先生》，《老舍文集》第14卷，人民文学出版社2013年版，第296页

中国和中国人形象是"抽大烟，私运军火，害死人后把尸首往床底下藏，强奸妇女不问老少，和做一切至少该千刀万剐的事情的"。[①]

老舍看到"做小说的，写戏剧的，做电影的都按这种传说描写中国，通过看戏，看电影，念小说的姑娘、小孩、老太太、英国的皇帝，把这些记在脑子里，于是中国人已经变成世界上最阴险、最污浊、最讨厌、最卑鄙的一种两条腿儿的动物。"[②]由于艺术生产和艺术传播的强大功能，当时的欧洲文艺生产出一种关于"中国想象"的权力话语，使得欧洲人对中国人的看法"真理化"和"知识化"了。《二马》中英国牧师伊牧师在中国传教二十多年，实际上是假借传教，推行殖民主义："他真爱中国，半夜睡不着的时候，总是祷告上帝快快地叫中国变成英国的属国；他含着热泪告诉上帝：中国要不叫英国管起来，这群黄脸黑发的东西，怎么也升不了天堂。"

再看老舍笔下一个英国主妇心中的中国印象：伊太太在保罗无理挑衅时奋勇反击，感到不能忍受，"她动了怒，完全是因为马威——一个中国男孩——敢和保罗打架。一个英国人睁开眼，他或她，看世界都在脚下：香港、印度、埃及、非洲……都是他或她的属地，他不但自己要骄傲，她也要别的民族承认自己确乎是比英国人低下多少倍"。

可见，当时英国人普遍具有浓厚的种族优越感和殖民主义意识。而老舍的创作一开始就具有这种跨文化意识的自觉——抵抗基于欧洲中心主义的殖民主义话语。

跨文化视野之三：老舍最为显著的跨文化意识，反映为对东西方文化进行了文化对比、文化借鉴以及双重的文化批判和反思。

首先来看文化对比。老舍一方面虽感慨于英国人具有国家意识和公民意识，但又并不完全认同英国人的工商和法理精神背后的冷漠与自私；另一方面在同情和留恋于中国文化中深厚的人情味和礼义之时，又批判老马等所代表的传统中国国民性中内化的半殖民地性格，是一种苟且、国家观念薄弱的文化自卑心理。

---

① 老舍：《二马》，《老舍全集》第一卷，人民文学出版社1980年版，第409页。
② 老舍：《二马》，《老舍全集》第一卷，人民文学出版社1980年版，第409页。

老舍试图运用手中如椽之笔，"比较中英两国国民性的不同"①，进行文化对比。——要表现"中国人与英国人不同之处"，"我不能完全忽略了他们的个性，可是我更注意他们多代表的民族性。"②既反对西方人的东方观中所包含的西方霸权主义，同时反对"老"民族的"老"分子身上落后的"半殖民地性格"：如《二马》中的老马，愚昧、懒散、卑躬屈膝。老马听说英国要出兵中国，竟然规规矩矩地站起来说："欢迎英国兵！"因为"（他）那一辈的中国人是被外国人打怕了，一听外国人夸奖他们几句，他们就觉得非常的光荣。""他连一丁点儿国家观念也没有。"而作为对照，小马代表了理想的新国民："只要能有益于国家，什么都可以放在一旁。"

老舍一直关注教育，他的跨文化视野使得他审视20世纪早期的国民教育是"千疮百孔"的。老舍"差不多与教育事业没断过缘"，其笔下与教育相关的小说自然占了其作品相当大的一部分，嬉笑怒骂之间，直指中华民族的精神痼疾。

老舍创作《老张的哲学》时身处英国，于公民社会中耳濡目染的老舍并非全盘接收英国文化，也没有全部倾向中国传统文化，他善于取其精华弃其糟粕，在跨文化的视域融合中进行中英文化的交互参照，以客观的视角剖析审视中国与英国的不同。

在老舍看来，英国人身上独立理性的品质和社会公德心正是中国人所欠缺的。中国之所以落后，是因为国民无思想，教育理念和制度滞后。所以国人自尊的唤醒和能力的提高是救国的必要途径，教育在此时被提升至极高的地位。"在写'老张'以前，我已做过六年事……这成全了'老张'。"③书中故事发生的时间大概在中华民国八九年到十一二年之间，封建统治虽已瓦解，社会结构并没有彻底重建。从《老张的哲学》中可见社会转型时期的一组恶性循环：黑白颠倒的社会无法提供有实质意义的教育，家庭教育也在逼迫孩子重蹈覆辙，导致一代青年涣散如蝼蚁，最终这样的人又流入社会、组成家

---

① 老舍：《我的创作经验》，《老舍文集》第17卷，人民文学出版社2013年版，第68页。

② 老舍：《我怎样写二马》，《老舍全集》第16卷，人民文学出版社1990年版，第175页。

③ 老舍：《我这一辈子：老舍自传》，江苏凤凰文艺出版社2011年版，第686页。

庭，继续将这种思想上的"遗传病"传给自己的下一代。

其次，老舍也进行了文化借鉴：

比如老舍在独特的跨文化背景下，以开阔的视野和世界性的眼光，建立了多元的文化选择体系。那么作为一个具有跨文化意识，进行跨语境写作的作家，是怎样借助西方英伦的景物在小说中呈现出一种东方格调的？

毋庸置疑，在中国现代文学史上，老舍是一位景物描写的圣手，一登上文坛，即被朱自清誉为写景的大师，他曾经这样评价过老舍："写景是老舍先生的拿手戏，差不多都好。"好在哪里？这个"好"与他阅读康拉德等英国小说家的作品具有某种关联的。

老舍的景物描写极具个性，在他的小说中，景物描写是他描绘的典型环境中不可分割的部分，他不仅将写景融入小说的整体结构框架之中，更是将景物与人物紧密联系。从景物描写和老舍的跨文化意识入手，可以发现：（1）"景物"描写是中国古典美学的主要组成部分；（2）跨文化视角下，不同文化语境下人们对自身与外部环境关系的观念有着很大差异。

《二马》是老舍在英国任教的三部长篇小说的最后一部，记叙了马氏父子在英国的生活故事，作者本意是将中英两国文化做一番对比，却又在故事讲述下集中体现了老舍景物描写的精湛技艺和独特风格。作品里的景物描写，在英伦的景色下以传统的中国文化为核心，西方文化为参照，揭示出老舍多元的文化选择态度。老舍在文学创作中不自觉地"以画作文"，将绘画艺术融入景物描写之中。老舍与绘画的不解之缘和独特的人生经历，使得景物描写呈现出绘画美。

老舍在其作品中极其重视景物的色彩运用，使作品的景物描写充满了绘画感。老舍小说所表现出来的五光十色的画面感，明显具有对康拉德印象主义的借鉴与模仿。这些特征促成了老舍景物描写片段脍炙人口。

老舍小说中景物描写，"白话"写作是一大特点。受到当时国内白话文运动的影响，以及备受老舍推崇的但丁提出的"欧洲俗语论"的影响，另加上创作《二马》时的英国社会环境的影响，小说《二马》成为其第一部域外使用白话著成的小说。

欧游归来，又在南洋短暂停留的老舍，其跨文化意识还反映在对待儿童的眼光上，明显借鉴了西方文化中平等、尊重、情感教育等富有现代性和前瞻性的教育理念和价值内涵，老舍呼吁对很多对待儿童的错误方式进行反思，至今仍有现实意义。

受"五四"的影响，老舍立足于人道主义，坚持"儿童本位"，强调儿童平等的地位，提倡尊重儿童，在儿童与儿童之间、成人与儿童之间，以及不同族群的儿童之间都强调平等和尊重的关系。

在儿童成长上，老舍受到卢梭"自然教育"的影响。老舍的《新爱弥耳》用了对卢梭《爱弥儿》进行"仿写"的手法。在老舍看来，儿童的健康成长应为生理、心理两方面都健康发展。他希望儿童在生理上能健康强壮、充满生机与活力。老舍特别珍惜儿童的天真心性，希望儿童被尊重、被爱护，认为儿童教育应该顺应儿童的生理、心理特点，要摒弃旧式的落后教育思想、教育方式，要以爱和情感培养、发展儿童，让儿童成长为人格健全的人。老舍提出"情感教育"，成人应该给予儿童"爱的教育"，爱儿童，也使得儿童学会爱人爱己，不应仅是给儿童灌输知识、技能和思想，把儿童制造为"有知识的空心人"，与机器无异。

此外，老舍还指出陈旧腐朽的大环境只会让人性被压制，新的文化环境才能让儿童得以健康地成长。希望新中国的健康环境能够使儿童从小培养爱国的思想意识，培养社会责任感；追求真善美，以优秀的道德品质成为对国家、民族、社会有用之人。

再次，文化对比必然会引起文化反思与文化批判。

老舍于20世纪20年代旅居英国，在思想上和创作上很大程度上受到英国文学的影响。特别是英国文豪狄更斯具有反讽意味的社会批判风格的作品，深深地被老舍吸收运用在作品中，于是有了老舍风味的"幽默"；此外，罗素、尼采等人的"婚恋""存在哲学"思想等也在老舍的创作中留有痕迹，于是关于"婚姻自由""生命哲学"的深入思考也在老舍的作品中屡屡显现。

与"婚恋"相关的中国现代文学作品不在少数。一来，这些话题呈现的内容是与每个生命个体切实相关的问题；二来，随着西方启蒙思潮逐步影响中国，有识之士受到西方先进思想的熏陶，开始批判、反思中国封建文化中束缚、摧残人性的糟粕，积极宣扬追求自由、平等的观念，因此，对"婚恋""男女平等"等问题的关注是应运而生的跨文化产物。

老舍作为现代文学的重要作家之一，对此问题也有着敏锐而持久的关注，并从作品中彰显出他跨文化视野的丰富性、客观审视问题的思辨性、不拘泥于现实的超越性以及具有跨时代眼光的前瞻性。

1933年走向成熟的作品《离婚》，以"离婚"主题出发，以其独特的"京味儿"幽默语言，描绘了北平市民阶层灰色的人物生活群像，给生命个体以形而上的关怀。这种犀利而敏锐的批判，既有西方思潮影响的痕迹，又从中国现实出发，从当时人们热议的"离婚"话题出发，用机警幽默的语言引发人们对现实生活、对理想的诗意生活的思考，这样的跨文化眼光在中国现代作家中是非常难得的。

此外，在长篇小说《骆驼祥子》，中长篇小说《鼓书艺人》，短篇小说《抱孙》《生灭》《一筒炮台烟》等作品中，老舍都谈及了有关"生育"方面的问题，虽然老舍并没有像女作家一样直面女性的生育痛苦，但他通过对传统生育习俗的批判以及对理想女性生育的关怀等方面展现了他对传统文化的反思；而在这一过程中，尽管老舍接受了西方某些先进的文化与思想，但在对东西方文化的判断也没有走向单纯推崇西方文化的偏激，因此老舍的文化启蒙有着他独特的客观性与超越性，老舍的跨文化眼光是既开阔而又冷静的。

从跨文化角度剖析、评析老舍小说的"离婚"以及"生育"叙事，这两个话题本身无论在文学世界还是在现实社会都是不容忽视的主题，有着不容忽视的当下意义。随着社会离婚率的持续上升，婚姻伦理观念的不断变化，"二胎"政策的放开，有关婚育的文学叙事更应作为某种思想上的引领得到作家以及读者更多的关注与挖掘。因此，从这个意义上讲，老舍先生的作品又有着划时代的超越性。

既然老舍从英国登上文坛的那一刻起，就具有文化批判与文化反思的跨文化意识，那么老舍的这种跨文化眼光是否受到包括基督教在内的宗教伦理的影响呢？

事实证明，20年代参加基督教的活动，并未使老舍走向超验的宗教，走向对"上帝"的追寻，但却开启了他对人的心灵（或曰灵魂）的探寻。这个"灵"的内涵，并非个体对于超验性宗教体验的追寻，不是个体生命的灵修，而是在超越世俗层面的角度上所指涉的高尚的精神追求。以《四世同堂》为例，这部巨著从善与恶、个人与家国伦理的关系以及生与死三个方面，以"宗教情怀"的视角，辨析了中国传统文化之精华与糟粕。

总体而言，老舍的世界眼光与跨文化视野，与英国历史学家汤因比不谋而合。汤因比强调，"为了持一种公正的全球观点，必须抛弃自己的幻觉，即把自身所处的特定国家、文明和宗教当作文明的中心并认为它们比别的国家，文明和宗教优越。这样的历史立场是全面认识世界真实景象的巨大障碍"[①]。

汤因比在他那部著名的《历史研究》中，通过对21个文明诞生过程的研究提出的"挑战与应战"模式。"挑战"指的是外在的自然环境和社会环境向人们提出了一些不容回避的历史课题；"应战"指的是人们面对新的文化现实采取的文化对策。汤因比的历史研究证明：每一种文化的形成与发展，都是成功应对挑战的结果。换句话说，每一次成功"应战"，都会为一种文化模式的出现和发展积蓄能量。每一次不成功的"应战"，或无力"应战"，都可能导致一种文化模式的衰亡。

老舍的跨文化视野就是看到20世纪上半期中国文化在世界文化格局中面临的"挑战"，而试图从一个现代作家，一名现代知识分子的角度对于中国文化的"应战"做出的思考尝试。

对于老舍的跨文化视野，王本朝先生的论断切中肯綮："在现代主义面前，老舍是传统的；相对传统主义，老舍又过于西方，有鲜明的反传统倾向。可以说，老舍是不中不西，既现代又传统的作家，他站在从传统到现代，既西方化更趋中国化的中间地带。"[②]"老舍是一位伟大的作家，他的意义不仅在于其丰厚的文学贡献及其资源，而且在于他作为一位富于传统人格和现代思想

---

① 阿诺德·汤因比：《汤因比历史哲学》刘远航编译，九州出版社2010年版，第1页。

② 王本朝：《老舍的意义》，《光明日报》2016年09月26日第13版。

的知识分子，还具有某种文化学和思想史的当代价值。"①

参考文献

[1]　老　舍（2013）《四世同堂》,《老舍全集》第 4 卷, 北京: 人民文学出版社。

[2]　老　舍（2013）《我的创作经验》,《老舍文集》第 17 卷, 北京: 人民文学出版社。

[3]　舒　乙（1999）《我的思念》, 北京: 中国广播电视出版社。

[4]　老　舍（2013）《敬悼许地山先生》,《老舍文集》第 14 卷, 北京: 人民文学出版社。

[5]　老　舍（1980）《二马》,《老舍全集》第一卷, 北京: 人民文学出版社。

[6]　老　舍（1990）《我怎样写二马》,《老舍全集》第 16 卷, 北京: 人民文学出版社。

[7]　老　舍（2011）《我这一辈子: 老舍自传》, 江苏: 凤凰文艺出版社。

[8]　（英）阿诺德·汤因比（2010）《汤因比历史哲学》, 刘远航编译, 北京: 九州出版社。

[9]　王本朝（2016）老舍的意义,《光明日报》2016 年 09 月 26 日第 13 版。

---

① 　王本朝:《老舍的意义》,《光明日报》2016 年 09 月 26 日第 13 版。